KB093547

소더비가 사랑한 책들

소더비가 사랑한 책들

소더비 경매에서 찾은 11편의 책과 고문서 이야기

1판 1쇄 발행   2023년 1월 30일

지은이	김유석
펴낸이	이민선
편집	홍성광
디자인	박은정
제작	호호히히주니 아빠
인쇄	신성토탈시스템

펴낸곳	틈새책방
등록	2016년 9월 29일 (제25100-2016-000085)
주소	08355 서울특별시 구로구 개봉로1길 170, 101-1305
전화	02-6397-9452
팩스	02-6000-9452
홈페이지	www.teumsaebooks.com
인스타그램	@teumsaebooks
페이스북	www.facebook.com/teumsaebook
포스트	m.post.naver.com/teumsaebooks
유튜브	www.youtube.com/틈새책방
전자우편	teumsaebooks@gmail.com

ISBN   979-11-88949-44-1   03900

※ 이 도서는 한국출판문화산업진흥원의 '2022년 중소 출판사 출판 콘텐츠 창작 지원 사업'
의 일환으로 국민체육진흥기금을 지원받아 제작되었습니다.

소더비가 사랑한 책들

**소더비 경매에서 찾은
11편의 책과 고문서 이야기**

김유석 지음

틈새책방

차례

프롤로그

소더비 런던의 세크메트 앞에서

런던 뉴본드스트리트에 있는 소더비 런던의 입구 처마 위에는 사자 얼굴을 한 흉상이 있다. 이 검은색 조각상은 어디서나 볼 수 있는 흔한 장식이 아니다. 흉상 밑에는 다음과 같은 설명이 금색으로 음각되어 있다.

"기원전 1320년경, 이집트 18왕조 시기에 만들어진 세크메트"

그러니까 유서 깊은 경매 회사 소더비는 2000년 전 로마인들도 고대 유물로 취급했을, 무려 3000여 년 전에 만들어진 이집트 유물을 건물 장식으로 쓰고 있다는 말이다. 게다가 세크메트는 이집트의 전쟁과 복수의 여신이다. 소더비를 처음 방문했을 때 이 기세등등한 세크메트를 보고 그만 압도당해 버렸다.

세크메트가 친숙해진 건 그로부터 한참 지난 후였다. 소더비에 관한 책을 쓰면서, 도대체 소더비가 왜 이 세크메트를 입구에 두었는지 궁금해졌다. 아무리 찾아봐도 소더비의 상징이 세크메트라는 증거는 없었기 때문이다. 그렇다면 소더비의 창업자나, 아니면 소더비가 진행했던 경매와 관련된 것이 아닐까 하는 생각이 들었다. 이 추측은 아주 살짝 적중했다.

이 세크메트 흉상은 소더비가 19세기 초에 경매로 판매한 물건이었다. 그런데 이 흉상을 낙찰받은 사람은 돈을 다 지불해 놓고도 물건을 찾으러 오지 않았다. 소더비는 난감했다. 돈까지 지불한 사람의 물건을 함부로 처분할 수 없었기 때문이다. 그렇다고 다시 경매에 올려 되팔 수도 없었다. 그렇게 소더비는 애물단지가 된 이 흉상을 무려 100년 가까이 보관한다. 그러다가 1917년 뉴본드스트리트로 사옥을 옮기면서 정문에 세크메트를 올려놓게 된 것이다. 혹시라도 주인의 후손이라도 지나가다 보게 되면 찾아가라는 의도였는지는 모르겠지만, 그 덕분에 소더비는 런던에서 가장 오래된 야외 조각품을 소유한 건물이 됐다.

이 싱겁다면 싱거운 사연을 알아낸 뒤로는 세크메트 앞에 조금은 편하게 설 수 있었다. 소더비는 그저 고객과의 약속을 나름의 방법으로 지키기 위해 최선을 다하고 있었을 뿐이었다. 그러면서 소더비에 대한 편견을 조금씩 걷어 내기 시작했다. 유명 미술품을 경매하는, 상류층과 부자들을 위한 장소라고 생각했던 소더비는 사실 누구에게나 열린 공간이었다. 돈이 있든 없든 상관없다. 소더비 안의 갤러리를 활보하며 사진을 찍고 경매가 열리는 곳을 참관해도 눈치를 볼 필요가 없다. 이곳은 상류층이 인류의 보물을 두고 비밀 경매를 하는 곳이 아니라 우리 같은 평범한 사람들이 모여 자신만의 가치 척도에 따라 물건들을 거래하는 장터였다.

물론 내가 소더비에 관심을 가진 이유는 나 같은 장삼이사가 노려봄 직한 물건들 때문은 아니다. 이제는 마음 편히 이곳을 드나들게 되면서 눈에 들어온 특별한 물건들이 있다. 유명한 사람이 소유했던 물건, 유명한 인물이 만든 물건, 그 자체로 역사가 된 물건, 인류 역사의 이정표가 된 물건, 그중에서도 책과 문서다. 이 물건들이 그만큼 큰 가치를 인정받은 이유는 인류가 기록을 남기고 보존하는 문명을 만들어 냈기 때문일 것이다. 쓰고 생각하고 널리 알리는 일을 소중히 여기고, 가치를 부여할 줄 알았기 때문에 우리가 지금 여기에 도달해 있다고 믿는다. 그래서 소더비의 책들을 공부하는 일은 역사의 역사를 공부하는 느낌이 드는 즐거운 작업이었다.

이 책을 쓰는 동안 우여곡절이 많았다. 인내심을 가지고 기다려 주신 틈새책방의 이민선 대표님께 감사드린다. 특히 기획에서부터 큰 힘이 되어 주신 홍성광 편집장님께는 보다 특별한 감사를 드리고 싶다. 그는 문장뿐만이 아니라 나의 멘탈을 여러 번 붙잡아 주었다. 마지막으로 언제나 뒤에서 묵묵히 응원해 주는 아내에게 감사함과 사랑을 전한다. 그녀가 아니었다면 이 책은 존재하지 않았을 것이다.

이 책을 마무리할 무렵 이태원 참사 소식을 들었다. 취재를 마무리하기 위해 찾은 소더비에는 여전히 세크메트가 나를 맞아주고 있었다. 세크메트는 살육의 신이지만, 또한 치료와 회복의 신이기도 하다. 이름조차 제대로 추스르지 못한 희생자들에게 조의를 표하며, 세크메트의 치유가 닿기를 간절히 기도한다.

2023년 1월 런던에서
김유석

경매 회사 소더비의 뿌리,
책과 고문서

"몬드리안 작품, 뉴욕 소더비 경매서 5100만 달러 낙찰…작가 최고가 경신".[1]

　해외 토픽 기사의 헤드라인을 따라가다 보면 경매 관련 뉴스가 심심찮게 등장한다. 누구의 작품이 최고가를 경신했다느니, 역사적인 물건이 올라와 화제가 됐다느니 하는 기사다. 이런 경매 뉴스를 찾아보면 십중팔구는 소더비(Sotheby's)나 크리스티(Christie's)가 등장한다. 전 세계 경매 시장을 양분하는 이 회사들은 경매 회사의 대명사다. 그중 소더비는 미술품 전문 경매 회사라는 이미지가 강하다. 고흐, 피카소, 몬드리안 같은 예술가의 작품 중 역사에 남을 경매를 보면 소더비가 꼬리표처럼 붙

1　2022년 11월 1일, 〈TV조선〉 기사.

뉴본드스트리트에 위치한 소더비 런던.
정문 위에 세크메트가 있다.
ⓒ 김유석

는 경우가 많다.

뉴욕 본사를 비롯해 한국 등 40개국에 지사를 갖추고 있는 소더비는, 전 세계적으로 1,700명 이상의 직원을 거느리고 있다. 온라인과 오프라인을 통틀어 매년 400회 이상의 경매가 진행되며, 5만 개 이상의 물건이 판매된다. 팬데믹이 한창이던 2021년 매출은 9조 원(73억 달러)에 이른다. 대우건설, 삼성중공업과 같은 한국의 대기업과도 견줄 수 있을 정도.

매출 규모에서 짐작해 볼 수 있듯이 소더비가 다루는 분야는 미술품만이 아니다. 골동품, 고문서 및 도서류, 보석, 부동산, 자동차를 비롯해 최근에는 와인까지, 팔 수 있는 물건이라면 분야를 가리지 않고 경매에 올린다.

하지만 미술품 전문이라는 이미지는 소더비 스스로가 만든 것이다. 소더비는 1744년에 처음 사업을 시작했지만, 1950년대까지는 미술품을 전문으로 다루는 회사가 아니었다. 소더비가 이 분야 전문으로 자리매김하게 된 건 혁신적인 마케팅으로 대중의 관심을 모은 두 차례의 역사적인 경매 덕분이다.

경매를 '쇼 비즈니스'로 만든
소더비의 마케팅

소더비가 한 단계 도약한 건 피터 윌슨(Peter Cecil Wilson, 1913~1984)

경매를 진행하는 사람이 1958년 소더비의 대표 이사로 취임한 피터 윌슨이다.
와인버그 경매와 골드슈미트 경매를 연달아 성공시키며
소더비를 미술품 경매의 최강자 위치에 올려놓았다.
ⓒ Gettyimages

이라는 걸출한 인물이 소더비의 대표 이사를 맡게 되면서부터다. 제2차 세계대전 당시 영국의 첩보 기관인 엠아이식스(MI6)에서 근무한 특이한 이력을 보유했던 윌슨은 당시로서는 파격적인 마케팅으로, 그들만의 잔치였던 경매를 대중이 주목하는 이벤트로 만들어 냈다.

첫 번째는 1957년 7월에 있었던 와인버그 경매(Weinberg Collection)였다. 윌슨은 뉴욕의 금융 거부 윌리엄 와인버그(Wilhelm Weinberg, 1886~1957)가 유산으로 남긴 컬렉션에 주목했다. 와인버그의 유산에는 고흐의 작품들이 있었기 때문이다.

사실 와인버그의 유족들은 회화 경매로 가장 유명한 크리스티와 가장 먼저 접촉했고, 미국 최대의 경매 회사인 파크-버넷(Parke-Bernet)에게도 편지로 경매를 의뢰했다. 미국에 있었기 때문에 가장 빠르게 답을 할 수 있었던 파크-버넷은 수수료를 무려 23.5퍼센트나 불렀다. 크리스티는 답이 없었다. 촉이 발동한 윌슨은 곧바로 유족 측에 전화를 걸어 소더비의 수수료는 8퍼센트라며 유혹했다. 승자는 소더비였다.

윌슨은 수수료를 낮게 부른 대신 경매가를 높이는 방법을 택했다. 그러고는 할리우드를 이용했다. 1956년에 개봉한 영화 〈열정의 랩소디(Lust for Life)〉는 당대 최고의 배우들인 커크 더글러스(Kirk Douglas, 1916~2020)와 앤서니 퀸(Anthony Quinn, 1915~2001)이 각각 고흐와 고갱 역할을 맡아 극장을 휩쓸고 있었다. 아카데미와 전미비평가협회 등에서 굵직한 상을 받을 정도로 평단의 반응도 긍정적이었다. 살아서는 불운했지만 지금은 할리우드에서 재탄생한 천재 화가, 당대 최고의 배우가 등장한 영화, 그리고 영화에 실제로 등장했던 그림을 자신의 집에 걸 수 있는 일생일대의 기회. 와인버그 경매는 윌슨이 기획한 초점에 맞춰 홍보되기 시작했다.

여기에 더해 소더비는 엘리자베스 2세 여왕과 왕실을 경매 프리뷰 행사에 초청했다. 사실 소더비의 초청은 '되면 좋고, 아니면 말고'였다. 그런데 엘리자베스 2세 여왕이 초청을 수락하면서 대박이 터졌다. 영국 여왕이 왕실 가족과 함께 프리뷰 행사에 참석할 것이라는 소식은 언론의 엄청난 관심을 불러일으켰다. 동시에 와인버그 경매는 영국 왕실도 관심을 가지는 고품격 행사로 비쳐졌다. 그 결과 소더비는 경매에서도 대성공을 거둘 수 있었다. 와인버그가 남긴 56점의 수집품들을 사기 위해 약 3,000명이 소더비에 몰렸고, 총 91만 4,256달러, 현재 가치로는 840만 달러(약 100억 원)[2]에 달하는 낙찰액을 달성했다.

소더비를 미술품 전문 경매 회사로 각인시킨 두 번째 경매는 와인버그 경매 이듬해에 있었던, 1958년의 골드슈미트 경매(Goldschmidt Collection)였다. 뉴욕의 금융 재벌 제이컵 골드슈

---

2   다양한 웹 사이트들이 인플레이션을 고려하여 과거의 화폐가 현재 기준으로 얼마에 해당하는지 계산해 주는 툴을 제공한다. 필자가 주로 이용하는 사이트는 www.oficialdata.org/inflation이다. 이 책에서 나오는 금액은 모두 이 사이트를 기준으로 한 것이다.

1958년 골드슈미트 경매에서 당시 역사상 최고가를 기록하며 낙찰된
세잔의 〈붉은 조끼를 입은 소년〉.
당시 낙찰가는 22만 파운드, 한화로 80억 원이었다.

미트(Jacob Goldschmidt, 1882~1955)가 남긴 유산이 경매에 모습을 드러낸 것이다. 이번에 소더비가 염두에 둔 콘셉트는 '양보다 질'이었다. 골드슈미트가 남긴 수많은 유산을 엄선해 마네의 작품 3점, 세잔의 작품 2점, 르누아르의 작품 1점, 그리고 흥행 보증 수표인 고흐의 작품 1점만을 골라 '위대한 7점(Magnificent Seven)'이라는 이름을 붙였다. 그러고는 이 인상주의 화가들의 '위대한 7점'만을 위한 단독 경매를 열기로 결정했다. 경매는 마치 갈라쇼처럼 기획되었다. 경매 시간을 저녁으로 정한 것부터가 화젯거리였다. 세계 최초로 이브닝 경매가 열린 역사적 순간이었다. 경매 참석자들은 드레스 코드를 따라야만 했다. 남성은 타이와 디너 재킷, 여성들은 이브닝드레스를 입어야만 입장이 가능했다.

여기에 와인버그 경매에서도 힘을 발휘했던 〈열정의 랩소디〉의 주연 커크 더글러스와 앤서니 퀸, 고갱의 일생을 소설로 옮긴 《달과 6펜스》의 작가 서머싯 몸(William Somerset Maugham, 1874~1965), 당대 영국 최고의 인기 발레리나 마고 폰테인(Margot Fonteyn, 1919~1991), 윈스턴 처칠 부인(Clementine Churchill, 1885~1977), 그리스의 선박왕 오나시스(Aristotle Socrates Onassis, 1906~1975) 등 대중들이 주목할 만한 정·재계 및 문화계 최고의 스타들이 초대됐다. 소더비의 바람대로 대중의 이목이 쏠렸고, 몰려든 기자들은 모든 것이 파격적인 이 경매에 참석한 스타들의 일거수일투족을 담고자 연신 플래시를 터뜨렸다.

이 인상주의의 '위대한 7점' 경매는 단 21분 만에 끝났다. 이 짧은 시간 동안 소더비가 달성한 낙찰 총액은 78만 1,000파운드(약 290억 원)였다. 경매 중 회화 경매가가 두 번이나 세계 기록을 경신하기도 했다. 와인버그 경매와 골드슈미트 경매로 미술 시장에는 큰 변화가 생겼다. 경매가 하나의 쇼나 이벤트처럼 기획·홍보되는 계기를 마련한 것이다. 그리고 경매 역사에 획을 그은 이 두 경매로 소더비는 미술품 분야 최고의 경매 회사로 자리매김한다.

열려 있는 경매장이자
갤러리이기도 한 소더비

와인버그와 골드슈미트 경매는 소더비를 최고 수준의 경매 회사로 도약시켰지만, 일반인들에게는 경매에 대한 선입견을 심어 주었다. 놀라운 경매 금액도 그렇지만, 경매가 상류층의 유희로서 소수의 초대받은 사람들이 근사하게 차려입고 비밀스럽게 즐긴다는 이미지를 갖게 된 것이다. 소더비 그 이전에는 이브닝 경매도, 드레스 코드도 없었다. 지금도 이런 형식을 갖춘 경매는 드물다.

　실제 소더비는 열려 있는 곳이다. 내가 방문해 본 소더비 런던의 경우, 여느 갤러리나 박물관처럼 10시에 열고, 오후 5~6

시면 문을 닫는다. 그 시간 동안 소더비에 있는 카페에서 차를 마시든, 소더비 갤러리를 구경하든, 경매장에 출입하든 아무런 제약이 없다. 직원들은 언제나 반가운 인사로 손님들을 맞이한다.

소더비는 경매장이기도 하지만, 열려 있는 갤러리이기도 하다. 소더비 안에 들어가면 경매에 부쳐질 물건들을 미리 볼 수 있는 공간이 있다. 구경에는 전혀 돈이 들지 않는다. 눈치를 볼 필요도 없다. 플래시만 터뜨리지 않으면 사진을 찍어도 문제없다. 갤러리처럼 꾸며 놓았지만, 다른 점은 물건에 대한 설명문이다. 만들어진 연도 같은 기본적인 스펙은 물론, 역사적인 가치를 확인할 수 있는 내용이 들어 있다. 누가 만들었고, 누가 소장했었는지 등의 정보다. 시간과 역사성이 물건의 가치를 결정하는 경매장답다. 같이 표기된 예상 낙찰가와 나의 예상가를 비교해 보는 재미도 쏠쏠하다.

소더비는 자신들이 만들어 낸 이미지와는 전혀 다르게 공간을 만들었다. 화장실을 제외한 모든 공간이 열려 있다. 문으로 구분하는 공간이 전혀 없다는 말이다. 소더비를 방문한 이들을 누구나 환영한다는 상징적인 의미다.

소더비 경매장
풍경

경매가 열리는 곳을 구경하는 데에도 제약이 없다. 그저 빈자리를 찾아 앉으면 된다. 경매에 방해가 되지 않는 선에서는 사진 촬영도 가능하다.

경매에 참여하는 방법은 크게 세 가지다.

첫째는 서면 입찰이다. 경매에 직접 참여할 수 없을 때, 예를 들어 출장을 간다든가 해외에 거주한다든가 하는 경우, 미리 절차를 밟아 서면으로 입찰가를 제출할 수 있다. 물론 이런 경우에는 입찰가 변경이 불가능하다.

두 번째는 직접 자리에 앉아서 아래층 데스크에서 부여받은 번호표를 들고 경매에 참여하는 것이다. 우리에게는 가장 익숙한 모습일 것이다. 경매가 진행되면 경매사는 물건의 값을 부르는데, 그때 번호표를 들면 가격을 올리겠다는 신호다. 그러면 경매사는 그 번호표를 든 사람이 낸 호가에 반응하고, 이 가격보다 높게 지불할 사람이 있는지 다시 묻는다. 이런 식으로 경매 물건 가격은 점점 올라가게 된다.

마지막으로 경매에 참여할 수 있는 방법은 전화 입찰이다. 소더비에서는 전화 입찰이 가장 큰 비중을 차지한다고 한다. 직접 올 필요가 없으니 편리한데다가 고가의 물품에 응찰할 경우 자신의 신분을 노출할 필요가 없다. 데스크에 앉아서 전화기를 붙

>> 경매장의 모습. 단상의 경매사를 기준으로 좌측에는 오늘 경매에 올라갈
물건들이 전시되어 있다. 우측의 데스크 뒤에 있는 직원들은
전화로 입찰을 받는다. ⓒ 김유석

>> 2022년 11월 1일, 오늘의 경매 물건들은 20세기 초 중국의 외교관이었던
우콴 박사(吳權, 1910~1997)의 소장품이었다.
이 때문인지 경매사는 중국어에 능숙한 이였다. ⓒ 김유석 잡고 있는 사람들은 모두 전화 입찰자들을 대리하는 이들이다.

만약 서면으로 제출한 가격과 현장 혹은 전화 입찰자가 제시한 마지막 가격이 동일하다면 어떻게 될까. 이럴 경우는 서면으로 제출한 가격에 우선권이 있다. 서면으로 참여하는 사람들이 더 큰 위험 부담을 지고 있으므로 그만큼 배려해 주는 룰이다.

경매가 시작되고 경매 물건이 순서대로 나오면, 경매사는 해당 물건에 대해 짧게 설명하고, 추정가와 최초 시작가를 알린다. 그러고는 바로 경매가 시작된다. 경매장에 앉아 있는 사람들이 번호표를 들거나 전화 데스크 쪽에서 신호를 주면서 경매사에게 자신이 이 물건을 살 의사가 있다는 것을 밝힌다. 경매사는 빠르게 눈을 돌리며 사람들의 반응을 살핀다. 가끔은 익살스러운 동작을 곁들이며, 번호표를 든 응찰자나 전화 부스를 통해 새로운 입찰가를 받고, 또 다른 가격을 제시할 사람이 없는지 묻는다.

경매사의 진행은 전광석화 같다. 숨 돌릴 틈이 없다.

"15(1만 5,000파운드), 네, 15 나왔습니다. 더 없습니까? 20, 네, 20 없습니까? 네, 20, 20? 팔렸습니다. 1만 5,000파운드입니다! 탕탕"

속사포 같지만 정확한 발음으로 능숙하고 재빠르게 물건을 팔아 치운다. 경매사가 물건 하나를 처리하는 데에는 대략 3분이면 충분해 보인다. 이런 분위기의 경매장에 앉아 있으면 지루할 틈이 없다.

경매사가 마지막에 부르는 가격이 낙찰가, 영어로는 '해머 프라이스(Hammer Price)'다. 경매가 종료되었다는 의미로 망치를 두드리기 때문에 붙여진 이름이다. 그런데 경매에 참여한다면 조심해야 할 부분이 있다. 해머 프라이스는 그 물건을 사기 위해 치르는 최종 비용이 아니라는 점이다. 해머 프라이스는 구매자 프리미엄과 세금을 제외한 금액이다. 구매자 프리미엄은 일종의 수수료로 생각하면 되는데, 나라별·품목별로 조금씩 다르다. 영국의 경우에는 금액에 따라 13.9~25퍼센트 사이다. 이 프리미엄에는 10퍼센트 정도의 세금도 부과된다. 따라서 해머 프라이스만 생각하고 함부로 응찰액을 높이면 낭패를 볼 수 있다. 최종 응찰액에 30퍼센트 정도를 더한 금액이 실제로 지불해야 할 금액이다.

소더비의 경매는 의외로 소박한 물건들이 많다. 엄두도 못 낼 물건들도 있지만 욕심을 부려봄 직한 물건들도 꽤 많이 나온다. 소더비 경매 매출의 80퍼센트는, 낙찰가가 우리 돈으로 약 200만 원 이하인 경매에서 발생한다. 마음만 먹으면 우리도 소더비의 소중한 고객이 될 수 있다는 말이다.

그리고
소더비의 책들

소더비는 미술품 전문 경매 회사로 이름이 높지만 그 이전에는 따로 특화된 분야가 있었다. 이 책에서 다룰 고서와 문서가 그 것이다. 소더비의 근본은 바로 고서 경매였다.

소더비의 창립자는 런던에서 서적상을 운영하던 새뮤얼 베이커(Samuel Baker, ?~1778)였다. 원래는 작은 책방에서 고서적과 골동품을 판매하던 그는 1744년 경매 사업에 뛰어든다. 그가 첫 경매에 부친 물건은 아일랜드의 정치인이자 왕립학회 회원이기도 했던 존 스탠리 경(Sir John Stanley, 1663~1744)이 유산으로 남긴 서적들이었다. 이 경매는 낙찰 총액이 826파운드, 지금의 가치로 따지면 약 3억 원에 이를 정도로 성공적이었다. 덕분에 베이커는 서적 경매에서는 나름 수완이 있다는 평가를 받았다. 이후로도 베이커는 서적 경매에 집중했고, 이는 베이커 사후 사업을 물려받은 새뮤얼 소더비(Samuel Sotheby, 1771~1842)도 마찬가지였다. 소더비는 1913년 네덜란드 화가 프란스 할스(Frans Hals, 1582~1666)의 그림을 경매하기 전까지는 도서 경매에만 집중했다. 미술 전문 회사로 각인되기 전까지, 유럽에서 고서나 문서를 전문으로 경매하는 회사라면 단연 소더비를 떠올릴 수밖에 없었다. 이런 이유로 고서나 희귀본 같은 분야의 굵직굵직한 기록은 단연 소더비가 압도적이다.

이 책은 바로 소더비 경매에 올랐던 역사적인 책과 문서들을 다룬다. 그 이유는 경매가 가진 특성 때문이다. 경매는 시간과 역사에서 발생하는 희소성에 가치를 매긴다. 희소성은 대부분 누가 만들었고, 소유했었는지에 따라 부여된다. 흔한 만년필이라도 케네디 같은 인물이 중요한 법안에 서명했던 물건이라면 내가 썼던 만년필과는 비교할 수 없는 의미를 가지게 된다.

그런데 책이나 문서는 조금 다르다. 누가 만들고, 누가 가지고 있었는지도 중요하지만, 그 자체가 역사적인 의미를 가진 경우가 있다. 그것은 바로 텍스트가 가진 특성이기도 하다. 책은 세상과 영향을 주고받는 물건이다. 그것이 담고 있는 콘텐츠는 소소한 역사를 담고 있기도 하고, 때로는 세상을 바꾸는 힘이 되기도 한다. 물건 자체가 가지고 있는 역사와 그것이 세상에 끼친 영향이라는, 두 가지 역사를 하나에 담고 있는 매개체가 바로 책과 문서다. 소더비의 책과 문서는 이 두 가지 특성이 담긴 독특한 물건들이 가진 매력에 대한 이야기다. 그리고 이 책을 읽다 보면 여러분들도 그 매력에 흠뻑 빠져들게 될 것이다.

PART I

희소성이라는
보물

황제 나폴레옹의
마지막 흔적이 담긴 책을 찾아서

— 1823년 소더비 런던, 세인트헬레나섬에서 온 나폴레옹의 서재

쉬는 날이면 워털루 브리지(Waterloo Bridge) 남단에 위치한 사우스뱅크(Southbank)를 찾곤 한다. 이곳의 강변 산책로를 퀸즈 워크(Queen's Walk)라고 부르는데, 굽이치는 템스강을 배경으로 빅 벤과 런던 아이, 세인트 폴 성당을 안주 삼아 맥주 한잔하기에도 참 좋은 곳이다. 특히 이곳에 위치한 사우스뱅크 센터(Southbank Center)는 국립 극장(National Theater)과 로열 페스티벌 홀(Royal Festival Hall), 그리고 BFI 런던 영화제로 유명한 영국영화협회(British Film Institute) 등이 자리 잡고 있어서 영국을 대표하는 문화 중심지로 손꼽힌다. 평일이든 휴일이든 항상 사람들로 붐비는 이유다.

내가 이곳을 찾는 이유는 따로 있다. 여기에서는 거대한 규모의 중고 서적 매대를 만날 수 있기 때문이다. 워털루 브리지 바

런던 사우스뱅크 중고 책 시장에서 책을 둘러보는 사람들.
© Gettyimages

로 아래의 야외 가판대에 펼쳐진 다양한 중고 서적에다 고서(古書)들과 지도들. 한 해에 한두 번씩 열리는 특별한 중고 책 페어 등을 제외하면, 상시 열리는 헌책 시장 중에서는 아마 영국 내에서 가장 크지 않을까 싶다.

이곳에서 온갖 책들을 훑다 보면 반나절 정도는 금세 흘러간다. 《반지의 제왕》, 《해리포터》, 찰스 디킨스나 애거사 크리스티 같은 인기 작가들의 책은 물론이고, 언제 출간되었는지 종잡을 수 없는 오래된 양장본들도 있다. 장 자크 루소가 프랑스어로 쓴 책이나 쇼팽, 슈만 같은 음악가들의 악보까지 눈에 띈다. 종이에 무엇인가를 인쇄한 물건이라면 그게 무엇이든 이곳에서 찾을 수 있을 것 같다는 느낌이 들 정도다.

흥미롭게도 사람들이 가장 붐비는 곳은 식물 도감류를 올려놓은 매대다. 워낙 영국 사람들이 집 안팎에서 각종 꽃을 비롯한 식물들을 기르는 것을 좋아해서일까. 제국주의 시절 아시아나 아프리카에 처음 발을 디딘 영국인들은 현지의 동식물을 하나하나 기록하고, 자신들의 과학적 기준으로 분류하는 일을 가장 먼저 했다고 한다. 그러다 보니 지금까지도 이렇게 많은 식물 도감류 책들이 남아 중고 서적 판매대에서 자리를 차지하고 있는 것이다.

내 눈길을 끄는 것은 다양한 크기들로 그려진 지도들이다. 주로 제국주의 시대에 만들어진 지도들에는 영국과 유럽은 물론이고 아시아, 아프리카, 아메리카, 오세아니아가 다양한 형태와 크

사우스뱅크 중고 책 시장에는 다양한 종류의 볼거리가 가득하다.
오래된 지도나 주요 도시의 스케치 등도 그중 하나다.
ⓒ 김유석

기로 그려져 있다. 각 나라들의 이름과 크기 등을 보면 당대 사람들이 자기 밖의 세계를 어떤 시각을 바라봤는지 상상해 볼 수 있다. 가끔 우리나라 관련 지도를 발견하면 우리나라가 어떤 이름으로 적혀 있는지, 동해가 제대로 표기되어 있는지 확인해 본다.

사실 사우스뱅크에서 옛 서적을 뒤지는 데에는 나름의 이유가 있다. 이유라기보다는 소망이다. 이곳의 곰팡내 나는 종이 더미 속에서 혹여 누구도 알아보지 못한 귀중한 책이나 지도가 나타나지 않을까 해서다. 중세 사람들이 그렸다는 세계 지도 원본이라든지, 콜럼버스가 대서양을 건너면서 수정한 항해도 원본이라든지 하는 것들이다. 사실 내 옆에서 책을 뒤지는 사람도 마찬가지 심정이 아닐까. 혹시 누가 아나. 내가 들고 있는 종이 쪼가리가 사실은 로또 당첨지나 다름없는 가치를 갖고 있을지 말이다. 하지만 나는 옆 사람과는 다르다고 생각한다. 눈에만 띄면 바로 알아볼 수 있는 어떤 물건을 찾고 있으니까 말이다. 물론 이 물건이 내 눈앞에 나올 가능성은 0에 수렴하지만, 뭐 어떤가. 로또를 사려면 돈이 들지만 사우스뱅크 중고 책 시장 투어는 무료다.

소더비에 등장한
황제의 서재

내가 사우스뱅크에서 보내는 시간이 즐거운 이유는 지금부터 이야기할 사람 때문이다. 아니, 그가 구하려고 했던 물건 때문이라는 게 더 정확하다.

1823년, 대영 제국의 하원의원이었던 존 캠 홉하우스(John Cam Hobhouse, 1786~1869)는 의회의 회기가 돌아오기 전에 잠시 벨기에를 방문했다. 워털루 전쟁이 펼쳐졌던 지역을 돌아보려는 목적이었다. 그러던 차에 영국에서 편지 한 통이 도착했다. 런던의 재단사이자 홉하우스의 정치적 동료였던 프랜시스 플레이스(Francis Place Jr., 1771~1854) 씨의 편지였다.

> "(홉하우스) 경, 경께서 지난번에 보내신 편지는 제가 부재중이었던 바람에 오늘 12시에야 제 손에 들어왔습니다. 저는 즉시 소더비로 달려갔고, 겨우 18번 물건에 대해 제 시간에 응찰할 수 있었습니다. 경이 말씀하셨던 '나폴레옹 보나파르트의 미공개 서신들…'이라고 하는 문서 말입니다. 거기에 저는 9파운드를 냈습니다만, 경이 그 책들의 상태와 질에 대해 잘 알고 계신지 모르겠습니다. 그 서신들 중 몇몇은 장정이 풀려 있고, 네 권은 중복된 것들입니다. 입찰 전에 그것들을 살펴봤더라면, 그렇게 많은 돈을 제시할 필요는 없었을 것 같긴 합니다만, 아무튼 이것들을 어디로 보내 드리면 될까요?"

홉하우스는 자기가 런던에 없을 때 열린 소더비 경매에 참여할 수 없게 되자 플레이스에게 대신 경매장에 가 달라고 부

소더비가 사랑한 책들

탁했던 모양이다. 낙찰받은 18번 경매품의 금액은 9파운드. 현재 가치로 환산하면 약 1,053파운드, 한화로는 약 180만 원 정도였다. 그런데 부탁을 들어준 플레이스는 못내 찜찜했던 것 같다. 그가 확인한 물건들의 상태가 영 좋지 않았기 때문이다. 흡하우스가 물건을 실제로 살펴보지도 않고 지인을 통해 응찰한 이 물건은 대체 무엇이었을까.

플레이스의 편지에 등장하는 '나폴레옹 보나파르트의 서신들…'은 말 그대로 나폴레옹과 관련이 있는 물건들이다. 프랑스 황제의 물건이 영국의 소더비에 등장한 사연은 이렇다.

1821년 5월 5일, 한때 전 유럽을 호령했던 프랑스 황제 나폴레옹은 거의 무인도나 다름없었던 아프리카의 외딴섬 세인트헬레나에서 쓸쓸하게 죽음을 맞이했다. 유럽 대륙의 왕족들과 귀족들은 그의 부고를 듣고 가슴을 쓸어내렸을 것이다. 그를 유럽에서 멀리 떨어진 곳에 유폐한 이유는 나폴레옹이 뜨거운 감자 같은 존재였기 때문이다. 처형을 하자니 프랑스 혁명과 같은 또 다른 역풍이 불까 두려웠고, 엘바섬처럼 가까운 곳에 가두면 탈출해서 그의 지지 세력과 함께 다시 유럽을 침공할 것 같아서 마음을 놓을 수 없었다. 그런 문제적 인물이 사라졌으니 얼마나 다행인가.

나폴레옹 사망 후 영국과 프랑스는 말 그대로 계산기를 두드렸다. 나폴레옹을 세인트헬레나섬에 유배시키는 데 들어간 비용을 정산하기 위해서였다. 나폴레옹의 탈출을 막기 위해 무인도나 다름없는 곳에 병력을 주둔시켰으니 그 막대한 체류 비용을 대기 위해서는 엄청난 재정 지출이 필요했던 것이다. 이 비용 청구서는 프랑스로 보내졌다. 양국 정부는 이제 밀린 정산을 마무리해야 했다.

유품을 처분하는 방법 중 하나는 경매였다. 그리고 나폴레옹이 남긴 물건들 중에는 서재에 꽂힌 책과 문서 들이 있었다. 나폴레옹이 책을 많이 남긴 건 당연한 일이었다. 독서광이었던 그는 학창 시절부터 책을 손에서 놓지 않았다고 한다. 책을 사는 데 돈을 아끼지 않았고, 전쟁터에 갈 때도 이동식 서재와 다름없는 책 마차를 가져갔다. 이집트 원정 때는 거의 1,000권에 달하는 책을 챙겨 갔고, 신간 조달 임무를 맡은 사서들과 함께했다고 한다.

책을 가까이 한 만큼 소장한 책도 많았다. 그가 남긴 유언장에는 재산 목록으로 8,000여 권의 장서가 포함되어 있었다. 세인트헬레나섬의 서재에는 무려 2,700권의 책이 꽂혀 있었다. 바로 이 책과 문서 들, 황제의 마지막 손길이 닿은 서재의 물건들을 경매로 가져온 회사가 바로 소더비였다. 고서를 전문으로 취급했던 소더비 입장에서는 황제가 마지막까지 함께한 서재에서 나온 물품에 관심을 가지지 않을 수 없었을 것이다. 이렇게 해서 1823년 7월 23일 경매가 열리게 된다.

경매의 정식 명칭은 '세인트헬레나섬에서 온 나폴레옹 전 황제의 서재(The Library of the late emperor Napoleon removed from the island of St. Helena)'다. 소더비는 이 경매를 위해 카탈로그를 제작했다. 그러고는 경매에 참가할 수 있을 정도로 지적이고 재산이 넉넉한 이들에게 카탈로그를 뿌렸다. 유럽 최고의 스타였던 나폴레옹의 물건들이라면 소더비 경매는 분명 이야깃거리가 될 것이었다.

이 경매는 상당한 화제를 모았던 것으로 보인다. 런던 〈뉴 타임스(New Times)〉, 〈벨스 위클리 메신저(Bell's Weekly Messenger)〉 같은 신문들은 물론, 유서 깊은 황색 언론 〈더 선(The Sun)〉까지 경매 소식을 꼼꼼히 전했다. 어떤 물건이 경매에 올랐는지, 그리고 얼마에 팔렸는지 등을 상세히 보도할 만큼 관심이 집중됐다. 소더비도 상당한 홍보 효과를 누렸을 것이다. 하지만 경매 수익을 보면 갸우뚱하게 된다. 기록에 따르면, 124개의 물건이 판매된 이 경매의 낙찰 총액은 399파운드 9실링 6펜스다. 현재 가치로 약 8,000만 원에 조금 못 미치는 금액이다. 1823년 7월 24일자 〈더 선〉의 3면에 수록된 경매 관련 기사를 인용하자면, "상당한 수의 경매 참가인들이 몰려들었지만… (중략)… 경매인이 기대했던 것만큼 금액이 올라가지는 못했다." 소더비 경매의 낙찰 금액이 낮았던 이유는 경매에 나온 책자나 서신 들의 출처가 불분명하거나 매우 훼손된 상태였기 때문이다. 하지만 낙찰 금액이 낮은 진짜 이유는 따로 있었다. 알짜배기 유품들은 꼼꼼하게 작성된 나폴레옹의 유언장을 통해 이미 그의 가족들과 최측근들에게 상속된 후였기 때문이다.

A CATALOGUE
OF THE
LIBRARY
OF
The late EMPEROR NAPOLEON,
REMOVED FROM
The Island of St. Helena,
BY ORDER OF HIS MAJESTY'S GOVERNMENT.

WHICH WILL BE SOLD BY AUCTION

BY MR. SOTHEBY,

At his House,

WELLINGTON STREET, WATERLOO BRIDGE, STRAND,

On WEDNESDAY, the 23d of JULY, 1823,

at Twelve o'Clock.

To be viewed, and Catalogues had at the place of Sale.

1823년 소더비가 배포한 '세인트헬레나섬에서 온
나폴레옹 전 황제의 서재' 경매 카탈로그.
ⓒ Christie 홈페이지

이 경매에서 그나마 비싸게 판매된 물건은 9개 정도였다. 가장 높은 가격에 낙찰된 물건은 89번 물품이었던, 《이집트와 시리아 기행(Voyage en Égypte et en Syrie)》이다. 볼네 백작(Constantin François de Chassebœuf, comte de Volney, 1757~1820)이 집필한 이 책은 당시 생소했던 이집트 및 시리아에 대해 알고 싶은 사람들이라면 반드시 읽어야 할 입문서였고, 호기심을 자극하는 이국적인 내용 덕분에 당대의 베스트셀러가 됐다. 총 두 권의 책으로 이루어진 이 물건은 우리에게 익숙한 철학자인 프랜시스 베이컨과 똑같은 이름을 가진 귀족에게 낙찰되었다. 가격은 53파운드 4실링, 약 1,000만 원 정도였다.

당대에는 구하기 어렵지 않았을 이 책이 비싸게 팔린 이유는 이 책에 나폴레옹의 친필 기록이 들어 있었기 때문이다. 나폴레옹은 책을 읽고 난 감상이나 비평 등을 책에 휘갈겨 적곤 했는데, 볼네 백작의 책에는 아예 1권 299쪽을 거의 페이지 전체에 걸쳐 자필로 수정해 버렸다. 이집트 원정을 직접 가 본 나폴레옹은 볼네 백작의 책에 오류가 많다고 생각했던 모양이다. 나폴레옹의 메모가 엄청난 부가 가치의 비결이었던 셈이다. 우리가 헌책방에 책을 팔 때 줄이라도 하나 그어져 있으면, 그렇지 않아도 헐값인 중고 책 가격이 더 떨어지는데 말이다.

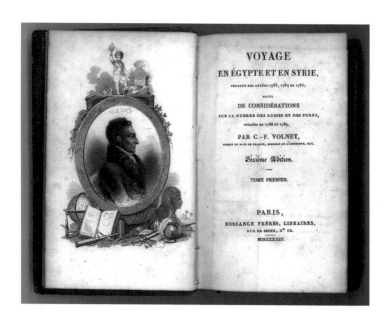

볼네 백작이 지은 《이집트와 시리아 기행》.

홉하우스가 찾아 헤맸던
나폴레옹의 흔적

홉하우스가 18번 물건에 응찰한 스토리로 돌아가 보자. 홉하우스는 소더비 카탈로그를 통해 응찰할 물건을 점찍었다. 그 리스트의 이름은 '나폴레옹 보나파르트의 미공개 공문서 혹은 비밀 서신들(Correspondance inédite officielle et confidentielle de Napoléon Buonaparte)'이었다.

당시 홉하우스는 영국의 하원의원이었지만 정치적으로는 매우 급진적인 편에 속했다. 케임브리지 대학교 재학 시절에 바이런(George Gordon Byron, 1788~1824)을 만나 그와 그랜드 투어를 함께했고, 당시 젊은 지식인들 사이에 유행처럼 번져 있던 낭만주의적 철학과 세계관을 공유했다. 바로 이전 세대를 풍미했던 계몽주의가 지나치게 합리주의적이고 보수적이었다면, 낭만주의자들은 걸출한 사상의 출현이나 혁명적 사건을 통해 세상이 보다 급진적으로 변화하기를 바랐다. 이러한 점에서 낭만주의 세계관에서는 당시 대륙에서 발생한 프랑스혁명과 그 영향력을 긍정적으로 바라보았다. 견고하게 보였던 앙시앵 레짐(ancien régime)이 프랑스 혁명이 분출한 어마어마한 에너지를 통해 철폐되고, 시민들이 주인이 되는 세상이 도래하지 않았는가.

특히 나폴레옹은 이러한 급진적인 변화의 상징처럼 여겨졌다. 프랑스 혁명의 정신을 전 세계에 퍼뜨린 장본인. 구체제를 쳐부수는 데 앞장선 불세출의 영웅. 하급 장교에서 시작하여 프랑스 황제가 된, 핏줄이 아니라 자신의 능력으로 스스로의 가치를 증명한 나폴레옹은 낭만주의적 관점에서 보았을 때 당대를 대변하는 아이콘과 다름없었다. 홉하우스 역시 낭만주의적 관점에서 나폴레옹을 바라보고 있었다. 마침 외교관 신분이었던 아버지를 따라 1813년 라이프치히 전투를 직접 참관했던 그에게 그 전투는 복잡 미묘한 감정을 불러일으켰을 것이었다. 자신의 모국 영국군이 참여한 연합군이 나폴레옹의 군대를 궤멸시키고 그를 이탈리아의 작은 섬 엘바에 귀양 보내는 것으로 귀결되었으니까. 게다가 프랑스는 나폴레옹 실각 이후 부르봉 왕조를 부활시키지 않았던가. 홉하우스에게 나폴레옹의 패배는, 단순히 한 사람의 실패가 아니라 새롭게 탄생했던 세상이 다시 구세계에게 패권을 넘겨준, 시계 바늘이 거꾸로 돌아간 역사적 반동으로 느껴졌을지 모른다.

1815년 나폴레옹이 엘바섬을 탈출하여 파리로 진군하고 있다는 소식을 듣자마자 홉하우스는 재빨리 바다를 건너 대륙으로 다시 건너갔고, 나폴레옹이 다시금 자신의 군사를 재정비하고 사열하는 모습을 직접 목도했다. 그는 한 친구에게 이렇게 편지를 남겼다. "영국인으로서 프랑스 군대가 승리하는 모습을 보고 싶지는 않지만, 자유를 사랑하는 사람으로서 나는 그들이 되돌아가는 모습을 보고 싶지 않네." 그러나 그의 바람과는 달리 나폴레옹의 반격은 '백일천하'로 끝나고 말았다. 황제는 이제 결코 돌아올 수 없는 멀고 먼 아프리카의 섬 세인트헬레나에서 생을 마칠 운명이었다. 나폴레옹의 탈출 소식에 혼비백산해서 도망갔던 왕과 귀족들은 다시 프랑스로 돌아와 시계 바늘을 뒤로 돌리려고 했다.

나폴레옹의 복귀와 또 한 번의 좌절, 그리고 거꾸로 돌아간 세상. 이 모든 것들을 지켜본 홉하우스는 한 권의 책을 출판했다. 그것이 바로 1816년 출간된 《백일천하, 나폴레옹 황제의 마지막 재임 시기 동안 파리에 있던 한 영국인 거주자가 쓴 몇몇 글귀들('The hundred Days', The Substance of some letters written by an Englishman resident at Paris, during the last reign of the emperor Napoleon)》이다. 그러고는 존경의 의미를 담아 '황제 나폴레옹에게'라고 서명한 책 한 권을 세인트헬레나섬으로 보냈다.

섬을 지키던 영국 총독은 '황제'라는 금지 표현을 발견하고 홉하우스의 책을 나폴레옹에게 넘겨주지 않았다. 하지만 다행히 그 책을 총독의 서재에서 발견한 나폴레옹의 측근이 총독에게 강력하게 항의한 끝에 그 책은 겨우 주인을 찾을 수 있었다. 이러한 소식들은 홉하우스와 바이런의 오랜 동료 윌리엄 호네(William Hone, 1780~1842)를 통해 전해졌는데, 그에 따르면 이 책을 읽은 나폴레옹은 매우 기뻐했고, 이에 대한 자신의 소감을 구술로 적게 했다고 한다.

이제 홉하우스가 왜 소더비 경매에 참여했는지에 대한 의문이 풀리기 시작한다. 홉하우스는 나폴레옹이 자신의 책에 대해 남겼다는 소감 메모를 찾고 싶었다. 나폴레옹이 자신의 책에 어떤 코멘트를 했을지, 영웅을 선망하던 그는 애타게 알고 싶었을 것이다. 홉하우스는 나폴레옹 사후 그와 함께 세인트헬레나섬에 있었던 측근들을 모두 만나 보았고, 그들이 들고 나온 나폴레옹의 몇몇 문서 및 메모 들을 얻을 수 있었지만, 어느 하나도 홉하우스의 책에 대한 실마리는 없었다. 그들은 유품 정리 후에 발견되는 게 있다면 다시 연락을 주겠다고 약속했지만, 그 약속은 지켜지지 않았다.

그러던 어느 날 홉하우스는 나폴레옹이 세인트헬레나에서 남긴 유품들이 런던에서 경매에 부쳐진다는 소식을 들었던 것이다. 하필이면 자신이 자리를 비우고 있을 때 말이다. 게다가 카탈로그에 따르면, 18번째 경매 물건은 바로 나폴레옹이 남긴 공문서 및 여러 비밀 서신들과 관련한 것이었다. 홉하우스는 분명 그 문서들이나 서신들 중에서 자신에게, 그리고 자신의 책에 대해 남긴 나폴레옹의 흔적을 찾길 바랐을 테다. 그래서 결국 홉하우스는 바람을 이루었을까. 안타깝게도 낙찰된 물품 안에는 그가 기대한 메모가 없었다. 그리고 플레이스의 우려대로 그 문서와 서신 들은 별 가치가 없는 것들이었다.

다시 모습을 드러낸
황제의 책들

그렇다면 황제의 서재에 있던 다른 책들은 어떻게 되었을까. 나폴레옹의 손길이 닿은 책이 세상에 나온다면 언제든 화제가 될 텐데 말이다. 이런 기대와는 달리 나폴레옹의 책들은 찾아보기 어려운 게 현실이다. 프랑스에 복귀한 부르봉 왕조는 나폴레옹에 대한 모든 것을 하루빨리 지워 버리고 싶어 했다. 덕택에 나폴레옹이 소유했던 유산들도 자취를 감추고야 말았다. 나폴레옹이 사망한 이후, 유럽 최고의 슈퍼스타였던 그의 발자취를 찾는 사람은 한둘이 아니었지만 성과를 보인 경우는 많지 않다. 어떤 이들은 나폴레옹의 사라진 유산을 가리켜 "하얀 깃털을 가진 까마귀를 찾는 것이 빠를 것"이라고 말할 정도였다. 하지만 나폴레옹이 소유했던 책들은 의외의 장소에서 모습을 드러내 세상을 놀라게 하기도 한다.

　마틴 브레슬라워(Martin Breslauer, 1871~1940)는 베를린 태생의 유명한 고서 전문가이자 서적 판매상이었다. 그는 전 세계의 귀중한 고서들을 발굴해 빛을 보게 하는 것으로 유명했는데, 하루는 오스트리아의 프란츠 살바토르(Franz Salvator, 1866~1939) 대공에게 의뢰를 받았다. 의뢰 내용은 라이너(Rainer Ferdinand, 1827~1913) 대공을 방문해 달라는 것이었다. 오스트리아 합스부르크 왕가의 가문으로 유럽의 문화 예술을 보존하는 일에 관심을 기울였던 라이너 대공은 아버지로부터 서재에 있는 막대한 규모의 서적들을 물려받게 되었는데, 이 와중에 상속세 문제가 발생했다. 세금을 매기기 위해서는 서적의 가치가 정확하게 평가되어야 했는데, 이 때문에 살바토르 대공을 통해 유명한 고서 전문가였던 브레슬라워에게 도움을 요청한 것이다.

라이너 대공을 방문한 브레슬라워는 놀라움을 금할 수가 없었다. 라이너 대공이 물려받은 서적들에는 상당수가 나폴레옹의 소유물임을 증명하는 '독수리'와 '꿀벌' 문장(紋章)이 찍혀 있었던 것이다. 이 문장들은 이 책들이 바로 나폴레옹과 황후 마리 루이즈가 소유했던 서적들임을 증명하고 있었다. 라이너 대공의 아버지 라이너 조세프 대공은 신성로마제국의 황제 레오폴트 2세의 아들이었고, 레오폴트 2세를 뒤이어 황제가 된 프란시스 2세의 동생이었다. 나폴레옹의 황후였던 마리 루이즈는 프란시스 2세의 딸이었으므로, 라이너 조세프 대공과는 조카와 삼촌 관계, 그리고 라이너 대공과는 사촌지간인 셈이었다.

브레슬라워는 이 책들이 1814년 나폴레옹이 엘바섬으로 귀양 가던 때, 황후 마리 루이즈가 이 책들을 가지고 오스트리아의 합스부르크 왕가가 소유한 쇤부른 궁정으로 이동했을 것으로 추측했다. 이때 합스부르크의 재산이 된 나폴레옹의 서적들은 마리 루이즈의 사촌인 라이너 대공에게로 전달되었다고 본 것이다. 브레슬라워는 이 귀중한 책들을 라이너 대공으로부터 구입했고, 베를린으로 옮겨 대중들에게 전시했다. 상속세 덕분

대관식을 마친 나폴레옹 1세. 가운과 바닥 장식에는
나폴레옹을 상징하는 꿀벌이 수놓아져 있다.
ⓒ Wikipedia

에 나폴레옹의 책이 세상에 나온 셈이다. 이때가 1929년이다. 하지만 세계대전의 불길 속에 이 전시관은 문을 닫았고, 나폴레옹의 서적들은 대중들의 기억 속에서 잊혀졌다.

이 책들이 다시 세상에 모습을 드러낸 것은 영국의 한 노부부에 의해서였다. 이 부부는 결혼 60주년 기념으로 일련의 책들을 프랑스 정부에 기증했는데, 한 가지 조건을 붙였다. 자신들이 기증한 책을 말메종에 마련된 나폴레옹 서재에 전시해야 한다는 것이었다. 부부가 기증한 책들은 바로 베를린에서 사라진 것으로 알려졌던 나폴레옹과 마리 루이즈의 서적들이었다. 정확하게 어떠한 경로로 부부의 손에 들어가게 되었는지는 알 수 없다. 재미있는 건 그들이 지정한 전시 장소다. 한때 나폴레옹의 흔적을 지우기 위해 노력했던 프랑스에, 그것도 나폴레옹의 두 번째 황비 마리 루이즈가 아닌 첫 번째 황비인 조세핀과의 추억이 서린 장소인 말메종에 전시해 달라는 조건은, 뭔가 영국인다운 유머 같은 느낌도 든다.

일부는 대서양을 건너 미국 땅에서 모습을 드러내기도 했다. 안드레 드 쿠페(Andre de Couppet, 1892~1953)는 1915년 프린스턴 대학교를 졸업하고, 이듬해 아버지로부터 가업이었던 증권 중개 회사를 물려받은 기업가였다. 사업 수완이 좋았던 그는 아이티에서 플랜테이션 농장 사업을 통해 큰 이윤을 얻었고, 그 자본으로 방대한 양의 유럽과 미국의 각종 도서 및 서신을 수집했다. 1938년 그는 자신의 모교인 프린스턴 대학교에 400권의 서적을 기증했는데, 그것은 다름 아닌 나폴레옹이 소유했던 도서들이었다. 이 책들 역시 어떠한 경로로 안드레의 손에 들어갔는지는 알 수 없다. 하지만 그의 수집벽은 한때 유럽의 황제였던 남자의 책에까지 미쳤고, 그 덕택에 사라진 줄 알았던 그의 도서 일부가 보존될 수 있었던 것이다.

나폴레옹이 소유했던 방대한 책들은 여전히 대부분이 행방불명이다. 유럽 최고의 슈퍼스타가 보유했던 책이 아무렇게나 흩어지지는 않았을 것이다. 그의 사후에는 소장할 능력과 지위가 있는 사람들이 가져갔을 것이다. 그러나 세월이 흐르면서 후세대에는 자신이 손에 쥔 책이 황제의 것이었음을 망각하는 이들도 나온다. 이들 덕분에 나폴레옹의 책들이 의외의 곳에서 튀어나올지 모른다.

유럽에서
헌책방을 들른다면

유럽 여행을 간다면, 골목길에서 누렇게 빛바랜 헌책이나 지도 등을 판매하는 벼룩시장을 마주칠 수 있을 것이다. 워털루 브리지 밑에 있는 사우스뱅크 중고 책 시장처럼 말이다. 평소라면 그냥 무심코 지나쳤을지도 모를 그 책들을 유심히 살펴보기 바란다. 꼼꼼하게 그 책의 페이지를 넘겨보고, 그 안에 책의 원 소

<< 프랑스 제1제국의 문장,
즉 나폴레옹 1세가 황제로 대관했을 때
사용한 공식 문장. 독수리는
나폴레옹 황제를 상징하는 공식 문장이었다.

유자의 기록들이 있는지 찾아보자. 누가 알겠는가? 혹시 '독수리'나 '꿀벌' 도장이 찍혀 있을지. 만약 그런 문장을 발견한다면, 축하한다. 당신은 지금 놀라운 가치를 가진 책을 발견한 걸지도 모른다. 프랑스의 황제 나폴레옹이 소유했던 책을 말이다. 혹시라도 그가 끼적였던 메모라도 한쪽 구석에 있다면, 그 책의 가치는 배로 높아질 것이다. 진심으로 축하한다. 이제 당신이 해야 할 일은 단 하나다. 그 사실을 절대 책 주인에게 알리지 말고 조용히 책에 붙어 있는 가격만 지불하고 책방을 빠져나오는 것이다. 단, 사우스뱅크는 내가 이미 훑어봤으니 굳이 찾아오는 수고는 하지 말기를.

소더비가 사랑한 책들

'문화 전쟁'을 야기한,
단테가 쓰고 보티첼리가 그린 《신곡》

— 1882년 소더비 런던, 해밀턴 궁전 컬렉션

한때 영국에서 가장 아름다운 궁전 중 하나로 여겨졌던 해밀턴 궁(Hamilton Palace)은 스코틀랜드에서 제일가는 귀족이자 브리튼의 귀족 서열에서도 최고위를 차지하는 해밀턴 공작(Duke of Hamilton) 가문의 거처였다. 지금은 대부분이 철거되었고 그 부지는 정체 모를 귀족에게 팔려 수십 년간 방치되어 있지만, 전성기 때 해밀턴 궁은 버킹엄 궁전을 능가할 정도로 규모가 크고 아름다웠고, 그 자체로 거대한 박물관이었다고 전해진다. 가문이 오랜 세월에 걸쳐 전 세계에서 수집해 온 화려한 자기와 가구로 궁전 곳곳이 가득 차 있었을 뿐만 아니라, 루벤스(Peter Paul Rubens, 1577~1640), 반다이크(Anthony van Dyck, 1599~1641), 브뤼헐(Pieter Bruegel the Elder, 1522?~1569) 등 수많은 미술 거장들의 회화 작품들이 곳곳에 걸려 있었다고 한다. 영국 왕이 스코틀

1880년경 해밀턴 궁의 모습.
ⓒ Gettyimages

랜드에 방문하면 반드시 묵는 곳이 해밀턴 궁이었다고 하니 더 이상 무슨 말이 필요할까.

그런데 1882년, 해밀턴 궁에 영국 문화 예술계의 모든 관심이 집중되는 사건이 일어났다. 해밀턴 궁에 있는 수많은 컬렉션들이 경매에 등장한다는 소식 때문이었다. 이러한 결정을 내린 것은 약 20년 전 작위를 물려받은 12대 공작 윌리엄(William Douglas-Hamilton, 1845~1895)이었다. 그는 이 귀중한 컬렉션들을 대중에게 공개하는 것이 사회에 더욱 유익한 길이며, 전문적인 기관이나 시설에서 이 컬렉션들을 보존하는 것이 개인이 소유하고 관리하는 것보다 훨씬 나은 선택이라는 것을 경매 이유로 들었다.

하지만 해밀턴 공작이 이렇게 소중한 수집품들을 팔게 된 데에는 다른 이유가 있었다. 그는 감당할 수 없는 빚에 시달리고 있었다. 승마와 도박, 파티에 빠져 있던 해밀턴 공작은 엄청난 빚에도 불구하고 씀씀이를 줄일 수 없었다. 사실 그는 귀족으로서 할일을 했을 뿐이었다. 본디 귀족들이란 물려받은 영지로부터 들어오는 소득에 기대어 삶을 영위하던 특권층이다. 돈을 벌어야 한다는 개념이 없었다. 세상은 자본주의로 급격히 바뀌고 있었지만 취향과 습관은 바꾸기 어려운 법. 물려받은 자산을 처분해야 하는 상황에 맞닥뜨린 이는 비단 해밀턴 공작만은 아니었다.

해밀턴 궁의 컬렉션은 크게 두 번, 1882년과 1919년에 걸쳐서 세상에 쏟아져 나왔는데, 그중 1882년 경매는 무려 17일 동안 쉬지 않고 계속됐다. 고가구나 회화, 조각 및 도자기의 경우에는 그 분야에서 독보적인 경험을 갖고 있던 크리스티(Christie, Manson and Woods)가 경매를 전담했고, 당시만 해도 여전히 고서 중개 매매에 사업을 집중하고 있던 소더비는 해밀턴 궁에서 가장 큰 서재인 해밀턴 서재와 벡포드 서재(Beckford Library)를 비롯한 궁 곳곳에 보관된 고서들에 집중했다.

바로 이 서재에 있던 한 권의 책에 시선이 집중되었다. 단테 알리기에리(Dante Alighieri, 1265~1321)가 지은 《신곡(La divina Comedia)》이었다. 그런데 이 책은 단테가 직접 내놓은 초판본이 아니었다. 《신곡》은 베스트셀러였기 때문에 초판본이 아니라면 희소성이 크지 않았다. 게다가 서재에서 발견한 《신곡》은 많은 페이지가 소실된 불완전한 책이었다. 그럼에도 불구하고 이 《신곡》이 주목받은 이유는 이 판본에 피렌체 르네상스를 대표하는 화가 산드로 보티첼리(Sandro Botticelli, 1445~1510)가 직접 그린 삽화가 들어 있었기 때문이다.

《신곡(神曲)》은 지옥편, 연옥편, 천국편 총 세 편으로 이루어진 서사시로, 각 편당 33개의 곡(曲)과 이 시를 소개하는 도입부의 곡 1개를 합쳐 총 100개의 곡으로 이루어져 있다. 보티첼리는 각 곡마다 삽화를 하나씩 그려 넣은 것으로 알려져 있는데, 안타깝게도 모두가 살아남은 것은 아니었다. 해밀턴 궁에 소장된 《신곡》에는 총 88장의 양피지에 채색까지 완료한 삽화 4개와 채색을 완료하지 못한 미완성 상태의 삽화 81개

《신곡》에 들어간 보티첼리의 삽화 '지옥의 지도'.

를 합쳐 85개의 삽화만이 남아 있는 상태였다.

해밀턴 궁의 《신곡》은 미완성이라곤 해도, 중세 시대 최고 작가와 르네상스 최고 화가가 시대를 넘어 협업한 유일무이한 책이었다. 경매가 시작되기 훨씬 전부터 영국 문화 예술계의 관심이 집중된 것은 당연했다. 그런데 이 책으로 들썩인 곳이 영국만은 아니었다. 이 책을 손에 넣기 위해 독일 제국의 빌헬름 1세(Wilhelm I, 1797~1888)가 움직였다는 소문이 퍼지자, 정치 외교계에까지 파문이 확산됐다.

해밀턴 궁의 소장품에 드리워진
독일 제국의 그림자

잠시 당시 유럽 세계를 정치 사회적인 면에서 간략하게 살펴보자. 바로 한 세기 전, 프랑스 대혁명이 일어나면서 이전 시대의 봉건 질서가 점차 허물어지고 있었다. 정점에 왕이 있고, 그이하 귀족들이 다른 모두를 다스리던 앙시앵 레짐 말이다. 특히 나폴레옹 전쟁 덕택에 유럽 곳곳에는 민족주의가 퍼져 나갔다. 기존의 봉건 귀족들이 가지고 있던 영지와 권력은 점점 해체되고 있었고, 이제 국가는 왕가나 귀족이 아닌 민족의 것이라는 믿음이 확산되고 있었다. 이에 따라 이전에는 각각 다른 왕족이나 귀족의 소유였던 지역들, 혹은 독립된 주권을 가지고 있던 유럽의 도시 국가들은 민족이라는 개념을 따라 하나로 묶이기 시작했다. 이탈리아나 독일은 역사가 오랜 나라인 것처럼 느껴지지만, 사실 두 나라가 통일 국가를 이룬 것은 이 시기다. 이탈리아가 통일 왕국을 선포한 때가 1861년, 독일이 독일 제국을 선포했을 때가 1871년이다.

"우리는 이탈리아를 만들었다. 이제는 이탈리아인을 만들 차례다."

통일을 이룩한 후 이탈리아의 정치인 마시모 다젤리오(Massimo d'Azeglio, 1798~1866)는 이렇게 말했다. 통일 국가를 이룬 이 두 국가의 목표는 뚜렷했다. 영토적인 의미의 국가는 만들었으니, 이제 그 영토 안에 사는 국민들이 누구인가라는 정체성을 확립해야만 했다. 정체성 만들기는 동면의 양면처럼 일어난다. 하나는 끊임없이 '우리는 같은 민족이고 위대한 민족이다'라는 동질성을 창조해 나아가는 방식이고, 다른 하나는 '우리는 다른 민족보다 뛰어난 민족이다'라는 차이점을 강조하는 방식이다. 19세기 말은 이렇게 국가와 국민을 새롭게 만들어가는 혼란한 시기였다.

다시 1882년 영국으로 돌아가 보자. 해밀턴 궁 서재 경매를 몇 달 앞두고, 영국에서는 불온한 소문이 돌았다. 단테의 《신곡》은 이미 주인이 정해졌다는 것이었다. 그 사람의 정체는 바로 신생 독일 제국의 초대 카이저 빌헬름 1세였다. 소문에 따르면, 카이저는 해밀턴 소장품들 중 일부를 경매에 부치기도 전에

독일 제국의 초대 카이저 빌헬름 1세.
ⓒ Wikipedia

웃돈을 얹어서 구매하려고 수를 쓰고 있으며, 특히 보티첼리의 삽화가 그려진 단테의 《신곡》을 손에 넣기 위해서라면 어떠한 금액이라도 지불할 것이라고 했다.

이 소문은 사실이었다. 당시 독일 제국의 수도, 베를린에 소재한 '판화 및 회화 박물관(Kupferstichkabinett; Museum of Prints and Drawing)' 관장이었던 프리드리히 리프만(Friedrich Lippmann, 1838~1903)은 카이저의 특명을 받고 일찌감치 영국에 들어와 보티첼리의 삽화가 그려진 단테의 《신곡》을 독일 제국으로 가져가기 위한 프로젝트를 차근차근 진행하고 있었다. 리프만에게 주어진 임무는 독일 대중의 문화 수준을 높이기 위해 제국이 투자할 작품들을 조사하는 것이었다. 그는 그런 임무를 수행하기에 최적의 인물이었다. 미술사라는 학문이 존재하기 이전부터 프랑스 및 영국 등지에서 다양한 방법으로 예술 관련 지식을 쌓은 그는 이미 1868년 오스트리아 박물관 협회(Association of Austrian Museum)에서 큐레이터로 경력을 쌓았고, 빈의 디자인 박물관(Museum of Applied Art)을 훌륭한 솜씨로 꾸민 경험이 있었다. 이런 경력을 눈여겨본 빌헬름 1세는 그를 베를린의 '판화 및 회화 박물관' 관장으로 임명하고, 그의 높은 안목으로 신생 독일 제국 내의 박물관들을 꾸미도록 지시했다.

황제의 든든한 후원 속에 리프만은 성과를 내기 시작했는데, 그중 가장 중요한 것은 유럽 전역에 흩어져 있던 알브레히트 뒤러(Albrecht Dürer, 1471~1528)의 작품들을 수집하여 베를린에 안

착시킨 것이었다. 뒤러는 드물게도 독일 지역에서 출생한 르네 상스 화가였기 때문에, 그의 작품들은 독일 제국에게 큰 의미를 지니는 것이었다. 훗날 뒤러가 독일의 국민 화가로 추앙받게 된 것은 모두 리프만 덕택이라고 해도 과언이 아니다. 리프만의 임무는 여기서 끝나지 않았다. 독일 제국을 빛내고 독일 대중들의 문화 수준을 높이기 위한 문화재 수집 여행은 계속되어 런던까지 이어졌던 것이다.

1882년 초여름, 런던에서 자료 조사를 하던 리프만은 해밀턴 궁의 소장품이 경매에 나온다는 소식을 들었다. 이 어마어마한 규모의 경매는 물건 목록만으로도 500쪽이 넘는 양장본 카탈로그가 네 권이나 나올 정도였지만, 리프만은 이를 꼼꼼히 살펴보았다. 그러고는 한 물건에 깊이 매료됐다. 6월 9일 리프만이 베를린 왕립 박물관 관장에게 보낸 편지를 살펴보면, 그가 이 물건에 얼마나 마음을 빼앗겼는지 엿볼 수 있다.

> "다른 어떤 것들보다도, 보티첼리가 그린 삽화가 있는 《신곡》 이 있습니다. 한번 상상해 보십시오. 대형 2절판 양피지 문서 한쪽 장에는 단테의 글이, 다른 한쪽에는 바로 보티첼리가 펜 으로 그린 그림이 채워져 있단 말입니다!"

리프만은 재빠르게 움직였다. 유럽 최고의 부자라는 로스차일드 가문(House of Rothschild)도 해밀턴 컬렉션을 노리고 있다는 해밀턴 궁의 벡포드 서재 경매를 소개하는 카탈로그 3번.
이 카탈로그는 546쪽에 달하는데, 이만큼 두꺼운 카탈로그가 총 4권에
이를 정도로 해밀턴 궁의 소장품은 방대했다. ⓒ Internet Archive

소문이 돌았다. 게다가 본래 보티첼리의 삽화가 그려져 있다는 단테의 《신곡》은 다가오는 9월 소더비 경매에 부쳐질 것이었다. 공개적으로 경매에 부쳐진다면, 이 물건의 가치를 알아볼 수많은 사람들이 경매에 참여할 게 분명했다. 그렇게 된다면 리프만이 이 고귀한 물건을 손에 넣는 데 차질을 빚을 수 있었다.

자금줄은 독일 제국이었기 때문에, 그들을 설득할 문서를 빨리 상신해야만 했다. 리프만의 요청에 의해 이 물건들의 가치를 검토할 전문가 팀이 런던으로 급파되었다. 그들은 보티첼리의 삽화가 그려진 단테의 필사본과 함께 700여 개의 다른 해밀턴 궁 서재의 고서적들까지 면밀하게 검토하기 시작했다. 조사 결과는 곧바로 독일 제국 정부로 전달되었고, 그 가치를 인정한 독일 제국은 의회의 표결을 거쳐 《신곡》을 포함한 700개의 필사본을 일괄 구매하기로 결정했다. 의결한 총 구매 비용은 총 8만 파운드, 현재 금액으로 500만 파운드다. 동시에 리프만은 해밀턴 공작 측과 긴밀한 협상을 벌였고, 결국 독일 제국은 보티첼리의 삽화가 담긴 단테의 《신곡》을 손에 넣는 데 성공한다.

대영 제국과
독일 제국의 문화 전쟁

해밀턴 궁 컬렉션이 경매에 나온다는 소식이 전해졌을 때, 〈타임스(The Times)〉는 1882년 1월 5일에 다음과 같은 논평을 실었다.

아무도 관심을 갖지 않던 것이 열렬하게 숭배하는 보호자를 갖게 된다는 점에서는 더 나은 일일 것이다. … (중략) … 하지만 프랑스인들과 러시아인들, 미국인들 그리고 심지어는 독일인들이라니, 그들은 돈을 벌기 위해 손에서 망치를 떼지 않았지만 정작 돈을 제대로 쓰는 법은 모른다. 영국처럼 유례없는 부유한 국가라면 예술적 가치를 제대로 판별하는지, 그리고 돈을 제대로 쓸 줄이나 아는지 문제를 제기해야만 한다. 이런 경쟁에 마지막에 뛰어드는 것은 영국인들의 취향이나 관대함에 명예로운 일이 아니다.

기사에 따르면 해밀턴 궁의 수집품에 프랑스, 러시아, 미국을 비롯해 독일까지 많은 다른 국가들이 관심을 가졌던 모양이다. 그리고 영국인들은 왜 이 경쟁에 보다 적극적으로 나서지 않는지를 비판하고 있다. 하지만 본질적으로는 해밀턴 궁의 문화재들이 경매를 통해 세상에 나오는 데 대해서는 긍정적인 입장이다. 〈비블리오그래퍼(Bibliographer)〉라는 잡지 역시 비슷한 관점을 공유하고 있다. 1882년 2월, 귀족들의 수집품이 공개된 것을 환영하며 다음과 같은 논평을 실었다.

몇몇 사람들은 그 위대한 두 서재가 곳곳으로 분산되는 것에 탄식할 수 있지만, 해밀턴 궁의 사용하지도 않는 선반에 놓여 있는 것보다는 다른 수많은 도서관들을 풍요롭게 만드는 것이 더 나은 일임이 분명하다.

하지만 리프만이 단테의 《신곡》을 손에 넣는 데 성공한 7월에는 논조가 조금 달라졌다.

지난 약 40년간, 해밀턴 궁은 영국에서 가장 위대한 서재들을 가지고 있는 것으로 알려져 있었다. 하지만 앞으로는 그 영광스러운 것들이 모두 뿔뿔이 흩어지게 될 것이다. 물론 그것이 세계 전반에 걸쳐서 많은 혜택을 선사할 것이라는 점에서, 불행이라 말할 수는 없겠지만… (중략) …모든 세계가 소유해야 할 것을 한 사람이 소유한다는 것이 신성 모독인 만큼, 그것들을 산산이 흩어지게 하는 것 역시 신성 모독이나 마찬가지일 것이다.

옥타비아 힐(Octavia Hill, 1838~1912)이나 존 러스킨(John Ruskin, 1819~1900)과 같은 당시 영국 내 유명 사상가들 역시 이러한 고귀한 인류 유산이 국외로 반출되는 것을 두고 대대적인 반대 운동을 펼쳤다. 당연히 해밀턴 궁에서 나온 수많은 수집품들이 국외로 반출되는 일에도 비판을 가했다. 이러한 비판들은 고고학자이자 영국 하원의원이기도 했던 존 러벅(John Lubbock,

1834~1913)에게 영향을 미쳐, 1882년 7월에는 의회에서 '고대유물보호법(Ancient Monuments Protection Act)'이 통과되는 데 큰 역할을 하기도 했다. 하지만 그때는 이미 《신곡》을 포함한 해밀턴 궁의 700여 개 필사본이 독일로 넘어간 후였다. 또한 법안 이름에서부터 알 수 있듯이 이 법은 선사 시대 유물에 초점을 맞추었기 때문에 중세나 르네상스 시대 저작물의 유출을 막을 수는 없었다.

이러한 우려는 비단 문화 예술계에서만 있었던 것은 아니다. 빅토리아 여왕(Queen Victoria, 1819~1901)을 비롯한 영국 왕실도 이 사안에 큰 관심을 기울였는데, 사실 공식적인 언급을 하거나 우려를 표할 수는 없는 상황이었다. 빅토리아 여왕은 자신의 딸 빅토리아, 줄여서 비키 공주(Victoria, Queen of Prussia, 1840~1901)를 빌헬름 1세의 아들이자 황위 계승자, 프레데릭(Frederick III, 1831~1888)에게 시집보냈기 때문이다. 영국 왕실과 독일 제국은 사돈지간이었던 셈인지라 영국 왕실 입장에서는 독일 제국을 대놓고 비판할 수 없었다. 하지만 빅토리아 여왕과 비키 공주가 나눈 사적인 서신을 살펴보면, 영국이 보유하고 있던 인류의 문화유산이 독일로 넘어간 일에 대한 우려와 영국 정부의 무심함에 대한 아쉬움을 느낄 수 있다.

"해밀턴 공의 예술 작품들이 판매된다는 것에 대해서 언급하는 것을 항상 잊어버리게 되는데요. 저는 그게 아주 딱한 일이

독일 제국의 왕비, 비키 공주. 빅토리아 여왕의 장녀다.

라고 생각해요. 그는 매우 특별한 책들을 많이도 가지고 있지만, 그중에서도 무엇보다도 가장 대단하고 가치가 높은 것이 곧 팔린다고 하죠? 산드로 보티첼리가 그린 일러스트가 들어간 단테의 88장짜리 필사본 말이에요. 이 비범한 보물은 절대 영국을 떠나서는 안 돼요. 베를린 박물관은 의회가 비용 집행을 동의만 한다면, 8만 8,000파운드에 그 전체 컬렉션을 다 사려고 한다더군요. 저는 그러한 보물이 반출된다는 것은 영국에 부끄러운 일이라고 말하고 싶어요. 저는 왜 영국 박물관과 옥스퍼드의 보들리 도서관(Bodleian Library)이 해밀턴 공과 얘기를 나누지도 않았는지, 왜 적절한 애국심을 보이지 않는 것을 지적하지 않았는지 이해할 수가 없네요. 해밀턴 공이 그 국가적인 컬렉션을 외국인들 앞에 내놓기 전에 말이지요. 만약 우리 영국의 귀족 가문들이 그들의 특별한 컬렉션들을 팔아야만 한다 해도, 최소한 우리는 그것들을 보호해야 합니다. 예술과 배움을 좋아하는 글래드스턴 경[1]은, 분명히 제가 생각하기에, 재정적인 면에서 보더라도, 분명히 국가가 예술 컬렉션이 보다 투자해야 한다는 사실을 잘 알고 계실 거예요. 미국이나 유럽 대륙이 언제든지 채 갈 준비가 되어 있는 한, 우리는 귀중한

---

1   윌리엄 글래드스턴(William E. Gladstone, 1809~1898)은 영국의 정치인으로 총 네 차례 총리를 지냈다. 이 편지는 그가 총리로 두 번째 재직(1880~1885)할 때 보내진 것이다.

물건들을 더 이상 지켜 내기 어려울 거예요."

1882년 7월에 어머니 빅토리아 여왕에게 보낸 비키 공주의 서신에는 '애국심'이라는 단어가 등장한다. 《신곡》을 둘러싼 경쟁을 사실상 영국과 독일의 국가 간 대결로 인식했다는 의미다. 소위 총성이 없는 '문화 전쟁'이라고나 할까? 하지만 문화 예술계의 비판과 왕실의 우려에도 불구하고 손을 쓰기에는 너무 늦었다. 승자는 결국 8만 8,000파운드를 지불한 독일 제국이었다. 리프만의 선견과 더불어 독일 제국 정부의 빠른 대응 덕택에 보티첼리의 삽화가 그려진 단테의 《신곡》을 포함한 해밀턴 궁의 700여 개 필사본은 독일에 무사히 도착할 수 있었다. 영국 언론은 탄식했다. 1882년 11월 2일자 〈타임스〉는 다음과 같이 전하고 있다.

〈북독일 가제트(North German Gazzette)〉는 엄청난 만족을 나타내면서 발표했고, 주요 획득 품목들을 열거했는데, 그중에는 7세기경 만들어진 〈잠언〉 필사본과, 산드로 보티첼리가 직접 삽화를 그린 단테의 위대한 작품이 포함되어 있다. 지식인들과 고고학자들은 환희에 찬 기분으로 손을 비비고 있다.

제국의 욕망으로 채운
박물관들

보티첼리가 삽화를 그린 《신곡》은 독일 제국의 수도 베를린의 '판화 및 회화 박물관'에 자리 잡게 됐다. 그런데 공교롭게도 비슷한 시기에 독일 제국으로 건너간 85개의 삽화 외의 다른 그림들이 발견되었다. 바티칸 시국의 서고에서 총 7점의 삽화가 그려진 양피지가 발견된 것이다. 이 그림들은 한때 유럽 최고의 예술 애호가이자 수집가였던 스웨덴의 여왕 크리스티나(Christina, Queen of Sweden, 1626~1689)의 소유였다. 그녀는 왕위를 사촌에게 양위한 뒤 오랜 세월 유럽을 떠돌아야만 했고 죽을 때쯤에는 많은 빚에 시달렸다. 그 이유로 그녀의 소장품들은 유럽 곳곳으로 팔려 나간 것으로 알려져 있었다. 영국의 해밀턴 공작 가문과 바티칸이 보티첼리의 삽화들 중 일부를 손에 넣은 것은 그때였던 것으로 보이지만, 자세한 경로는 밝혀지지 않았다.

조르조 바사리(Giorgio Vasari, 1511~1574)가 남긴 기록에 따르면, 보티첼리의 삽화는 1480년대 중반부터 수년에 걸쳐 제작된 것으로 보인다. 의뢰인은 언제나 그랬듯이 보티첼리를 끔찍이 아끼던 메디치 가문이었다. 불행히도 딱 이 시기는 메디치 가문에 불행이 찾아온 시기였다. 돌연 사보나롤라(Girolamo Savonarola, 1452~1498)라는 수도사가 나타나더니, 피렌체 시민들의 지지를 등에 업고 메디치 가문을 쫓아냈기 때문이다.

사보나롤라는 귀족들의 후원을 받아 만들어진 미술품이나 문학을 허영과 사치의 소산이라고 비판했고, 피렌체 광장에서 그림과 조각, 문학 작품을 태우는 퍼포먼스를 벌이기도 했다. 보티첼리조차 광장에서 자신이 그린 그림들을 불꽃에 던져 넣었다고 한다. 자의였는지 강요였는지 알 수는 없지만, 피렌체에서 예술 활동을 하기는 불가능한 상황이었을 것이다. 《신곡》에 들어갈 삽화들 중 대부분이 스케치만 되어 있고, 채색까지 마친 작품이 4점에 불과한 데에는 이런 이유가 있다. 연구자들은 메디치 가문이 망명을 떠날 때 누군가가 이 삽화들을 같이 챙긴 것으로 추정한다. 이 삽화들은 해밀턴 궁과 바티칸 서고에서 다시 등장하기 전까지 수백 년간 자취를 감추었다.

《신곡》의 삽화들이 베를린에 안착하기까지는 오랜 시간이 걸렸다. 이후 유럽에서는 두 차례의 세계대전이 터졌다. 그러고는 베를린이 동서로 분할되면서 유물들도 동서로 쪼개졌다. '판화 및 회화 박물관'에 소장된 물건들도 마찬가지였다. 《신곡》의 85개 삽화들은 분리되어 동서가 나누어 가졌다. 해밀턴 궁의 《신곡》이 다시 모이기까지는 독일 통일이 이루어지고서도 시간이 한참 더 지나야 했다. 2001년 영국의 왕립학회(Royal Academy)는 사상 최초로 바티칸의 삽화 7점과 독일의 85점의 삽화들을 한데 모아 전시회를 열었다. 피렌체를 떠난 보티첼리의 그림은 500년이 지나서야 다시 만날 수 있었다.

보티첼리의 삽화가 들어간 《신곡》을 둘러싼 영국과 독일 간의 자존심 싸움을 보면 제국들의 민족주의적인 욕망을 읽어 낼 수 있다. 이러한 문화재 쟁탈전은 영국과 독일만이 아니라 다른 유럽 국가들에서도 빈번하게 일어났다. 프랑스 루브르에 이탈리아 르네상스의 거장 레오나르도 다빈치나 라파엘로 작품이 걸려 있고, 영국 내셔널 갤러리에는 베네치아 화파인 티치아노의 그림이 전시되어 있다. 러시아 상트페테르부르크의 에르미타시 박물관에서는 렘브란트나 루벤스가 등장한다.

유럽의 박물관을 돌다 보면, 19세기에 발명된 민족주의가 가졌던 힘의 크기와 방향이 느껴진다. 제국들은 식민지 쟁탈전뿐 아니라 해외의 문화재를 털어와 자국의 박물관에 집어넣는 데 주력했다. 이는 자국민이 제국의 힘을 간접적으로 체험해 자부심을 느끼게 하기 위해서였다. 또 다른 측면은 그리스의 조각과 건축술, 이탈리아 르네상스와 플랑드르의 회화 들이 각국의 박물관에서 발견된다는 점인데, 자신들이 유럽의 정통성을 이어받은 후계자임을 강조함으로써 국민들에게 다른 국가와 민족보다 우월하다는 의식을 심으려고 한 것이다. 이 두 가지는 언뜻 달라 보이지만, 사실은 애국심을 고취시킨다는 목적에서는 동일한 것이라고 볼 수 있다.

그 결과 우리는 유럽의 이름난 박물관에서 잘 보존되기는 했지만, 원래 있어야 할 곳을 잃고 미아가 되어 버린 작품들과 만난다. 그럴 때마다 기묘한 감정이 든다. 다른 나라의 문화유산을 왜 자기들이 자랑스럽게 전시하는지 이해하기 힘들지만, 그

제국의 민족주의적 욕망으로 채워졌던 영국 내셔널 갤러리.
ⓒ 김유석

럼에도 이 예술 작품들을 볼 수 있어서 다행이라는 안도감이 든다. 하지만 피식민지를 경험한 나라의 국민으로서는, 제국을 경영했던 국가들의 웅장한 박물관과 문화재가 그들이 피식민지로부터 획득한 전리품처럼 여겨지질 때가 있다. 그러고는 그 문화재들에 연민을 느끼게 된다.

단테와 보티첼리의 평행 이론

2016년 런던의 코톨드 갤러리(Courtauld Gallery). 스트랜드 거리에서 가장 화려했던 맨션 중 하나로 손꼽히는 서머싯 하우스(Somerset House)에 위치한 이 미술관에서 보티첼리가 그린, 단테의 《신곡》 삽화 전시회가 열렸다. 안타깝게도 베를린과 바티칸에 있는 92점의 삽화가 모두 모이지는 못했지만, 베를린으로부터 도착한 30점의 삽화를 비롯해 보티첼리의 주요 작품들이 함께 공개된 이 전시회는 꽤 볼 만했다. 나는 사람이 많이 없는 평일 오전을 택해 관람했는데, 마침 그리 넓지 않은 갤러리 회랑 반대편에 어떤 안경 쓴 선생님(혹은 갤러리 도슨트일지도 모르겠다.)이 몇몇 젊은 학생들에게 작품들을 설명해 주는 모습을 보았다. 주변을 어슬렁거리면 주워들을 내용이 있을지 모르니, 다른 전시물을 보는 척하면서 귀를 기울여 봤다. 마침 한 학생이 질문을

보티첼리의 1475년 작 〈동방박사의 경배〉.
보티첼리는 그림에 자신을 그려 넣었는데, 오른쪽 하단에 정면을 응시하는 이가
보티첼리 자신이다. ⓒ Wikipedia

했다. "왜 보티첼리가 단테의 《신곡》에 흥미를 갖고, 삽화까지 그리게 되었나요?"

선생님은 이렇게 답했다. "같은 피렌체를 중심으로 활동한 단테는 보티첼리 시대에 이미 유명한 인물이었던 것이 당연한 이유일 테지만, 사실 밝혀지지 않은 이야기가 있긴 합니다. 비록 하나의 의견에 불과하기는 하지만, 보티첼리는 단테의 사랑 이야기에 깊이 공감했고, 마치 자신의 이루지 못한 사랑 이야기와 동일하다는 생각을 갖게 되었기 때문에 단테의 《신곡》에 꼭 삽화를 그려야겠다는 마음을 먹었던 것이지요."

더 가까이에서 대놓고 들을 만큼 얼굴이 두껍지 않아서 더 이상 자세한 설명을 듣지는 못했지만, 매우 흥미로운 이야기였다. 보티첼리가 단테를 너무나도 존경해서라든가, 아니면 메디치 가문이 돈을 많이 줘서 삽화를 그린 것이 아니라, 단테의 사랑과 자신의 사랑을 동일시했기 때문에 삽화를 그리기로 마음 먹었다니 말이다. 집에 돌아오자마자 과연 근거가 있는 이야기인지 구글을 뒤적이고 보티첼리와 관련된 책도 찾아보기 시작했다. 그리고 이 이야기를 다룬 수많은 자료들이 있다는 것을 알게 됐다. 지금부터 전하는 이야기는 바로 이러한 조사에 근거한 보티첼리와 단테에 관한 이야기다. 물론 정설은 아니다. 하지만 알아두면 재미있는 이야기다.

《신곡》의 원천이 된 단테의 사랑

피렌체는 메디치 가문이 수많은 인문학자와 과학자, 예술가를 후원하면서 르네상스의 중심지가 되었다. 안드레아 델 베로키오(Andrea del Verrocchio, 1435~1488)가 운영하는 공방은 그 핵심이었다. 메디치 가문은 베로키오의 후원자였을 뿐만 아니라 이 공방에서 수련을 쌓는 수많은 예술가들을 후원했는데, 라파엘로나 미켈란젤로 같은 거장들도 이곳 출신이었다. 이탈리아 르네상스가 전성기를 누리던 15세기 중반 무렵, 델 베로키오의 공방에는 피에트로 페루지노(Pietro Perugino, 1466~1523), 도메니코 기를란다요(Domenico Ghirlandaio, 1448~1494), 그리고 레오나르도 다 빈치(Leonardo da Vinci, 1452~1519) 같이 엄청난 재능들이 있었지만, 산드로 보티첼리야말로 메디치 가문의 수장 로렌초 데메디치(Lorenzo di Piero de'Medici, 1449~1492)가 가장 사랑했던 예술가였다.

보티첼리는 화려하고 장식적인 기교에 있어서도 동시대 최고로 평가받았지만, 무엇보다도 그를 뛰어난 화가로 만든 것은 다양한 상징과 스토리텔링을 자유자재로 활용하면서 신화나 성경에 등장하는 익숙한 이야기들을 새롭게 재해석하는 능력이었다. 전해지는 이야기에 따르면, 보티첼리는 오비디우스(Publius Naso Ovidius, B.C.43~17), 베르길리우스(Publius Maro Vergilius, B.C.70~B.C.19), 세네카(Lucius Annaeus Seneca, B.C.4~65) 등 고대 로마 작가들의 저작들을 즐겨 읽는 것이 취미일 정도로 고전 문학과 철학에도 정통했다고 하는데, 아마도 이러한 고전들로부터 받은 영감들을 자신의 화폭에 잘 녹여 냈던 것 같다.

보티첼리는 어느 날 로렌초 데메디치의 조카 로렌초 디 피에르프란체스코(Lorenzo di Pierfrancesco de'Medici, 1463~1503)로부터 자신이 평소에 가장 아끼는 책 중에 하나인 단테의 《신곡》에 삽화를 그려 달라는 의뢰를 받게 되었다. 뛰어난 상상력을 바탕으로 시적인 세계를 표현하는 데 능숙했던 보티첼리는 단테가 창조한 지옥과 천국의 이미지를 재현하는 데 가장 적절한 작가였을 것이다. 그리고 의뢰를 접수한 보티첼리는 단테를 연구하면서 그의 사랑 이야기에 깊이 매혹되고 말았다.

1265년 3월에 피렌체에서 태어난 단테 알리기에리. 그는 다른 여타 귀족 가문들이 그렇듯 관습에 따라 13세의 어린 나이에 당시 피렌체의 유력 가문의 딸과 약혼했고, 9년 후인 1286년에는 그녀와 혼인을 맺었다. 하지만 단테는 사랑하는 사람이 따로 있었다. 단테가 아홉 살에 불과했던 1274년 5월 1일, 단테에게 일생일대의 사건이 일어났다. 아버지를 따라 방문한 은행가의 집에서 자신보다 한 살 어린 베아트리체 포르티나리(Beatrice Portinari, 1266~1290)를 만난 것이다. 그는 베아트리체에게 한눈에 반해 버리고 말았다.

하지만 그 이후 단테는 그녀를 좀처럼 만날 수 없었다. 그들이 재회한 때는 처음 만난 지 꼭 9년째 되던 해인 1283년 5월 1일이었다. 18세가 된 단테는 피렌체의 베키오 다리 주변을 걷다가 우연히 아름다운 여인을 마주치게 되었다. 하얀 살결에 붉은

베키오 다리에서 단테가 베아트리체와 두 번째 만나는 장면.
헨리 홀리데이(Henry Holiday, 1839~1927)의 1883년 작.
ⓒ Wikipedia

복숭앗빛으로 물든 두 뺨을 가진 풍성한 금발의 여인, 베아트리체였다. 놀랍게도 그녀 역시 단테를 잊지 않았던 모양이다. 그녀는 수줍게 미소를 지으며 단테에게 친절한 인사를 건넸다고 한다.

단테의 가슴은 다시 불타올랐다. 베아트리체가 건넨 미소와 인사가 단테의 가슴을 향해 사랑의 불화살이 되어 꽂힌 것이었다. 단테에 따르자면, "진정한 축복의 정점을 본 것만" 같았다. 단테의 사랑은 결코 이루어질 수 없었다. 두 사람 모두 결혼을 약속한 상대가 있었던 것이다. 하지만 그보다 더 비극적인 이유는 베아트리체가 1290년 6월경, 24세의 나이에 갑작스럽게 세상을 떠났기 때문이다. 그녀의 죽음을 전해 들은 단테의 심장은 무너져 내렸다. 단테는 당시의 기분을 다음과 같은 시로 표현했다.

"언제나 잔혹한 죽음이여, 연민의 으뜸가는 적이여, 슬픔을 낳는 어머니여, 항소할 수 없는 무자비한 심판관이여!"

절망에 빠졌던 단테는 이후 광적으로 학문에 집중했다. 키케로(Marcus Tullius Cicero, B.C.106~B.C.43)와 베르길리우스, 보이티우스(Anicius Manlius Severinus Boethius, 480~524), 토마스 아퀴나스(Thomas Aquinas, 1225?~1274) 등 고대 그리스 로마의 철학자, 정치가의 저술과 중세의 종교 철학을 섭렵했고, 활발한 저술 활동을 통해 당대 최고의 지식인으로 거듭나기에 이르렀다.

하지만 그의 이루지 못한 사랑만큼이나 괴로웠던 인생의 시련은 이제 시작이었다. 학문적 성과만큼이나 그는 피렌체의 정치 무대에서도 두각을 나타냈는데, 날카로운 비판과 불의와 타협하지 않는 성격 때문에 정적(政敵)이 많았다. 결국 그는 정쟁에 휩쓸려 피렌체에서 영원히 추방당했다. 그러고는 1321년 죽음을 맞이할 때까지 결코 고향으로 돌아오지 못했다.

단테의 서사시 《신곡》은 바로 이 정치적 망명 중에 만들어진 작품이다. 알려진 바에 따르면, 1302년 망명길에 오른 이후, 1304년경부터 《신곡》을 구상하기 시작했으며, 그중 〈지옥편〉과 〈연옥편〉은 1312년경까지 집필했고, 죽기 바로 직전까지 〈천국편〉을 집필했다고 한다. 《신곡》은 지옥, 연옥 그리고 천국이라는 지극히 종교적인 주제로 만들어진 서사시이지만, 그 안에 담겨진 내용은 지극히 현실 비판적이다. 서사시에 등장하는 지옥 불 속에는 신의 섭리를 거부하거나 기만한 자들이 고통받는 한편, 단테와 개인적으로 대립했던 정적들이나 심지어는 교황들도 벌을 받고 있다. 어찌 보면 단테는 도덕적으로 부패했거나 정치적으로 자신과 대립했던 사람들을 자신의 작품 속에서 영원히 고통받게 만들 목적으로 이 책을 만든 셈이다.

단테의 복수는 성공적이었다. 700년이 지난 지금까지도 단테의 《신곡》은 여전히 고전 중의 고전으로 널리 읽히면서 그의 정적들을 지옥 불에서 헤어나지 못하게 만들고 있으니까 말이다.

단테는 반대로 그가 존경하고 사랑하는 사람들 역시 작품 속에 등장시킴으로써 그들을 영원히 살아 숨 쉬게 만들었다. 우선 그는 자신이 가장 존경했던 고대 로마의 시인 베르길리우스를 등장시켰다. 《신곡》에서 단테는 스스로 저승을 여행하는 여행자가 되어 시 속의 주인공으로 등장하는데, 저승길이 처음이니만큼 길을 헤맬 수밖에 없다고 설정했다. 따라서 단테에게는 길을 인도해 주는 사람이 필요했고, 길잡이로 베르길리우스를 내세웠다. 베르길리우스는 지옥과 연옥을 지나 천국의 문에 이르는 길까지 단테를 인도해 주는 역할을 맡았다.

그렇다면 천국의 문 이후의 길을 책임진 것은 누구였을까. 바로 단테가 사랑한 여인 베아트리체였다. 단테는 바로 그의 역작이었던 《신곡》을 통해 그의 정적들에게 영원한 고통을 안겨 주는 동시에, 그가 가장 사랑했던 베아트리체에게 천국에서의 영원한 생명을 부여했던 것이다. 연구자들에 따르면, 단테의 어떠한 저작에서도 자신의 실제 부인에 대해 언급한 대목을 찾아볼 수 없다고 한다. 하지만 베아트리체만큼은 그의 첫 시집인 《새로운 인생(La Vita Nuova)》을 낳게 한 시발점이자 그의 최후의 역작 《신곡》에서도 천국을 안내하는 이로서 영원히 살아남게 만들었는데, 그것은 예술가들이 영감의 원천으로 자신만의 뮤즈를 갖는 경우로 봐야 한다는 것이다. 다시 말해, 단테가 정말로 평생 사랑을 잊지 못해 집착했기보다는, 하나의 숭고하고 순수한 사랑을 표현하는 소재로서 베아트리체를 사용했다는 것이다.

단테와 꼭 닮은 보티첼리의 사랑 이야기

보티첼리는 작업 의뢰를 받자마자 《신곡》을 탐독하기 시작했다고 한다. 몇 주, 몇 달을 읽고 또 읽으면서, 그는 단테가 글로써 내려갔던 지옥과 천국을 표현하기 위한 밑그림을 그리기 시작했다. 르네상스 시대에 활동한 예술가들의 열전을 남긴 조르조 바사리에 따르면, 보티첼리는 이 작업에 너무나도 빠져든 나머지 다른 어떤 일도 거들떠보지 않았다. 단지 예술적 열정이 작동했던 것일까, 아니면 단테에 대한 존경심에 압도당해서였을까.

전해지는 믿거나 말거나 식의 이야기에 따르면, 그 이유는 바로 보티첼리의 영원한 마돈나였던 시모네타 베스푸치(Simonetta Vespucci, 1453~1476) 때문이었다고 한다. 제노아의 부유한 유력 가문 중 하나였던 카타네오(Cattaneo) 가문에서 태어난 시모네타는 15세가 되자마자 베스푸치 가문의 마르코와 결혼하기 위해 피렌체로 왔다. 베스푸치 가문은 금융 및 상업으로 성공한 피렌체의 유력 가문이었다. 아메리카라는 이름을 남긴 유명한 탐험가 아메리고 베스푸치(Amerigo Vespucci, 1454~1512)도 바로 이 가문 출신이다. 메디치 가문과의 관계도 돈독했다. 시모네타와 마르코가 결혼한 곳이 메디치 가문의 팔라초였을 정도였다.

처음 시모네타가 피렌체에 발을 디딘 순간부터 그녀의 미모는 피렌체 사람들의 이목을 사로잡았다고 한다. "시모네타를 칭송하지 않는 피렌체인은 진정한 피렌체인이 아니다."라는 말이 돌 정도였다고 한다. 게다가 그녀는 친절하고 다정한 성격으로 유명했다. 그녀를 한 번이라도 만나고 이야기를 나눴던 사람들은 저마다 자기가 시모네타의 사랑을 받고 있다고 생각했을 정도라니까.

보티첼리 역시 그런 사람들 중에 하나였다. 그리고 베스푸치 가문에 대한 메디치 가문의 호의 덕분이었는지, 보티첼리는 운 좋게도 시모네타의 전속 화가가 되어 이후 그녀의 아름다움을 화폭에 마음껏 담을 수 있는 기회를 얻게 되었다. 매너가 좋았던 시모네타 역시 우호적으로 보티첼리를 대했고, 심지어 "나는 당신의 비너스가 될 것"이라고 말했다고 한다. 몇몇 연구자들은 보티첼리가 시모네타를 사랑하게 된 것이 분명하다고 말한다. 왜냐하면 보티첼리의 그림에 등장하는 히로인은 항상 시모네타의 모습을 하고 있기 때문이다. 보티첼리의 대표작 〈프리마베라〉와 〈비너스의 탄생〉에서 등장하는 미의 여신도 시모네타가 모델이라는 데에는 이견이 없다. 이 두 작품 말고도 시모네타는 보티첼리의 거의 모든 작품에 등장한다. 연구자들에 따르면, 보티첼리는 그녀의 아름다움을 끊임없이 화폭에 담으려고 노력했고, 이것이 그가 시모네타를 사랑한 증거라고 주장한다.

안타깝게도 시모네타는 1476년, 22세의 젊은 나이에 폐결핵에 걸려 세상을 떠나버렸다. 그녀의 장례식에는 헤아릴 수 없을 정도로 많은 사람들이 모여들어 눈물을 흘렸다고 전해진다. 장

1480년대 초에 그려진 것으로 알려져 있는 보티첼리의 대표작 〈프리마베라〉.
가운데 봄의 여신으로 그려진 사람이 바로 시모네타다.
© Wikipedia

1485년경에 그려진 〈비너스의 탄생〉.
비너스의 모델이 바로 시모네타라는 데에는 전문가들의 이견이 없다.
© Wikipedia

례식에서 그녀의 얼굴은 천으로 가리지 않았다고 하는데, 이는 장례식에 참석한 사람들이 그녀의 아름다움을 마지막으로 볼 수 있게 배려한 것이었다고 한다.

보티첼리 역시 시모네타의 죽음을 그 누구보다도 슬퍼했던 것 같다. 그리고 학문에 몰두한 단테처럼 자신의 소임인 그림에 몰두했다. 시모네타를 모델로 한 보티첼리의 작품들 중 대다수는 1480년대에 완성된 것이다. 즉, 많은 작품들이 그녀의 사후에 그려졌다는 말이다. 시모네타는 보티첼리의 명작 속에서 영원히 살아 숨 쉬는 아름다움이 되었다. 바로 이 대목에서 단테의 역작 《신곡》에서 영원히 살아 숨 쉬는 베아트리체가 떠오르지 않을 수 없다.

연구자들이 보티첼리가 시모네타를 사랑했다고 믿는 결정적인 근거가 또 하나 있다. 보티첼리가 평생 결혼을 하지 않은 채 독신으로 살았고, 죽으면 시모네타의 발끝에 묻어 달라는 유언을 남긴 것이다. 실제로 보티첼리는 이 유언에 따라 시모네타가 묻힌 피렌체의 오니산티 교회에 묻혔다. 이런 점들로 미루어 볼 때, 보티첼리와 시모네타가 서로 연애 감정을 갖는 사이는 아니었을 지라도, 최소한 보티첼리가 그녀를 사랑한 것은 분명해 보인다. 보티첼리는 화폭 속에서 시모네타와 사랑을 나누었을지도 모른다.

《신곡》의 삽화를 그려 달라는 의뢰를 받은 보티첼리는 단테의 일생을 보며 어떤 생각을 했을까? 자신과 단테의 놀랍도록 비슷한 사랑 이야기를 어떻게 받아들였을까? 보티첼리가 《신곡》의 삽화 작업을 맡은 이후 다른 일을 거들떠보지도 않고 몰두했다는 바사리의 이야기는 이런 이유로 믿고 싶어진다.

보티첼리가 《신곡》을 위해 그린 삽화들을 떠올려 보면, 결코 함께할 수 없는 두 사람의 사랑을 상징하는 것 같아 안쓰럽다. 여전히 행방을 알 수 없는 8개의 삽화는 어디 있을까? 미완성인 채로 남은 삽화들, 베를린과 바티칸으로 갈라져 있는 현실. 마치 단테와 베아트리체, 보티첼리와 시모네타의 이별을 상징하는 것 같다. 언젠가 나머지 8장이 발견되어 100장이 모두 모인다면 그때는 《신곡》과 삽화가 한곳에 모이기를 희망해 본다.

세상에 단 하나뿐인
《이상한 나라의 앨리스》

— 1928년 소더비 런던, 《땅속 나라의 앨리스》

영국에서는 틈만 나면 《이상한 나라의 앨리스》와 관련한 전시회가 열린다. 지난 2021년에도 빅토리아 앤 앨버트 뮤지엄(Victoria and Albert Museum)에서는 〈기기묘묘한 앨리스(Alice: Curiouser and curiouser)〉라는 이름의 전시회가 열렸는데, 팬데믹에도 불구하고 매시간 예약 표가 매진될 정도로 인기를 끌었다. 영국인 친구와 이 전시회 이야기를 나누다 알게 된 사실인데, 영국에서 앨리스를 주제로 한 전시회는 무조건 성공한다는 공식이 있다고 한다. 믿거나 말거나.

영국이야 이 동화가 창작된 고향이라고 치고, 다른 나라는 어떨까? 아마도 앨리스가 전 세계에서 사랑받는 콘텐츠라는 점은 의문의 여지가 없는 것 같다. 《이상한 나라의 앨리스》가 번역되지 않은 나라가 얼마나 있을까? 〈기기묘묘한 앨리스〉 전시회에

2021년 빅토리아 앤 앨버트 뮤지엄에서 열린 〈기기묘묘한 앨리스〉전.
ⓒ Gettyimages

서는 이 고전이 무려 175개의 다른 언어로 번역되었다고 소개
했다. 책을 읽어 보지는 않았더라도 최소한 파란 드레스에 하얀
에이프런을 두른 노랑 머리 소녀 앨리스의 모습을 모르는 사람
은 없을 것이다.

《이상한 나라의 앨리스》는 1865년 처음 인쇄된 후 총 1억 부
이상 판매되어 세계에서 가장 많이 팔린 책 중 하나로 손꼽힌
다. 이런 인기 덕분에 이 책과 관련된 물건들도 종종 경매장에
등장한다.《이상한 나라의 앨리스》의 삽화가로 가장 잘 알려진
존 테니얼(John Tenniel, 1820~1914)의 삽화가 들어간 초판본, 작가
인 루이스 캐럴이 남긴 서신이나 사진들, 심지어는 살바도르 달
리(Salvador Dalí, 1904~1989)가 그린 앨리스 삽화도 소더비에 등장
한 바 있다. 하지만 가장 중요한 앨리스 관련 경매는 거의 100
년 전에 이루어졌다. 1928년 4월, 런던 뉴본드스트리트에 위치
한 소더비에서였다. 세상에서 단 하나밖에 없는《이상한 나라
의 앨리스》의 원작, 바로 루이스 캐럴이 직접 손으로 쓰고 삽화
를 그려 만든《땅속 나라의 앨리스(Alice's Adventures Underground)》
다. 하나하나 손수 써 내려간 글과 서툴지만 꼼꼼하게 채색까지
되어 있는 삽화들. 이 책의 맨 앞 장에는 파란색과 붉은색으로
채색한 서체로 이렇게 쓰여 있다.

"어느 여름날을 추억하며, 사랑하는 아이에게 주는 크리스마
스 선물(A Christmas Gift to a Dear Child in Memory of a Summer Day.)."

이 책은《이상한 나라의 앨리스》초판본이 나오기 약 1년 전,

영국 도서관(British Library)
홈페이지에 무료로 공개되어 있는
《땅속 나라의 앨리스》디지털 스캔본.

루이스 캐럴이 직접 손으로 만들어 한 소녀에게 선물한 책이었다. 그리고 소더비에 등장한 이는 바로 캐럴에게 직접 선물받은 소녀였던 앨리스 플레전스 리들(Alice Pleasance Liddell, 1852~1934) 자신이었다. 사람들의 이목이 집중될 수밖에 없었다. 경매장에는 전쟁터 같은 긴장감이 흘렀을 것이다. 낙찰 금액을 보면 그렇게 생각하지 않을 수 없다. 이 책은 로젠바흐(Abraham Simon Wolf Rosenbach, 1876~1952) 박사라는 한 미국인 수집가에게 1만 5,400파운드에 낙찰되었다. 현재 기준으로 환산하면 약 100만 파운드, 한화로는 약 18억 원이라는 경이로운 금액이다. 그러면 또 궁금해지지 않을 수 없다. 도대체 이 책에는 어떤 이야기가 얽혀 있을까.

앨리스와 함께한
찰스 럿위지 도지슨의 아름다웠던 여름

'루이스 캐럴'은 찰스 럿위지 도지슨(Charles Lutwidge Dodgson, 1832~1898)이 사용한 필명이다. 성직자 집안의 맏이로 태어난 도지슨은 지적으로 뛰어난 수재였다. 18세가 되던 1850년, 옥스퍼드의 크라이스트 처치(Christ Church) 칼리지에서 수학을 전공했고, 5년 만에 능력을 인정받아 교수직을 얻을 수 있었다. 사실 썩 좋은 선생은 아니었다. 그는 사람들 앞에 서면 너무 긴장한 나머지 말을 더듬는 습관이 있었고, 대부분의 시간을 혼자 사색하는 데 보내는 등 사교성이 거의 없었다. 그러던 어느 날 크라이스트 처치 칼리지에 헨리 리들(Henry Liddell, 1811~1898)이 학장으로 취임했다. 크라이스트 처치 칼리지는 영화 〈해리 포터〉 시리즈의 촬영지로 대중에게도 잘 알려져 있는데, 헨리 리들의 학장 취임은 도지슨에게는 마법처럼 운명이 바뀌는 순간이었다.

리들 학장 부부 슬하에는 6명의 남매가 있었다. 신기하게도 도지슨은 이 아이들 앞에서는 말을 더듬지 않았다. 금세 리들 부부의 자녀들과 친해진 도지슨은 특히 로리나(Lorina), 앨리스(Alice), 이디스(Edith)라는 이름을 가진 세 자매와 많은 시간을 보냈다. 도지슨은 이들 중에서도 리들의 둘째 딸인 앨리스 플레전스 리들을 가장 아꼈다. 사진작가이기도 했던 도지슨은 리들 학장 부부에게 부탁하여 앨리스를 모델로 한 많은 사진들을 남기기도 했다.

어느 여름날 오후, 도지슨은 한 친구와 함께 세 자매를 배에 태우고 템스강 상류로 뱃놀이를 갔다. 그때 앨리스가 도지슨을 졸랐다.

"도지슨 씨, 재미있는 얘기해 주세요!"

앨리스의 부탁을 거절할 수 없었던 도지슨은 즉석에서 이야기를 지어냈다. 자신이 가장 예뻐했던 앨리스 리들과 같은 이름을 가진 소녀가 토끼 굴에 빠져 온갖 이상한 모험을 하는 이야

'루이스 캐럴'로 알려진 찰스 럿위지 도지슨.
© Wikipedia

기였다. 앨리스는 도지슨의 이야기에 푹 빠져들었고, 그에게 이야기를 책으로 만들어 달라고 부탁했다. 사실 도지슨에게는 곤란한 부탁이었을 것이다. 뱃놀이를 하다 갑자기 만들어 낸 얘기가 모두 기억나지도 않을 것이고, 서사나 인과 관계가 뒤죽박죽일 가능성이 높았기 때문이다. 하지만 도지슨은 앨리스에게 당장은 아니지만 언젠가는 반드시 이 이야기를 책으로 만들어 선물하겠다고 약속했다.

앨리스를 실망시키지 않기 위해서 도지슨은 정성을 다해 책을 만들기 시작했다. 그는 아이들이 읽는 동화에서 삽화의 중요성도 잘 알고 있었다. 도지슨은 정성스레 삽화까지 직접 그려 넣었다. 그렇게 2년 반이 지나고 나서야 도지슨은 작업을 끝낼 수 있었다.

이렇게 완성된 책이 바로 《이상한 나라의 앨리스》의 원작인 《땅속 나라의 앨리스》였다. 1864년에 완성된 이 책은 같은 해 크리스마스에 앨리스 플레전스 리들에게 전해졌다. 그녀는 어떤 기분이었을까. 아마도 무척 기뻐하지 않았을까. 자신이 주인공인 동화를, 자신을 가장 아끼고 사랑하는 사람이 직접 손으로 쓰고 그려서 완성해 냈으니 말이다. 책의 마지막 장에는 도지슨이 직접 찍은 그녀의 사진이 곱게 붙어 있었다. 이 책의 주인은 앨리스 리들이라는 것을 증명하듯이.

〈기기묘묘한 앨리스〉전에 전시된 리들 세 자매의 모습.
왼쪽부터 로리나, 앨리스, 이디스.《땅속 나라의 앨리스》마지막 장에 붙여진
사진은 바로 이 앨리스의 얼굴을 붙인 것이다.
ⓒ 김유석

루이스 캐럴에 얽힌 논란 속에
사라진 앨리스

자신이 예뻐하는 소녀를 주인공으로 한 동화를 쓰고 그림을 그려 선물하다니 한 편의 아름다운 로맨스 소설 같다. 이러한 점 때문에 옛날부터 루이스 캐럴이 앨리스 리들을 사랑했을 것이라는 설이 제기됐다. 루이스 캐럴이 앨리스에게 책을 선물했을 즈음부터 루이스 캐럴과 리들 가족과의 관계가 소원해졌고, 루이스 캐럴이 평생 독신으로 살았다는 사실은 이러한 루머를 뒷받침하는 근거로 회자됐다.

사진작가로서 루이스 캐럴의 행적도 이러한 의심을 증폭시켰다. 어린아이들을 피사체로 삼은 사진, 지나치게 어린아이들에게 집착한 작품들, 그리고 특히 많이 남아 있는 앨리스의 사진들은 사람들의 호기심을 불러일으킬 수밖에 없었다. 게다가 일부가 훼손된 캐럴의 일기장은 호사가들의 입을 바쁘게 만들었다. 공개된 그의 일기장은 총 13권으로 엮인 것이었는데, 그중 4권이 유실되었고, 남아 있는 일기장 중에서도 7쪽 정도가 삭제된 상태였다. 공교롭게도 일기장에서 삭제된 부분은 그가 헨리 리들 가족들과 가깝게 지내던 시기를 포함한 1855년부터 1865년까지였다. 사라진 일기장의 내용을 두고 갖가지 억측이 난무했다.

사람들의 귀를 사로잡는 설은 이렇다. 원래 소아 성애자에 가

소더비가 사랑한 책들

까운 성향이었던 루이스 캐럴은 헨리 리들의 자녀 중 둘째 딸 앨리스 리들을 사랑하게 되었다. 그는 이상할 정도의 집착을 보이며 앨리스를 주인공으로 삼은 소설과 사진에 골몰하게 되었고, 결국 앨리스에게 청혼하기에 이르렀다. 이를 알게 된 리들 부부는 경악했고, 루이스 캐럴이 다시는 리들 가족과 자신의 딸들에게 접근하지 못하도록 막았다는 것이다.

사진에서도 알아볼 수 있는 앨리스의 눈에 띄는 외모, 엄청난 시간과 노력을 기울여 손수 만든 《땅속 나라의 앨리스》, 평생 독신이었던 캐럴, 리들 가족과 관계를 맺었던 시절이 사라진 일기장. 일련의 모든 이야기들이 얽히고설켜 나이를 뛰어넘는 로맨스 혹은 소아 성애자의 불쾌한 집착이라는 끝나지 않을 논란거리가 됐다. 1832년생 루이스 캐럴과 1852년생 앨리스 플레전스 리들은 처음 만난 1856년 당시 각각 24세와 4세였다. 캐럴이 《땅속 나라의 앨리스》를 선물했던 1864년에는 각각 32세, 12세였다. 딱 스무 살 차이인 이들의 로맨스는 과연 사실이었을까.

캐럴이 앨리스를 특별하게 여겼다고 생각하는 사람들은 지나칠 수 없는 한 권의 책이 있다. 루이스 캐럴은 1871년 《이상한 나라의 앨리스》의 속편인 《거울 나라의 앨리스》를 발표했다. 《이상한 나라의 앨리스》만큼이나 큰 인기를 얻었던 《거울 나라의 앨리스》에는 다음과 같은 시가 한 편 등장한다.

A boat beneath a sunny sky,
Lingering onward dreamily
In an evening of July—

Children three that nestle near,
Eager eye and willing ear,
Pleased a simple tale to hear—

Long has paled that sunny sky:
Echoes fade and memories die.
Autumn frosts have slain July.

Still she haunts me, phantomwise,
Alice moving under skies
Never seen by waking eyes.

Children yet, the tale to hear,
Eager eye and willing ear,
Lovingly shall nestle near.

In a Wonderland they lie,
Dreaming as the days go by,
Dreaming as the summers die:

Ever drifting down the stream—
Lingering in the golden gleam—
Life, what is it but a dream?

화창한 날 하늘 아래
7월의 저녁을 꿈꾸듯
앞으로 나아가는 보트 한 척,

포근하게 앉아 있는 세 아이의
열렬한 눈과 귀는
이야기를 해 달라고 졸라대고

화창한 날은 창백해지고
메아리는 희미해지고 기억들은 사라지며
가을날 서리는 7월을 살해했네

여전히 그녀는 나를 사로잡지, 유령처럼
앨리스는 하늘 아래 움직이고
누구도 지켜보는 사람은 없네

하지만 아이들은 여전히 이야기에 귀를 기울이고,
열렬한 눈과 귀는
사랑스럽게 아늑히 자리를 잡고 앉아 있지

그들은 이상한 나라에 누워
해가 질 때까지 꿈을 꾸고,
여름이 사라질 때까지 꿈을 꾸네

물결을 따라 둥둥 떠가듯이,
황금빛 햇살 안에 머무르는
삶이란, 그저 한낱 꿈에 불과한 것일까?

루이스 캐럴이 지은 이 시는 특별한 제목이 붙어 있지 않기 때문에, 시의 첫 문장을 따라 '화창한 하늘 아래 보트 한 척(A boat beneath a sunny sky)'으로 불린다. 앞서 루이스 캐럴이 리들 자매들과 함께했던 보트 여행을 생각해 본다면, 이 시가 그때의 추억을 그리고 있다는 사실을 쉽게 추측할 수 있다. 그런데 놀라운 것은 시의 내용이 아니다. 시의 각 문장의 첫 단어들만 세로로 읽어 보자. ALICE PLEASANCE LIDDELL(앨리스 플레전스 리들), 루이스 캐럴의 이 절묘한 시는 루이스 캐럴과 앨리스의 은밀한 사랑을 주장하는 사람들에게 좋은 이야깃거리가 되었다. 인터넷에서 떠도는 어떤 글들은 이러한 정황들을 나열하며 마치 캐럴과 앨리스의 사랑을 기정사실처럼 묘사하고, 루이스 캐럴은 소아 성애를 가진 변태였다는 상상을 유포하기도 한다.

물론 루이스 캐럴과 앨리스가 순수한 관계였다고 믿는 사람들도 있다. 루이스 캐럴이 소아 성애자라는 설은 흥미롭지만, 실제로 루이스 캐럴이 앨리스를 이성으로서 사랑했다는 확실한 증거는 없다는 것이다. 오히려 1996년, 캐럴의 가족들이 남긴 문헌들 속에서 발견된 메모지에는 다른 이야기가 적혀 있다. 이 메모지는 루이스 캐럴의 일기장 중 찢겨 없어진 부분에 대한 내용을 요약한 개요가 쓰여 있었는데, 이에 따르면 루이스 캐럴이 리들 가족들과 멀어질 수밖에 없었던 이유는 앨리스 때문이 아니라 '이나(Ina)' 때문이었다고 하며, 당시 캐럴과 이나 사이에 안 좋은 소문이 돌았었다는 것이다. '이나'는 앨리스의 언니인 로리나를 부르는 애칭이었는데, 로리나는 리들 부인의 이름이기도 하다. 따라서 이 메모가 만약 사실이라면, 루이스 캐럴은 오히려 헨리 리들 학장의 아내인 로리나 혹은 큰딸인 로리나와 관계가 있다는 소문이 돌았다는 말이 된다.

캐럴을 옹호하는 이들은 어린아이를 찍은 사진에 대해서도 캐럴이 소아 성애자라는 증거는 찾을 수 없다고 주장한다. 아이들의 사진은 모두 부모의 허락을 받은 작품이며, 절대 넘어서는 안 될 선을 넘어선 적은 없었다는 것이다. 이들은 도지슨의 사진을 예술의 범주에서 해석해야 한다고 본다. 도지슨은 아동을 순수함의 결정체로 인지하고 있었으며, 따라서 그가 찍은 아이들 사진은 절대미를 추구하기 위한 예술 활동이 본질이라는 것이다. 실제로 도지슨은 당대에도 꽤 인정받는 실력 있는 사진작가였고 인물 사진의 초기 발전사에서도 이름이 거론되는 사람이다.

2015년 영국의 〈BBC〉에서는 《이상한 나라의 앨리스》 출간 150주년을 맞아 매우 논쟁적인 다큐멘터리를 방영했다. 루이스 캐럴이 소아 성애자인가 아닌가에 대한 것이었다. 이 프로그램에서는 프랑스의 한 박물관에서 최근 발견된 사진을 공개했는데, 사춘기 나이의 여자 아이가 가슴을 모두 드러낸 사진이었다. 충격적인 것은 사진의 액자에 '모델 로리나 리들', '촬영자 루이스 캐럴'이라고 적혀 있다는 점이었다.

이 사진을 분석한 전문가는 이 사진은 도지슨이 리들 가족과 교류하고 있던 시절에 찍힌 것이며, 촬영한 사진기의 종류, 그리고 사진을 찍은 기술을 볼 때 그가 찍은 것이 거의 확실하다고 확인해 주었다. 프로그램에 나온 출연진들은 어떤 부모가 저런 사진을 찍도록 허락하겠냐면서, 루이스 캐럴이 소아 성애자 성향을 가졌던 게 사실인 것 같다고 말했다. 심지어 리들의 증손녀도 프로그램에 나와 도지슨이 그러한 성향을 가졌던 것 같고, 갑자기 교류가 중단된 것도 이러한 이유 때문일 거라고 추측했다. 물론 캐럴과 앨리스가 선을 넘지는 않았을 것이라고 단언하기는 했지만.

하지만 캐럴과 앨리스가 살았던 시대를 현재의 잣대로 바라보면 사실이 왜곡될 수 있다. 빅토리아 시대의 정서와 도덕관념은 지금과는 매우 달랐다. 당시에는 12세 정도면 다소 어리기는 해도 결혼을 고려할 수 있는 나이였다. 또한 아이들의 누드를 작품으로 남기는 경우도 드물지 않았던 시대다. 아동을 어떻게 다룰지에 대한 제도나 시스템은 물론 연구도 없었다. 현재를 기준으로 보면 용서받을 수 없는 일이지만, 당대의 시각은 달랐을 수 있다는 의미다.

캐럴과 앨리스를 둘러싼 논란을 살펴보며 한 가지 의문이 든다. 이 논란에서 어쩌면 피해자였을지도 모를 앨리스, 그 자신은 전혀 고려되지 않고 있다는 것이다. 자신을 주인공으로 한 이 책을 선물 받았을 때는 어떤 기분이었을까? 자신이 세상에서 가장 유명한 소녀가 됐을 때는 스스로를 드러냈을까, 아니면

소더비가 사랑한 책들

숨겼을까? 무엇보다도 앨리스는 캐럴을 어떻게 생각했을까? 모든 의문의 답을 쥐고 있는 사람은 앨리스 그 자신이다. 하지만 그 누구도 앨리스가 무엇을 생각하고 느꼈는지에는 관심이 없어 보인다. 오로지 관심은 캐럴이 변태인가 아닌가에만 집중된다. 앨리스 이야기의 진짜 주인공인 앨리스 리들은 이 이야기의 배경으로 전락해 버렸다.

이런 상황에서 캐럴의 죽음 이후 사라졌던 앨리스가 다시 세상에 모습을 드러낸 것은 20세기 런던 소더비에서였다.

소더비에 등장한
《땅속 나라의 앨리스》와 앨리스 쟁탈전

1880년 앨리스 리들은 28세라는, 당시로는 다소 늦은 나이에 레지날드 하그리브스(Reginald Hargreaves, 1852~1926)라는 크리켓 선수와 결혼하여 앨리스 하그리브스 부인이 된다. 76세가 되던 1928년, 그녀는 중대한 결심을 한다. 남편이 죽고 난 후 상속세를 감당하기 어려웠고, 두 아들은 제1차 세계대전으로 모두 사망했다. 불행한 말년을 맞이한 그녀가 기댈 곳은 65년간 간직했던 《땅속 나라의 앨리스》였다. 앨리스 하그리브스 부인은 앨리스 리들이었던 시절부터 가지고 있던 그 책의 가치를 잘 알고 있었다. 그렇게 이 역사적인 책이 소더비에 나오게 된 것이다.

앞에서 살펴본 바와 같이, 1928년 4월 3일에 공개된 이 책은 전 세계 서적 수집가들을 비롯한 문화 예술계 인사들뿐 아니라, 일반 대중들에게도 큰 관심을 받았다. 게다가 1만 5,400파운드라는 엄청난 낙찰액까지 기록했다.

한번 세상에 모습을 드러낸 《땅속 나라의 앨리스》에 대한 관심은 쉽게 사라지지 않았다. 소장자가 몇 번 바뀌면서 계속해서 이야깃거리를 만들어 냈기 때문이다. 런던 소더비에서 새 주인을 찾은 이 책은 대서양을 건너 미국에 도착했고, 불과 6개월 뒤에 미국의 부유한 발명가이자 사업가인 엘드리지 존슨 (Eldridge R. Johnson, 1867~1945)에게 팔렸다. 이때 판매된 금액은 15만 달러, 한화로 약 36억 원에 달했다. 6개월 만에 거의 두 배로 가격이 뛴 것이다. 알려진 이야기에 따르면, 엘드리지 존슨은 원래는 《땅속 나라의 앨리스》에 별 관심이 없었는데, 로젠바흐 박사의 전시를 보고는 이 책에 흠뻑 빠져들었다고 한다. 하지만 보안이 철저한 철제 금속과 유리로 둘러싸인 책을 꼼꼼히 볼 수 없었던 데에 실망한 그는 로젠바흐를 설득하여 거금을 들여 책을 구매한 것이다.

이 책이 다시 세상에 모습을 드러낸 것은 존슨이 사망한 후 1946년이 되어서였다. 《땅속 나라의 앨리스》가 엘드리지의 상속인에게 넘어가자 로젠바흐 박사는 다시 이 책을 되찾으려고 목돈을 준비하기 시작했다. 그러나 《땅속 나라의 앨리스》가 다

NEW YORK,

Nearly Steps
e Wire in Street

ociated Press.
TON, Mass., April
Coolidge, who
ek ago to be near
rs. Lemira Good-
at the Dickinson
unwittingly into
While crossing
President's wife
wo feet of a live
ch lay along the

e man escorting
tepped over the
are copper wire
s direct current.
and Mrs. Hills
It was not until
Coolidge learned
The wire was
a repair gang.

NS NAME
KEYNOTER'

nsas City Ac-
by Butler
Chairman.

'ALICE' MANUSCRIPT, A BRITISH TREASURE, BOUGHT FOR AMERICA

Brings $75,259, a Record Price, British Museum Dropping Out as Figures Mount.

GENEROUS OFFER TO RESELL

Dr. Rosenbach, Purchaser, Says Museum Can Have It at Same Price and £1,000 Besides.

MEMORABLE AUCTION SCENE

"Alice" Herself, For Whom Story Was Written, There in Tears—War Took Her Sons and She Must Sell.

By ALLEN RAYMOND.
Wireless to THE NEW YORK TIMES.
LONDON, April 3.—One Summer

Trotsky Report
Paris Hears

PARIS, April 3.—The
tomorrow will say that L
deposed Russian leader,
the back by an Armenia
of Joseph Stalin four da
remote section of Turke
The paper says that r
shooting reached Paris
that Trotsky's condition
to be desperate. Sovie
are said to be makin
efforts to prevent the
getting out.
The paper does not s
the reports came from
they were received and
of the story calls them
ticated."
The Herald's story
firmed by any other so

The career of Leon T
ly linked with that of
Russian history from
days of the Bolshevist
1917 when he welded
Soviet armies, nego
treaties with Germa

ROB BANK CO
IN A BUSY

Five Auto Bandit
Messenger and

영국의 보물 '앨리스'가 경매를 통해 미국으로 판매되었음을 알리는
〈뉴욕 타임스〉의 1928년 4월 3일자 기사. 7만 5,259 달러, 당시 파운드로
1만 5,400파운드에 팔렸음을 크게 보도하고 있다.
ⓒ The New York Times Archives

시 경매에 등장한다는 소식이 퍼지자 뜻밖의 경매 참여자가 로젠바흐를 가로막았다. 그 주인공은 미국 의회 도서관(Liabray of Congress)이었다. 당시 미국 의회 도서관의 관장이었던 루더 에반스(Luther Evans, 1902~1981)가 미국 전역의 책 수집가들의 후원을 받아 5만 달러를 들고 구입 의사를 밝혔던 것이다. 미국 의회 도서관의 경매 참가는 다른 경쟁자들에게 강력한 경고 메시지였다. "이 경매에서 손을 떼시오."라는 의미이기 때문이다. 책의 판매자와 로젠바흐는 미국 의회 도서관의 경매 참여에 항의하지 않았다. 그들은 미국 의회 도서관이 경매에 참가한 목적을 이해하고 있었다. 도서관은 자산을 늘리기 위해서가 아니라, 인류의 문화유산으로 손꼽힐 만한 이 책이 계속된 전쟁과 잦은 소유주 변경 때문에 손상될 것을 우려했다. 그리고 하나 더, 미국 문화계에서 이 책이 영국으로 반환되어야 한다는 여론이 높았기 때문이기도 했다. 이런 의견을 존중했던 로젠바흐는 경매에 참여하는 대신 중개인 역할을 맡고 수수료를 받는 정도에 만족했다. 결국 앨리스는 미국 의회 도서관이 소유하게 됐다.

1948년 에반스 관장은 캐럴의 책을 가지고 대서양을 건너 영국에 도착했다. 그러고는 영국 도서관에 이 문화유산을 기증했다. 이제 캐럴이 직접 만든 유일한 앨리스는 영원히 영국 국민의 것이 됐다. 〈뉴욕 타임스〉는 기증 당시 에반스 관장이 남긴 말을 이렇게 전했다.

"이 책은 (미국인들이) 전쟁 준비가 될 때까지 (영국인들이) 히틀러를 막아 준 사실에 대한 고마움의 증표입니다."

113년 만에 밝혀진
앨리스의 비밀

앨리스의 손을 떠난 이후 미국에 갔다 돌아온《땅속 나라의 앨
리스》는 이제 안식을 취할 수 있었을까. 1977년 앨리스는 다시
한 번 화제에 오른다.《땅속 나라의 앨리스》에 숨겨진 비밀이
있었기 때문이다. 앞서 언급했듯이 1864년 캐럴은 앨리스에게
이 책을 크리스마스 선물로 주었다. 이 책의 마지막 페이지에는
캐럴이 직접 찍은 앨리스의 사진이 붙어 있었다. 비밀은 여기
에 숨어 있었다. 어느 날 보관 중인 책을 정리하던 영국 도서관
의 한 사서는 앨리스의 사진 뒤에 무언가가 숨겨져 있다는 것
을 발견하게 되었다. 전문가들은 사진 뒤에 무엇이 있는지 확인
하기 위해 조심스럽게 사진을 떼어 냈다. 그랬더니 상당히 거칠
게 그려진 한 소녀의 얼굴이 드러났다. 누구든 그 소녀의 정체
를 짐작할 수 있었다. 앨리스 리들, 캐럴이 직접 그린 그녀의 얼
굴이었던 것이다. 이 책의 주인공인 앨리스 플레전스 리들과 이
책을 소유했던 사람들 그 누구도 이 사실을 알지 못했다.

　캐럴이 직접 그린 앨리스가 등장하자 여론이 들썩였다. 음모
론을 좋아하는 사람들은 캐럴이 앨리스를 직접 그린 그림 때문

of her own little sister. So the boat wound slowly along, beneath the bright summer-day, with its merry crew and its music of voices and laughter, till it passed round one of the many turnings of the stream, and she saw it no more.

Then she thought, (in a dream within the dream, as it were,) how this same little Alice would, in the after-time, be herself a grown woman: and how she would keep, through her riper years, the simple and loving heart of her childhood: and how she would gather around her other little children, and make their eyes bright and eager with many a wonderful tale, perhaps even with these very adventures of the little Alice of long-ago: and how she would feel with all their simple sorrows, and find a pleasure in all their simple joys, remembering her own child-life and the happy summer

of her own little sister. So the boat wound slowly along, beneath the bright summer-day, with its merry crew and its music of voices and laughter, till it passed round one of the many turnings of the stream, and she saw it no more.

Then she thought, (in a dream within the dream, as it were,) how this same little Alice would, in the after-time, be herself a grown woman: and how she would keep, through her riper years, the simple and loving heart of her childhood: and how she would gather around her other little children, and make their eyes bright and eager with many a wonderful tale, perhaps even with these very adventures of the little Alice of long-ago: and how she would feel with all their simple sorrows, and find a pleasure in all their simple joys, remembering her own child-life, and the happy summer-days. days.

영국 도서관은 이 책의 모든 페이지를 무료로 온라인으로 공개하고 있다.
이 책의 마지막 부분은 현재 사진을 플립으로 만들어,
사진이 있을 때와 사진을 들어냈을 때 밑에 그려진 삽화를
모두 확인할 수 있도록 했다.

에 자신이 앨리스를 사랑한다는 것을 들킬까 봐, 사진으로 그림을 감추었다고 주장하기도 했다. 하지만 내 생각에는 그냥 도지슨이 초상화에는 소질이 없어서 그런 게 아니었을까 싶다. 도지슨이 찍은 앨리스의 사진과 그가 그린 앨리스를 비교해 보면 사진작가 도지슨의 재능이 그림 작가 캐럴의 그것을 훨씬 능가한다는 것을 쉽게 알 수 있다. 만약 1864년 앨리스가 받은 선물에 자신의 사진이 아닌 그림이 그려져 있었다면 앨리스는 어떻게 생각했을까. 도지슨이 그동안 자신을 찍은 작품들을 보았다면, 앨리스는 그 그림을 보고 기뻐할 수 있었을까. 《땅속 나라의 앨리스》의 주인공은 루이스 캐럴이 아니라 앨리스 플레전스 리들이라는 것을 잊지 말았으면 한다.

PART II

신에게
바치다

프랑스 왕국의 첫 여왕이 될 뻔한 여인의 책, 《잔 드 나바르의 기도서》

— 1919년 소더비 런던, 헨리 예이츠 톰슨 컬렉션

2022년 9월 8일, 영국 여왕 엘리자베스 2세(Elizabeth Ⅱ, 1926~2022)가 96세로 영면했다. 여왕의 서거가 그리 놀랄 일은 아니지만, 재위 70주년을 기념하는 플래티넘 주빌리(Platinum Jubilee)를 축하하는 휴일과 축제가 불과 몇 달 전에 열렸던 것을 생각해 보면 안타까운 감정도 든다. 아마도 내가 태어나기 훨씬 전부터 시작된 엘리자베스 2세의 치세에 익숙해져서 영국의 왕이 바뀐 이후의 세계를 상상하지 못했기 때문이 아닐까 싶기도 하다. 다소 갑작스러웠던 타계 소식 때문에 왕실은 화제의 대상이 됐다. 텔레비전이나 신문에서는 오랫동안 영국의 상징으로서 사랑받았던 여왕에 대한 존경과 찬사가 넘쳐났고, 버킹엄 궁전 앞에는 사람들이 몰려 눈물을 흘리며 꽃을 던졌다.

여왕의 관이 안치된 웨스트민스터 대성당에는 여왕의 마지막 모습을 보고자 하는 사람들의 행렬이 끊이지 않았다. 데이비드 베컴(David Beckham) 같은 스타도 13시간을 기다려서 웨스트민스터 대성당에 안치된 여왕의 관을 참배했을 정도였다. 하지만 〈BBC〉를 비롯한 미디어가 '모두에게 사랑받는' 여왕이었다고 수없이 되뇌어도 실상은 다르다. 인도, 아프리카, 카리브해 같이 영국의 피식민지였던 나라 사람들이 개인적으로 애도를 표한다고 해도, 그 나라 사람들 모두가 제국주의의 상징이었던 여왕을 사랑했다고 말할 수 있을까. 바로 옆 나라인 아일랜드에서는 아예 여왕의 죽음을 환영했다. 몇몇 아일랜드 젊은이들은 버킹엄 궁전에서 여왕의 죽음을 축하하는 탭 댄스를 추고, 아일랜드 축구 팬들은 축구장에서 "여왕이 관으로 들어갔다.(Lizz's in a box.)"라며 노래를 불렀다.

엘리자베스 2세 여왕을 개인적으로 사랑했던 사람이든 그렇지 않든, 혹은 왕실의 존재 자체를 시대착오적이라고 여기는 사람이든 왕실을 지지하는 사람이든, 단 하나만은 부정할 수 없는 사실이 있다. 그것은 바로 '여왕'이라는 존재가 없는 영국은 상상하기 어렵다는 사실이다. 영국의 영광스러운 순간은 여왕 치세에 찾아왔던 것처럼 보이기 때문이다. 영국의 르네상스 시대 혹은 셰익스피어(William Shakespeare, 1564~1616)의 시대는 엘리자베스 1세(Elizabeth I, 1533~1603)의 치세였다. 영국이 '해가 지지 않는 제국'으로 불렸던 시대는 빅토리아 여왕이 왕좌에 앉아 있을 때였다. 세계대전을 지나 냉전을 거쳐 지금까지도 선진국의 한 자리를 굳건히 지켰던 엘리자베스 2세까지, 영국 왕실의 상징은 여왕이라고 해도 과언이 아니다. 오죽하면 오히려 찰스 3세를 '남자 여왕(Male Queen)'이라고 불러야 한다는 농담이 나올까.

그런데 영국의 여왕 사랑을 보면서 궁금증이 하나 떠올랐다. 영국의 숙적이자 유럽 대륙의 가장 강력한 왕가였던 프랑스에서는 왜 여왕이 존재하지 않았을까? 아들이 없는 왕들도 분명히 존재했을 텐데 말이다. 길게 잡아 1200년, 짧게 잡아 800년에 이르는 프랑스 왕국의 긴 역사에서 여왕이 없었다는 건 정말 이상한 일이 아닐 수 없다. 사실 프랑스에서도 여왕이 탄생할 뻔한 순간이 있었다. 비록 성사되지는 않았지만 프랑스 왕국에서는 가장 극적인 순간 중 하나였다. 지금부터 시작할 이야기는 바로 프랑스의 여왕이 될 뻔했던 여성의 이야기다. 그 실마리는 1919년 소더비에 등장한 중세의 필사본에서 시작된다. 그것은 '세상에서 가장 아름다운 책' 중 하나로 손꼽히는 물건이었다.

소더비 경매장에 등장한
세상에서 가장 아름다운 책

영국의 유명한 언론 재벌인 헨리 예이츠 톰슨(Henry Yates Thompson, 1838~1928)은 할아버지로부터 물려받은 고상한 취미가 있었다. 중세의 필사본 수집이었다. 그의 수집 방식은 독특하다고 해야

영국의 언론 재벌이자 중세 필사본 수집가였던 헨리 예이츠 톰슨.

ⓒ National Portrait Gallery, London

할까, 탐미적이라고 해야 할까, 아니면 합리적이라고 해야 할까. 아무튼 특이했다. 그는 자신의 서재에 최고의 필사본을 딱 100권만 꽂아 놓는 게 목표였다. 보다 나은 필사본이 등장하면 상대적으로 가치가 떨어지는 필사본을 팔고 새 책을 들여온다. 예이츠 톰슨은 평생에 걸쳐 서재를 업데이트하며 그렇지 않아도 고상한 취미를 더 고상하게 즐겼다.

고급스럽고도 까다로운 예이츠 톰슨의 취향은 호사가들 사이에 정평이 나 있었다. 그의 수집품 목록을 잘 알고 있던 수집가들은 그가 목록을 업데이트할 때를 호시탐탐 노리고 있었다. 톰슨이 가지고 있던 책이라면 검증이 끝난 물건이기 때문이다. 그러던 중 1919년, 그가 보유했던 채색 필사본 28권과 채색 인쇄서 2권이 함께 소더비에 등장한다는 소식이 들렸다. 급전이 필요했던 것인지, 아니면 취향이 바뀌었는지는 알 수 없다. 톰슨이 책을 경매에 내놓은 공식적인 이유는, 고령으로 인해 노안이 와서 더 이상 아름다운 중세 필사본을 즐길 수 없게 됐다는 것이었다. 소더비에 나온 모든 물건들이 훌륭했지만, 수집가들이 가장 주목했던 것은 경매의 21번째 물건, 소위 《베아투스 (Beatus)》라고 부르는 채색 필사본이었다.

8세기 스페인의 수도승 성(聖) 베아투스(Saint Beatus of Liébana, 730~800)는 성서의 마지막 장이자 일종의 예언서인 〈요한계시록〉에 해석을 단 주석서를 썼다고 알려져 있는데, 이 필사본은 베아투스가 남긴 주석서를 10세기의 어떤 수도사가 정성을 다해 채색 필사한 것이었다. 물론 베아투스가 남긴 주석서는 유명했기에 수백 년 동안 많은 수도사들이 필사해 왔다. 하지만 톰슨이 소장했던 필사본이 특별히 더 높은 평가를 받은 이유는 필사본이 만들어진 시기와 관련이 깊다.

〈요한계시록〉에는 이 세상이 언젠가 멸망해서 최후의 심판을 받을 것이라 적혀 있는데, 당시 기독교도들은 이 시기가 서기 1000년이라고 믿었다. 2000년이 다가올 무렵에도 '밀레니엄'이니 '새천년'이니 하는 종말론과 예언이 범람했었지만, 종교의 영향력이 지금보다 훨씬 강했던 1000년경에는 종말론이 미치는 영향이 더 클 수밖에 없었다. 이런 이유로 예수 탄생 후 첫 밀레니엄을 앞둔 수도사들은 필사에 더욱 심혈을 기울였고, 자신의 신심을 필사적으로 쏟아 낸 작품에 본인 이름을 새겨 놓았다. 《세상에서 가장 아름다운 책》의 저자 크리스토퍼 드 하멜은 필경사들이 자신의 이름을 적은 이유가 최후의 심판 때 "자신이 이 텍스트를 필사했다는 사실이 우호적으로 받아들여지기를 바라는 마음"이 있었기 때문이라고 말한다. 아마도 예수님이 최후의 심판을 할 때, "저는 필사본을 열심히, 그리고 아름답게 만드느라 제 인생을 바쳤습니다!"라고 자신을 변호하려는 마음이었을 테다.

이러한 사연을 지닌 《베아투스》는 당시에 3,000파운드, 현재 가격으로 따지면 약 2억 6,000만 원이라는 엄청난 가격에 낙찰되었다. 새로운 주인은 미국의 금융 재벌 J.P. 모건(J.P. Morgan

Jr., 1867~1943)이었다. 이 경매에서 J.P. 모건은 《베아투스》를 포함해 총 7권의 필사본을 구매했다. 그런데 모두의 주목을 받았던 《베아투스》는 사실 이 경매에서 조연으로 밀려나 버렸다. 1만 1,800파운드, 《베아투스》보다 거의 4배에 달하는 금액에 낙찰된 필사본이 있었던 것이다. 한화로 약 10억 원에 달하는 금액은 당시 고서 분야에서는 최고 낙찰가였다. 갑자기 주인공이 된 필사본의 제목은 《잔 드 나바르의 기도서(Hours of Jeanne de Navarre)》였다.

원래 이 필사본에는 스스로를 임자라고 생각하며 눈독을 들이던 이가 있었다. 로스차일드 가문의 에드몽 남작(Baron Edmond de Rothschild, 1845~1934)이었다. 재산을 헤아릴 수 없을 정도라는 유대인 금융 재벌 로스차일드가 맞다. 당시 로스차일드 가문은 14세기경 프랑스 왕실과 관련된 필사본들에 특별한 애착을 갖고 수집하고 있었다. 나중에 얘기하겠지만, 《잔 드 나바르의 기도서》는 로스차일드 컬렉션에 어울릴 만한 배경을 가지고 있었다. 이 책이 공식적으로 소더비 카탈로그에 올라가기 전부터 일찌감치 총알을 장전하고 기다리고 있었던 이유다.

하지만 소더비 경매장에는 의외의 경쟁자가 등장했다. 당시 런던 도서관(London Library)의 사서였고 훗날 기사 작위를 받은 찰스 시어도어 헤이그버그 라이트(Charles Theodore Hagberg Wright, 1862~1940)였다. 그즈음 신축한 런던 도서관을 고귀한 도서들로 채우고 싶었던 라이트는 당시 귀중한 고서들이 등장하는 모든 경매장에서 큰손으로 활동했는데,《잔 드 나바르의 기도서》가 그의 레이더에 걸린 것이다. 그는 이 고귀한 필사본이 런던 도서관에 어울린다고 믿었다. 보통 평온한 분위기인 경매장에서 갑자기 레이스가 시작됐다. 라이트 경과 에드몽 남작 간의 배팅 대결이 이어진 것이다. 레이스는 당시 최고 매물이었던《베아투스》의 낙찰가를 아득히 넘어 1만 2,000파운드를 목전에 둔 상태에서 끝났다. 승자는 로스차일드였다. 도서관 예산에 묶여 있던 라이트 경은 끝내 1만 2,000파운드를 부르지 못했다.

도대체《잔 드 나바르의 기도서》가 어떤 물건이길래 두 사람이 자존심 대결을 벌였을까? 기도서란 중세의 수도원과 수녀원에서 성직자들이 사용하던 물건이다. 아침에 일어나서 읽는 기도문, 잠자기 전에 하는 기도, 혹은 결혼이나 장례와 같은 성무를 행할 때 사용하는 기도문 등을 하루 혹은 일주일을 단위로 정리한 것이다. 수 세기에 걸쳐서 체계화된 이러한 기도서를 '성무일도서(聖務日禱書)'라고 부르기도 한다. 인쇄기가 없던 시절에는 이 기도를 손으로 필사해야 했다. 기도서 필사는 수도사들이 해야 하는 성스러운 의무이기도 했다. 보통 이렇게 제작된 기도서들에는 매우 소박한 장식만이 허용됐다. 페이지의 가장 첫 문자를 채색하는 정도다. 청빈과 절제를 중시했던 수도원 혹은 수녀원에서 화려한 장식은 허락되지 않았다.

소더비에 등장한 기도서는 달랐다.《잔 드 나바르의 기도

>> 《잔 드 나바르의 기도서》의 일부. 마굿간에서 갓 태어난 예수와 마리아,
그리고 요셉이 보인다. ⓒ Bibilothèque nationale de France

서》는 성직자가 아닌 사람을 위해 주문 제작된 기도서다. 주
로 이러한 기도서를 주문하는 사람들은 중세의 귀족들이었
고, 사용자는 대부분이 여성이었다. 이는 중세 귀족 여성의 삶
과 관련이 있다. 아무래도 전쟁을 비롯해서 바깥 생활이 많았던
남편에 비해 가정을 지키고, 전쟁에 나간 남편을 위해 기도해야

>> 《잔 드 나바르의 기도서》는 귀족들을 위한 기도서 중에서도
가장 아름답게 채색한 필사 기도서로 알려져 있다.
ⓒ Bibilothèque nationale de France

만 했던 귀족 여성들에게 교회는 중요한 삶의 터전이자 마음
의 안식처였다. 불행히도 남편이 사망한다면 여성들은 작위와
대부분의 재산을 자식에게 물려준다. 그러고는 약간의 재산만
을 남겨 수도원이나 수녀원에 유증(遺贈)하고, 대신 그곳에서

말년을 보내는 경우가 많았다. 여성들이 수도원에 들어간 데에는 며느리 눈치를 보고 싶지 않았던 여성들의 의지가 있었지만, 또 한편으로는 어머니가 재혼이라도 하게 되면 유산을 빼앗길까 봐 우려했던 아들의 속셈도 있었다. 아무튼 이러한 이유들 때문에 귀족 여성들은 남성들보다 교회와 신앙생활에 더욱 밀접했다. 따라서 다양한 기도서들이 이러한 귀족 여성들을 타깃으로 만들어졌던 것이다.

부유한 귀족 여성들이 사용하는 기도서는 수도사들이 사용하던 것과는 다르게 화려하고 아름답게 제작되었다. 글씨나 페이지 전체에 금박으로 장식을 입히고, 화려한 채색으로 여백을 채우거나, 혹은 성경의 한 장면을 화사한 빛깔을 입힌 삽화로 꾸미기도 한다. 가끔은 기도서를 발주한 사람이나 선물을 받을 귀족 여인의 모습이 삽화에 등장하기도 한다. 표지는 잘 손질한 두꺼운 가죽으로 제작되어 속지를 잘 보호하도록 만든 경우도 많았다. 중세 시대에는 어느 순간부터 기도서가 결혼할 때 남자가 여자에게 선물하는 중요한 품목 중 하나가 되었다고 하니, 부를 과시하려는 귀족들이 발주한 기도서는 보다 아름답고 화려한 모양새를 가지게 된 것이다.

《잔 드 나바르의 기도서》는 귀족들을 위한 기도서 중에서도 가장 아름답게 채색한 필사 기도서로 알려져 있다. 이런 평가를 받는 건 어찌 보면 당연한 일이다. 이 기도서의 주인이 평범한 귀족이 아니라 왕족이었던 나바르의 잔(Jeanne II de Navarre,

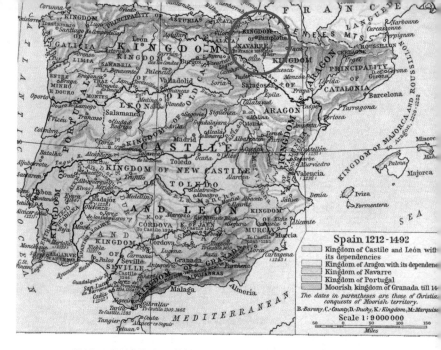

>> 1212~1492년 당시 스페인의 지도. 스페인 북부와 프랑스 남부 사이의
경계선에 나바르 왕국(Kingdom of Navarre)이 있었다.
ⓒ Gettyimages

1312~1349)이었기 때문이다. 게다가 그녀는 왕가 족보의 끝단에
걸친 인물이 아니었다. 카페 왕조의 핏줄이었던 그녀는 프랑스
의 왕위를 이을 자격이 있었다.

하지만 잔은 끝내 프랑스 여왕으로 등극하지는 못한다. 대신
스페인과 프랑스 사이의 조그마한 왕국 나바르의 여왕 자리에
만족해야만 했다. 그녀는 왜 프랑스의 왕이 되지 못했을까. 지
금으로부터 700년 전의 프랑스 왕실은 현실보다 더 드라마 같
은 이야기로 가득하다.

소더비가 사랑한 책들

프랑스 왕실을 뒤흔든
네슬레 탑 스캔들

잔은 금수저, 아니 다이아몬드 수저를 입에 물고 태어난 인물이다. 그녀의 할아버지는 프랑스 왕 필리프 4세(Philippe IV, 1268~1314)였고, 아버지는 훗날 왕위를 물려받을 루이 10세(Louis X, 1289~1316)였다. 어머니는 프랑스에서 최고로 부유하고 강대한 권력을 자랑했던 귀족인 부르고뉴 공작의 맏이, 마르그리트(Marguerite de Bourgogne, 1290~1315)였다. 태어나 보니 친할아버지는 프랑스의 왕, 아버지는 왕세자, 외할아버지는 프랑스 최고의 귀족이다. 여기까지 보면 그녀의 인생에 무슨 드라마가 있을까 싶겠지만, 운명은 일찌감치 꼬이기 시작했다.

그녀가 태어난 지 겨우 두 해가 지난 1314년, 필리프 4세가 루이에게 왕위를 물려주기 바로 전이었던 이때, 왕실과 프랑스 사회를 뒤흔든 사건이 발생했다. 필리프 4세의 세 아들인, 루이, 필리프, 샤를 부부가 모두 연루된 초대형 스캔들이었다.

유럽의 왕실과 귀족들이 그랬듯이 프랑스 왕실은 정략결혼으로 맺어져 있었다. 필리프 4세의 장남 루이는 위에서 언급했듯이 부르고뉴 공작 가문과 결혼했고, 둘째 필리프와 셋째 샤를은 각각 부르고뉴 자유백국 가문의 딸들인 잔(Jeanne de Bourgogne, 1293~1349)과 블랑쉬(Blanche de Bourgogne, 1296~1326)와 혼인했다. 그런데 안타깝게도 둘째 아들 필리프 이외에는 부부의 금슬이 그다지 좋지 않았던 모양이다. 전해지는 이야기에 따르면, 장남 루이는 아내 마르그리트와 시간을 보내기보다는 테니스를 더 즐겼다 하고, 막내아들 샤를은 매우 보수적이고 목석같은 사내였던 터라 아내 블랑쉬를 만족시켜 주지 못했다고 한다.

아무튼 필리프 4세는 세 아들을 당시 왕국에서 가장 유력한 가문들에 일찌감치 장가를 보냈고, 딸 이자벨(Isabelle de France, 1295~1358)은 영국의 왕 에드워드 2세(Edward Ⅱ, 1284~1327)에게 시집을 보냈으니 온갖 정치적 고려를 해야 하는 골치 아픈 혼사 문제에서는 해방된 상태였다. 그러던 중 1313년 어느 날, 영국의 왕 에드워드와 이자벨이 프랑스를 방문했다. 만찬 행사에서 이자벨의 오빠인 필리프와 샤를은 손수 인형극을 보여 주며 이들을 맞이했는데, 이자벨은 이 행사가 끝나고 감사의 표시로 곱게 자수로 장식한 동전 지갑을 오빠들과 시누이들에게 선물했다. 이 동전 지갑이 훗날 엄청난 스캔들을 불러올 단초가 될 줄은 아무도 몰랐지만 말이다.

그해 말 이자벨은 프랑스를 떠나 런던으로 돌아왔다. 궁전에서는 왕실이 런던에 무사히 돌아왔음을 축하하는 연회가 펼쳐졌다. 그런데 이자벨은 연회에 참석한 프랑스 측 수행 기사 두 명에게서 이상한 점을 발견했다. 자신이 시누이들에게 선물한 동전 지갑을 노르망디 출신의 두 기사가 가지고 있었던 것이다. 프랑스의 암늑대로 불릴 정도로 똑똑하고 정치력이 뛰어났던 이자벨은 이 기사들과 시누이들과의 관계를 의

심하기 시작했다. 이듬해인 1314년 다시 프랑스를 방문한 이자벨은 이 사실을 아버지 필리프 4세에게 조심스레 털어놓았다.

필리프 4세는 섣불리 움직이지 않았다. 만약 사실이 아니라면 유력 귀족을 배경에 둔 며느리를 의심하는 꼴이 된다. 자칫하면 어렵사리 만든 결혼 동맹이 깨질 수 있으니 신중하지 않을 수 없었다. 필리프 4세는 우선 두 기사들에게 몰래 사람을 붙여 사건의 진상을 확인하기로 했다. 안타깝게도 이자벨의 의심은 사실이었다. 꽤 오랜 기간 동안 첫째 며느리 마르그리트와 막내며느리 블랑쉬는 센강 옆에 위치한 네슬레 탑에서 이 두 기사들과 밤이면 밤마다 술을 마시고 간통을 저질렀다는 게 밝혀진 것이다. 게다가 둘째 며느리 잔 역시 이 사실을 알면서도 묵인했다는 것을 알게 되었다. '네슬레 탑 사건(Tour de Nesle affair)'이라고 불리게 된 이 스캔들은 당시 프랑스와 잔의 인생에 엄청난 영향을 주게 된다.

사실을 확인한 필리프 4세는 이 사건을 공개했다. 두 기사들은 도주하려 했지만 곧바로 체포되어 취조와 고문을 당했다. 얼마 지나지 않아 이들은 간통 사실을 자백했고, 결국 유죄 선고를 받고는 사형에 처해졌다. 전해지는 이야기에 따르면, 기사들은 거세를 당한 후 산 채로 매달린 채 살갗이 벗겨지는 끔찍한 처형을 당했다고 한다.

불륜을 저지른 두 며느리는 머리를 삭발당한 채 노르망디에 위치한 샤토 가야르(Château Gaillard)의 지하 감옥에 수감되었다.

>> 불륜을 저지른 두 며느리가 갇혔던 샤토 가야르. ⓒ Gettyimages

둘째 며느리 잔은 감옥 수감은 피할 수 있었지만, 그녀 역시 간통을 함께 저질렀을지 모른다는 의심을 받고 가택에 연금되었다. 이 일련의 스캔들은 왕실 입장에서는 끔찍이도 수치스러운 일이었다. 하지만 공개를 피할 수는 없었다. 잘못이 며느리들에게 있다는 사실을 명명백백히 밝히지 않으면 귀족 가문들의 반발을 살 수 있었기 때문이다.

　네슬레 탑 사건 이후 프랑스 왕실은 여러모로 뒤숭숭했다.

　　　　　　　　　　　소더비가 사랑한 책들

무슨 저주라도 받았다고 할 정도였다. 며느리들의 간통이 밝혀졌으니 왕실은 결혼을 무효로 만들고 싶었다. 그런데 하필 그때 교황이 사망했다. 왕실의 결혼을 무효로 만들어 줄 사람은 교황밖에 없었는데, 새 교황은 언제 뽑힐지 알 수 없게 됐다. 엎친 데 덮친 격으로 필리프 4세는 사냥을 나갔다 입은 상처를 회복하지 못하고 사망했다. 스캔들이 정리되지도 않았는데 루이 10세가 즉위했다. 그 와중에 왕비가 될 수도 있었던 마르그리트는 감옥에서 사망했다. 옥중에서 감기에 걸렸는데 치료를 제대로 받지 못한 게 원인이라고 한다. 그녀가 사망한 날짜는 1315년 8월 14일이다. 공교롭게도 5일 후인 8월 19일, 루이는 헝가리의 클레망스(Clémence de Hongrie, 1293~1328)와 결혼식을 올리고 24일에 대관식을 치른다. 마르그리트는 과연 감기 때문에 사망한 것일까.

1000년 전의
관습법을 꺼내 왕을 뽑다

두 살 남짓이었던 잔이 이 일련의 모든 사건들을 다 이해할 수는 없었을 것이다. 하지만 그녀의 비극은 이제 시작일 뿐이었다. 1316년, 루이 10세는 왕으로 즉위한 지 2년 만에 요절했다. 겨우 26세에 불과했던 루이 10세가 갑자기 죽자 많은 소문이 돌았지만, 아무튼 공식적인 사망 원인은 과격한 테니스로 인한 늑막염이 폐렴으로 번졌다는 것이었다. 아무튼 왕좌는 결코 비울 수 없는 법. 문제는 당시 루이 10세의 두 번째 아내인 클레망스가 뱃속에 아이를 품었다는 점이다. 만약 태어날 아이가 아들이라면 루이 10세를 이어 왕위에 오르면 된다. 하지만 딸이라면 문제가 복잡해진다. 장녀인 잔이 왕위를 계승할 것인가, 아니면 다른 계승자를 찾을 것인가. 왕실은 술렁이기 시작했다. 그도 그럴 것이 프랑스 왕가는 그때까지 운이 좋았는지 후사가 없어서 왕위 계승에 문제가 생겼던 적이 한 번도 없었기 때문이다. 프랑스에서는 사상 처음으로 여왕이 즉위할 가능성이 열렸다. 초유의 사태를 맞아 어수선한 분위기에서 홀몸이 된 왕비는 떨리는 마음으로 출산을 기다려야 했다.

왕위의 향방이 안갯속으로 빨려 들어가자 야심가들의 엉덩이가 들썩였다. 가장 먼저 움직인 사람은 부르고뉴 공작 외드 4세(Eudes IV de Bourgogne, 1295~1349)였다. 루이 10세의 전 부인이었던 마르그리트의 남동생이자, 잔에게는 외삼촌인 외드 4세는 파리로 달려왔다. 불과 4세였던 잔이 여왕이 된다면 그녀가 성장할 때까지 섭정이 필요했다. '잔 여왕'의 섭정으로는 가장 가까운 핏줄인 외드 4세보다 자격이 있는 사람이 없었다. 외드 4세에 맞선 이는 루이 10세의 동생 필리프(Philippe V, 1293~1322)였다. 필리프 입장에선 이제 걸음마를 겨우 뗀 아이가 왕위를 물려받으리라는 생각은 하지도 않았을 것이다. 태어날 아이가 아들이라면 그 아이를 왕위에 올리고 자신이 섭정을 맡고, 딸이라면 스스로 왕위에 오르는 장면을 상상하고 있었을 터다.

이들은 왕위 계승 문제만으로 움직인 것은 아니었다. 정치적인 고려, 나름 절박한 어른들의 사정이 있었다. 특히 부르고뉴 공작 외드 4세는 더욱 절박했다. 사실 그가 잔이 여왕이 될 거라고 진지하게 생각했는지는 의문이다. 어쨌든 프랑스에서는 그때까지 여왕이 즉위한 적이 없었고, 잔에게는 어머니가 간통을 했다는 '치명적인 약점'도 있었기 때문이다. 하지만 적어도 한 가지 목적은 분명했다. 외드 4세는 왕위와 함께 상속되는 영지를 목표로 삼고 있었다. 루이 10세는 프랑스 왕이 가진 직할 영지뿐 아니라 그의 어머니인 나바르의 호아나 1세(Joana I de Navarre, 1273~1305)가 필리프 4세에게 시집올 때 가져온 거대한 영지를 물려받았다.[1] 이 영지들은 보통 왕이 생전에 혹은 유언을 통해 자녀들에게 나눠주게 된다. 특히 딸이 받은 영지는 다른 귀족이나 왕족과 맺어질 때 좋은 혼숫감이 된다. 만약 태어날 아이나 루이의 동생 필리프가 왕위를 잇는다면, 왕의 직계 자손이 아닌 잔은 빈손으로 쫓겨날 수도 있다. 프랑스 최고 귀족이었던 부르고뉴 공작 외드 4세에게 이것은 매우 중요한 문

---

1   호아나 1세는 아버지 나바르의 왕 헨리케 1세(Henrike I, 1244~1274)로부터 나바르의 왕위와 샹파뉴 백작령을 물려받았다. 따라서 호아나 1세가 결혼과 함께 프랑스 왕실로 가져온 이 지역은 프랑스의 왕위를 물려받은 루이 10세에게로 이어진 것이다.

JEANNE DE NAVARRE,

REINE DE FRANCE ET DE NAVARRE,

Femme de Philippe IV, dit le Bel,

née en 1271 ; morte à Vincennes le 2 Avril 1304.

A Paris chez Blin, Imprimeur en Taille-Douce, Place Maubert, No 17, vis-à-vis la Rue des S. Portes.
A.P.D.R.

루이 10세의 어머니이자 잔의 할머니인 호아나 1세.
호아나는 잔의 스페인식 이름이다.

제였다. 공작 가문이 왕가와의 관계를 유지하고 귀족 사회에 영향력을 유지하기 위해서는 공작 가문의 핏줄인 잔이 물려받아야 할 영지들에 대한 권리를 주장해야만 했던 것이다.

혼란스러운 분위기에서 클레망스 왕비의 출산이 시작되었다. 태어난 아이의 성별에 따라서 잔의 운명이 뒤바뀔 수 있는 순간이었다. 결과는 사내아이였다. 갓난아기는 왕위를 계승할 자격을 갖고 장 1세라는 이름을 얻게 된다. 외드 4세의 야심은 허망하게 무너졌다. 그 순간에는 모두가 그런 줄 알았다. 그런데 외드 4세에게는 놀라운 반전이, 프랑스 왕가에는 비극이 시작된다. 왕위를 이어야 할 운명이었던 장 1세가 태어난 지 불과 5일 만에 사망한 것이다.

장 1세의 죽음과 함께 머릿속이 복잡해진 사람은 필리프였다. 잔에게 왕위를 넘기는 일은 결코 일어나선 안 됐다. 외척이 프랑스를 좌지우지하는 것은 물론이고, 부르고뉴가 왕실의 재산을 삼킬 수도 있다. 필리프는 스스로 왕위를 주장하기로 마음먹었다. 그러고는 외드 4세와의 협상에서 자신이 프랑스의 왕이며, 어머니 호아나 1세가 가져온 나바르의 왕위, 그리고 그 외의 프랑스 왕의 영지 계승을 인정하라고 압박했다. 그 대신 외드에게는 자신의 딸을 시집보내기로 약속했다. 거기에 잔을 필리프의 사촌인 에브뢰 가문의 필리프(Philippe d'Évreux, 1306~1343)와 결혼시키고, 결혼 축의금으로 1만 5,000리브르를 지급하기로 했다. 외드 4세는 이 제안에 어떻게 대응했을까?

사실 외드 4세 입장에서도 잔의 왕위 계승을 끝까지 밀고 나가기는 위험했다. 프랑스에서는 여왕이 통치한 적이 한 번도 없었던데다, 겨우 네 살짜리 여자아이의 장래를 믿고 부르고뉴 가문의 운명을 건 도박을 할 수는 없는 일이었다. 여기에 잔에게는 앞서 언급한 '치명적인 약점'이 있었다. 잔의 어머니가 간통 판정을 받은 이상, 잔의 혈통에는 항상 물음표가 따라붙을 수밖에 없었던 것이다. 이런 계산 속에서 필리프의 제안은 외드 4세에게 나쁠 게 없었다. 특히 필리프의 딸과 혼인하는 것은 오히려 굴러 들어온 복이 될 수도 있는 일이었다. 왜냐하면 필리프의 아내는 부르고뉴 자유백국(Franche Comté de Bourgogne)을 상속받을 예정이었기 때문이다. 이 땅은 그 딸을 통해 자신의 가문으로 넘어오게 될 것이었다. 부르고뉴 공작령을 갖고 있는 외드 4세가 바로 이 땅의 동쪽에 붙어 있는 부르고뉴 자유백국까지 소유하게 된다면, 그의 가문은 거대한 부르고뉴 영지의 통일을 이루게 될 것이었다. 이런 상황에서 굳이 모험을 할 필요는 없었다. 잔의 외삼촌 외드 4세는 잔을 대신하여 그녀의 왕위 계승을 포기했다. 필리프가 프랑스의 왕이 되는 데 걸림돌은 사라졌다.

이제 필리프에게 남은 것은 자신의 왕위 계승을 제후들에게 인정받는 것뿐이었다. 몇몇 지방에서는 죽은 왕의 딸이 분명이 존재하는데도 불구하고 왕의 동생인 필리프가 왕관을 쓰는 것이 도리에 맞지 않는다며 반대하기도 했다. 하루라도 빨리 정당성을 확보하여 왕권을 안정시킬 필요가 있다고 생각한 그는 재

네 살짜리 조카를 제치고 왕위를 차지한 필리프 5세.
ⓒ Wikipedia

빨리 랭스로 달려가 도유식(塗油式)을 받았다. 고대 프랑크의 왕 클로비스(Clovis, 466?~511) 때부터 이어져 내려온 신성한 의식을 받음으로써, 프랑스 왕위를 신으로부터 인정받았다는 의미였다. 그리고 나서 필리프는 유명하다는 파리의 법학자 및 신학자들을 불러 모아 놓고 자신이 왕이 되어야만 하는 정당성을 어떻게든 마련하라고 압박했다.

몇 날 며칠을 곳곳의 서재 및 도서관을 헤집던 학자들은 어느 창고의 구석 깊숙한 곳에서 먼지가 두껍게 쌓인 법전 하나를 발견했다. 그것은 바로 '살리카 법(Lex Salica)'이라고 불리는 고대의 법이었다. 당시로부터 900년 전, 게르만족이 유럽 세계에 프랑크 왕국을 건설하던 시절에 만들어졌던 이 법은 프랑크족 내의 작은 부족이었던 살릭(Salic) 부족의 민법에 해당하는 것이었는데, 살릭족이 근거지로 삼은 지역의 토지와 작위를 여성에게는 상속할 수 없다는 내용을 담고 있었다. 학자들이 필사적으로 찾아낸 이 법전을 보며 필리프는 "옳다구나!" 하고 무릎을 탁 쳤을 것이다. 그러고는 이렇게 선언했다. 프랑스 왕국은 고대 프랑크 왕국 시절부터 내려오는 고귀한 법을 지켜야 할 의무가 있고, 따라서 여성인 잔은 왕위를 물려받을 수 없다고 말이다. 이렇게 잔은 900년 전에 기록되었던 작은 부족이 만든 법 때문에 프랑스의 여왕이 될 자격을 잃고 말았다.

사실 '살리카 법'에 여성 상속 금지 조항 들어간 데에는 나름의 이유가 있었다. 당시 게르만족은 상시로 전쟁을 수행해야 했

소더비가 사랑한 책들

고 이를 위해서는 토지로부터 나오는 수입이 필요했다. 따라서 병역을 수행할 수 없는 여성에게는 토지와 작위를 상속할 수 없다고 한 것이다. 논리적으로는 여성의 상속을 제한하는 게 당연해 보이지만, 이 법이 다시 튀어나온 시기는 14세기 유럽이다. 앞서 이야기했지만, 당시 귀족 가문에서는 여성이 상속받은 영지를 지참금으로 삼는 정략결혼이 빈번했던 시기다. 게다가 필리프가 살리카 법을 들어 여성의 상속을 금지하는 것은 자기부정이나 마찬가지였다. 그의 선조들이 프랑스 영토를 넓힐 수 있었던 가장 큰 이유가 결혼을 통해 얻은 영지였기 때문이다. 자신의 어머니인 호아나 1세도 엄연히 다른 나라인 나바르 왕국을 프랑스로 가져왔다.

필리프 5세의 자가당착은 결국 자신의 발등을 찧게 된다. 겨우 5년 동안 왕 노릇을 한 후 세상을 떠난 필리프 5세는 아들 없이 딸만 넷이 있었다. 자신이 발굴해 낸 살리카 법 때문에 그의 딸들은 왕위를 물려받을 수 없게 됐다. 왕위는 결국 필리프의 동생 샤를(Charles IV, 1294~1328)에게 넘어갔다. 그러나 샤를 역시 후사를 남기지 못하고 죽었고, 300년 넘게 이어졌던 카페 왕조는 대가 끊기고 만다. 프랑스 왕위는 카페 가문의 먼 사촌뻘이었던 발루아 가문의 필리프 6세(Philip VI, 1293~1350)에게 넘어갔다. 불륜 사건에서 시작된 드라마는 왕조 교체로 일단락된다.

나바르로 간 잔의
뒷 이야기

프랑스에서 한바탕 소용돌이가 몰아치고 있을 때 왕위 계승으로 골치를 썩은 나라가 또 하나 있었다. 나바르는 여왕 호아나 1세가 프랑스 왕 필리프 4세와 결혼하면서 호아나 1세와 필리프 4세를 공동 왕으로 삼았다. 이후 나바르의 왕위는 프랑스의 몫이 되었다. 하지만 이제 필리프 4세로부터 이어진 핏줄이 끊어졌다. 카페 가문을 대신해 발루아 가문이 프랑스를 차지했지만, 발루아 가문은 나바르와는 아무런 상관이 없었다. 나바르는 아무런 관계도 없는 발루아 가문에 왕국을 넘길 생각이 없었다.

　나바르 왕국이 찾아낸 왕관의 주인공은 바로 이 이야기의 주인공 잔이다. 잔의 할머니는 호아나 1세다. 나바르 왕국의 왕이었던 헨리케 1세의 딸이었으니 나바르의 핏줄이다. 살리카 법은 나바르에서는 아무런 의미가 없는 법이었다. 일단 호아나 1세부터가 나바르의 여왕이었다. 게다가 살리카 법은 고대 게르만족의 법이다. 프랑크 왕국과는 아무런 상관이 없는 바스크족의 나라 나바르가 따를 이유가 전혀 없었다. 나바르에서는 여성이 왕위에 오르는 데 아무런 제약이 없었던 것이다. 이렇게 잔은 1328년 4월 1일, 나바르의 여왕으로 즉위하게 된다. 이제 우리는 그녀를 나바르의 여왕 잔 2세 혹은 호아나 2세라고 부를 수 있게 된다.

1328년 나바르의 여왕으로 즉위한 잔 2세 또는 호아나 2세.
© Wikipedia

연구자들에 따르면,《잔 드 나바르 기도서》는 필리프 6세의 의뢰로 제작되었고 잔에게 선물로 주어진 것이라고 한다. 일반적으로 기도서는 작업을 요청한 의뢰인과 그의 가족들을 삽화로 그려서 남기는 경우가 많은데,《잔 드 나바르 기도서》에는 예배당에서 무릎을 꿇고 기도를 올리는 필리프 6세와 그의 아내가 그려져 있기 때문이다. 필리프 6세는 선대의 카페 왕조가 대가 끊기고 처음으로 발루아 가문 출신으로 프랑스의 왕이 된 바로 그 필리프다.

필리프 6세가 프랑스 왕위에 오른 때는 1328년 4월 1일, 잔이 나바르 왕국의 왕위에 오른 바로 그날이다. 발루아 가문 출신인 필리프 6세에게는 카페 가문에게 계승된 나바르 왕국에 대한 권리가 없었다. 따라서 필리프 6세는 나바르의 왕위를 잔에게 넘겨주기로 합의한다. 바로 이때 합의를 기념해서 나바르의 여왕이 된 잔에게 필리프 6세가 선물로 이 기도서를 주었다는 것이 연구자들이 견해다.

이 기도서가 잔에게 도착했을 때 그녀는 어떤 기분이었을까? 암울했던 어린 시절을 지나 비로소 밝은 시기가 찾아왔다는 안도감이 들지는 않았을까? 어두웠던 운명이 이제는 자신에게 웃어 주리라고 생각했을까? 새로운 둥지를 마련한 잔은 프랑스를 떠나 나바르 왕국의 왕관을 쓰러 떠날 준비를 시작했다.

나바르의 여왕이 된 잔은 어떻게 됐을까? 안타깝게도 잔의 여생은 전혀 평탄하지 않았다. 대관식부터가 문제였다. 나바르

>> 《잔 드 나바르 기도서》안의 삽화 중 하나. 당시 채색 필사본의 경우
후원자의 모습을 삽화로 남기곤 했는데, 이러한 삽화는 채색 필사본이 어떻게 왜
만들어졌는지를 알 수 있는 단서가 되기도 한다. 이 삽화는 제단에 그려진
문장을 봤을 때 필리프 6세가 사용하던 문장이다. 따라서 무릎을 꿇고 기도하고
있는 사람은 필리프 6세와 그의 아내다. 이를 통해 이 기도서는 필리프 6세에 의해
만들어졌으며, 나바르의 잔에게 선물로 주어졌다는 것을 유추할 수 있다.

왕국의 전통에 따르면, 대관식에서 군주는 방패 위에 올라가 군중들에게 돈을 뿌려야 했다. 그런데 엉뚱한 곳에서 문제가 터졌다. 잔의 남편인 에브뢰의 필리프도 함께 돈을 뿌릴 수 있느냐를 두고 논쟁이 벌어진 것이다. 어처구니없어 보이는 '예송 논쟁' 같지만 돈 뿌리기는 곧 통치권을 상징하는 행위였다. 단순한 요식 행위가 아니었다는 말이다.

긴 줄다리기 끝에 "남편은 아내의 머리"라는 《성경》의 〈에베소서〉 5장을 인용한 잔과 필리프의 의견대로 나바르 왕국은 남편에게도 잔과 같은 통치권을 부여하기로 결론을 내렸다. 두 사람은 대관식 장소였던 나바르 왕국의 수도 팜플로나(Pamplona)로 이동했고, 무사히 대관식을 마칠 수 있었다. 이렇게 문화와 풍습이 프랑스와 다른 나바르는 적응하기 쉽지 않은 곳이었다. 게다가 나바르 말을 할 줄 몰랐던 잔은 항상 대리인을 통해 자신의 의사를 표현해야 했다.

영토 문제도 골치 아팠다. 왕국의 서쪽에는 호시탐탐 나바르의 영토를 침범하려는 카스티야 왕국 때문에 크고 작은 전쟁이 끊이지 않았다. 잔은 왕위에 오르자마자 카스티야 왕국과의 영토 싸움을 책임져야 하는 입장이 됐다. 가까스로 카스티야와 평화 조약을 맺자마자 이번에는 영국과 프랑스가 백 년 전쟁을 일으켰다. 잔은 영국군이 프랑스에 남겨진 가족들에게 해를 끼치거나 영지를 약탈하지 않을까 전전긍긍했다. 필리프 6세는 자기 앞가림도 못하는 처지였기에 잔의 가족들을 돌볼 여유가 없었다. 잔은 영국에 대가를 치르고 가족들의 안전을 확보하는 협상에 나서야 했다.

목숨이 위험했던 프랑스를 떠나 나바르의 왕이 된 뒤에도 잔의 삶의 평온함과는 거리가 멀었다. 결국 잔을 고난으로부터 해방시켜 준 것은 다소 일찍 찾아온 죽음이었다. 전 유럽을 휩쓴 흑사병은 여왕도 피할 수 없었다. 결국 그녀는 1349년 37세라는 이른 나이에 병으로 숨을 거둔다. 태어날 때부터 죽을 때까지 한시도 편한 날이 없었던 그녀에게 찾아온 안식이었다.

신의 소명으로 완성한 미국 최초의 인쇄물, 《베이 시편집》

— 2013년 소더비 뉴욕, 《베이 시편집》

어느 나라나 건국에 대한 이야기는 과장이 섞이기 마련이다. 상대적으로 짧은 역사를 가진 미국 역시 신화에 가까운 이야기로 건국을 기억한다. '1620년 메이플라워호에 탄 102명의 청교도 신자들. 종교의 자유를 찾아 영국을 떠난 이들은 죽음을 무릅쓰고 대서양을 건너 신대륙에 자신들만의 독립된 나라를 건설했다.' 이 엄숙하고도 경건하게 느껴지는 문장은 우리에게도 잘 알려진 미국 건국의 시작이자 건국 원리다. 미국인들은 메이플라워호로 '신대륙'에 도착한 이들을 '필그림 파더스(the Pilgrim Fathers)'라고 부른다. '필그림'은 순례자다. 다시 말해 이들을 순례자에 비유한 것은 신실하고 충성스러운 청교도들이 신의 부름에 응답하여 먼 여정을 떠났고 결국 바다 건너 신이 점지한 새로운 땅에 미국을 건국할 수 있었다는 이야기를

아메리카 대륙을 향하는 메이플라워호에 탑승하는 청교도들.
ⓒ Gettyimages

하고 싶은 것이다.

그들이 아메리카 대륙이 보일 무렵 배에서 작성했다는 〈메이
플라워 서약〉은 종교의 자유를 찾아 떠난 필그림 파더스가 가
진 신념을 극적으로 대변하는 문서다. 이 서약이 미국 헌법의
기원이라고 믿는 연구자들도 있다. 하지만 미국인이 아닌 나로
서는 이러한 주장이 과연 온당한지 의문이다. 〈메이플라워 서
약〉의 내용과는 꽤 동떨어진 평가처럼 보이기 때문이다. 실제
서약의 내용은 다음과 같다.

하나님의 이름으로 아멘.

아래에 서명한 우리, 하나님의 은총에 의해 대영 제국과 프랑
스 및 북아일랜드를 통치하시는 우리의 경이로운 최고 통치자
이신 국왕, 그리고 신앙의 옹호자인 제임스의 충성스러운 신
하들은 하나님의 영광과 기독교 신앙의 부흥 및 국왕과 국가
의 명예를 위해 버지니아 북부에 최초의 식민지를 건설하기
위해 항해를 계획했고, 본 증서를 통하여 보다 바람직한 질서
수립과 보존, 그리고 위의 목적의 촉진을 위해 하나님과 서로
의 앞에 엄숙하게 계약을 체결하며, 우리 스스로 시민적 정치
단체로 결속한다. 이를 바탕으로 식민지의 총체적인 이익을
위해 식민지의 사정에 가장 적합하고 적절하다고 생각되는 정
의롭고 공평한 법률과 조례 그리고 관직을 만들어, 우리 모두
당연히 복종하고 순종할 것을 약속한다.

소더비가 사랑한 책들

이곳 케이프 곶에서, 우리의 이름은 서명한 바와 같다. 우리들의 최고 통치자 제임스 왕의 잉글랜드와 프랑스와 아일랜드에서의 치세 18년, 스코틀랜드에서의 치세 54년, 서기 1620년 11월 11일

우리가 알고 있는 서약의 의의와는 완전히 다르다. 눈에 띄는 것은, 영국 왕 제임스 1세(James I, 1566~1625)에 대한 충성심을 반복적으로 표현한다는 점이다. 그리고 그들이 아메리카에 건설하고자 하는 것은 독립적인 공동체가 아니라 대영 제국의 '식민지'라는 점이다. '하나님의 이름'이나 '하나님의 은총'이라는 표현은 그저 이 서약이 신성한 계약이라는 수사적 강조 그 이상도, 그 이하도 아니다. 그래서 우리가 알고 있는 상식, 즉 최초의 식민지 건설이 종교의 자유를 위한 숭고한 목적이라는 주장은 과장된 것이라고 생각한다. 물론 메이플라워호에 탑승한 사람들 중 반 이상은 독실한 청교도였고, 영국에서의 종교 박해를 피해 종교적으로 보다 관용적이었던 네덜란드에 먼저 이주했던 사람들로 알려져 있다. 하지만 이 경우에라도 문제는 네덜란드에서의 부적응이라고 생각하는 것이 합리적이지 않을까. 아마도 그들 눈에 미국 땅은 무주공산으로 보였고 따라서 네덜란드보다는 더 나은 기회를 제공하는 곳으로 여겨졌을 것이다.

게다가 이들이 메이플라워호에서 내려 신대륙의 플리머스에 정착한 이후의 스토리도 아름답지는 않다. 이들은 상륙한 지 두

세 달 만에 알 수 없는 전염병에 걸려 47명만 살아남게 된다. 배에 남은 식량이 떨어지자 이들에게 남은 미래는 굶주림으로 인한 아사밖에 없었다. 이들에게 도움의 손길을 내어 준 것은 후일 인디언으로 불리게 된 선주민들이었다. 이들은 음식과 신선한 물을 제공했을 뿐만 아니라, 새로 온 사람들에게 생소한 토질에서 농사를 짓는 방법과 이곳에서 잘 자라는 농작물들도 알려 주었다. 미국의 대표적인 명절인 '추수 감사절'은 이때 도움을 준 선주민들에게 감사하며 수확한 농작물을 나누던 풍습에서 온 것이다.

그러나 이런 아름다운 관계는 길게 이어지지 않았다. 점차 성장하는 식민지는 선주민들과의 토지 분쟁을 야기했고, 결국 전쟁이 벌어지고 말았다. 결과는 선주민들의 패배였다. 수많은 학살이 자행되었고, 결국 선주민들은 그들이 살아오던 땅을 빼앗겼다. 이러한 과정들이 청교도적 신념과 관련이 있다고 할 수 있을까. 미국 헌법을 다룬 장에서도 언급하겠지만, 미국의 식민지들을 성장시키고 발전시킨 것은 청교도가 아니라 신대륙에서 한몫 챙기려고 했던 영국의 귀족들이나 농장주들의 욕망이었다. 유럽에서는 일찌감치 18세기 말에서 19세기 초부터 법적으로 금지되거나 사라져 가고 있었던 노예 제도가 아메리카 대륙에서는 대농장을 운영하는 데 필수적이라는 이유로 남북 전쟁이 끝나는 1865년까지 존속했다는 점은 더더욱 미국이라는 나라의 건국과 발전이 과연 청교도적 신념과 연관이 있는지 의

소더비가 사랑한 책들

심이 들게 한다.

그렇지만 '미국의 건국 과정에 종교적 갈망과 신념으로 가득 찬 사람들이 정말 없었느냐', '청교도주의는 미국의 건국과 전혀 관련이 없었느냐'고 묻는다면, 그것은 또 아니라고 말할 수밖에 없다. 당시 유럽에서 아메리카 대륙으로 건너가는 건 목숨을 걸어야 할 정도로 위험한 일이었다. 따라서 식민지로의 이주는 인생을 건 도박과 마찬가지였다. 그만큼 절박했다. 종교 박해를 피해서, 자신의 신념을 지키기 위해서, 혹은 선주민들에게 청교도의 진리를 전파하겠다는 의지를 가지고 대서양을 건넜던 용감한 사람들도 분명히 존재했다. 청교도 목사 조세프 글로버(Joseph Glover, 1602~1638)도 그런 이들 중 하나였다.

청교도 목사
글로버가 받은 소명

조세프 글로버는 1624년 런던 남부에 위치한 서튼 주의 한 마을에 목사로 부임했다. 사실 그의 집안은 나름 성공한 사업가 가문이었다. 아버지와 형제들은 다양한 사업 분야에서 성공을 거두었는데, 특히 유통 및 운송 쪽에 큰 사업적 역량을 발휘했다. 마침 아메리카 식민지가 점차 발전하면서 식민지 무역과 해운업은 가문에 큰 부를 가져다주었다. 아마도 이러한 배경 덕택

서튼 주의 세인트 니콜라스 교회. 글로버가 설교를 했던 곳이다.

ⓒ 김유석

에 글로버는 마음 편히 평생을 성직자로 살겠다고 다짐했는지도 모른다.

일찍 유명을 달리한 첫 번째 부인이 낳은 1남 2녀와 두 번째 부인 엘리자베스(Elisabeth Glover, 1602~1643) 사이에서 얻은 1남 1녀로 대가족을 꾸리게 된 조세프는 목사로서도 존경받았고, 가족의 도움으로 경제적인 어려움 없이 나름 행복한 생활을 누렸던 것으로 보인다.

문제는 조세프 글로버가 청교도였다는 것이다. 당시 영국은 국교인 성공회를 강요하는 분위기였다. 이런 이유로 성공회 이외의 종교 분파는 조금씩 설 자리를 잃고 있었다. 특히 1617년, 잉글랜드 국왕 제임스 1세가 〈스포츠와 오락에 관한 교서(Book of Sports)〉를 공포하면서 분위기가 점차 심각해졌다. 청교도들은 안식일은 절대적으로 엄숙하고 경건하게 지내야 한다고 믿고 가르쳤다. 즉, 교회에서 경건하게 예배를 하는 것 이외에는 어떠한 여가 활동이나 놀이를 금지했던 것이다. 그러나 국왕 제임스의 교서는 그와는 반대였다. 예배가 끝나면 '모든 백성들은 어떤 방해나 허락을 받지 않고 여가를 즐길 수 있어야 한다'며 춤추기, 활쏘기, 뜀틀 넘기를 비롯해 오래전부터 이어져 온 비기독교적인 풍습이나 축제도 허락되어야 한다는 내용이었다. 사실 이 교서는 지나치게 여가와 놀이에 인색한 청교도들에 반발한 백성들의 편을 들어 준 것 그 이상도, 그 이하도 아니었다. 따라서 특별한 명령이나 조치가 있었던 것은 아니었다. 제임스

1세는 국교인 성공회에 대한 확고한 계획이 있기는 했지만, 청교도 분파인 장로회가 우세했던 스코틀랜드를 달래면서 통합해야 하는 상황이었기 때문에 정치적으로 유연한 태도를 취했다. 따라서 사실 이 교서는 적당히 무시해도 상관없었다.

그러나 제임스 1세의 뒤를 이은 찰스 1세(Charles I, 1600~1649)는 달랐다. 찰스 1세는 선왕만큼의 리더십이나 정치력이 없었다. 게다가 스코틀랜드에서 나고 자라서 나름 스코틀랜드를 잘 이해했던 제임스와는 달리 찰스는 잉글랜드의 입장만 이해하고 있었다. 그래서 종교에서도 성공회에 침투한 청교도의 영향력을 근절하고자 했다. 이러한 경향은 왕이 캔터베리 대주교로 윌리엄 로드(William Laud, 1573~1645)를 임명하면서 심각하게 흘러갔다. 로드는 성공회에 가톨릭만큼이나 엄격한 예배 형식을 도입하고 성직자를 통제하는 정책을 펼쳤다. 개신교에 속하는 청교도 혹은 장로교도들은 이러한 흐름에 반발했다. 그러자 캔터베리 대주교는 개신교도들을 탄압하기 시작했다. 이들을 체포하고 투옥하는 것은 물론이고, 기록에 따르면 심지어 청교도들의 코와 귀를 베고 얼굴에 낙인을 찍기도 했다고 한다.

로드는 교단 내의 청교도들을 색출해서 쫓아내기 위해 선왕 때 공포된 〈스포츠와 오락에 관한 교서〉를 이용했다. 그는 모든 교회에 다음과 같은 명령을 내렸다. "성직자들은 반드시 이 교서를 목회가 끝난 후에 성도들에게 읽어 주어야 하며, 이를 어기는 자는 목회 자리를 내려놓아야 한다."는 것이었다. 그리고 대주교는 이 명령이 이행되는지 살피기 위해 곳곳의 교회에 끄나풀을 심었다. 그러고는 명령을 어기는 목사들을 체포하여 투옥하거나 괴롭히기 시작했다.

로드의 괴롭힘으로 인해 청교도 목사였던 글로버는 1636년 목회직을 사임할 수밖에 없었다. 다행히 그는 주변에 신망이 두터웠고, 성공한 사업가였던 가문의 배경 덕분에 체포나 투옥을 피할 수 있었다. 하지만 다시는 영국에서 목사 일을 하지는 못할 운명이었다.

그에게 새로운 희망이 된 곳은 신대륙이었다. 아메리카 대륙을 상대로 무역업 및 해운업을 하던 형제들과 함께 머물던 그는 자연스럽게 대서양 건너에서 들려오는 여러 소식들을 듣게 되었다. 때는 1630년대, 이미 수만 명에 달하는 청교도들이 대서양을 건너 신대륙의 뉴잉글랜드로 향했고, 그들은 보스턴 항구를 통해 도체스터, 케임브리지, 롤리 등 매사추세츠 주를 중심으로 성공적으로 정착하고 있었다.

이때 글로버의 흥미를 끄는 이야기가 귀에 들어왔다. 바다 건너 뉴잉글랜드에는 아직 인쇄기가 없어서 《성경》은커녕 복음을 전할 소책자조차 만들 수가 없다는 것이었다. 구텐베르크 이후 영국에는 15세기 말부터 인쇄기가 도입되어 이미 흔하던 때였다. 하지만 목숨을 걸고 건너야 할 대서양 건너편에 인쇄기는 사치품이었다. 식량과 생필품, 정착에 필요한 각종 용품을 싣기도 부족한데 인쇄기까지 가져갈 여유는 없었다. 게다가 그곳으로 건너가는 대부분의 사람들은 책을 손에 쥐기에는 팍팍한 삶을 사는 사람들이었다. 한마디로 인쇄기 수요가 있을 거라고 생각하기 어려웠다.

신대륙에 인쇄기가 없다는 소식은 글로버에게는 하나님의 계시처럼 들렸던 것 같다. 목사의 형제는 해운 회사를 운영하고 있었다. '신대륙에서 《성경》을 찍어 성도들과 복음을 나누고 선주민들을 전도하자.' 미래가 불투명했던 그에게 한 줄기 빛이 내려오는 순간이었을 것이다. 그는 이 소명을 실현하기 위해 지체 없이 아메리카 대륙으로 건너갈 준비에 착수했다. 아내를 비롯해 2남 3녀가 함께 건너가 새로운 삶을 시작하기 위해서는 필요한 생필품과 함께 가장 중요한 인쇄기, 활자, 종이가 필요했다. 돈이 부족했던 글로버는 여러 지인들을 통해 투자자를 모았고, 어느 정도 금액이 모이자 인쇄 사업에 필요한 모든 것들을 구매했다. 준비가 되자마자 그는 조금도 지체하지 않고 아메리카로 향하는 배에 올라탔다. 그해가 바로 1638년, 맑은 여름날이었다.

신대륙에 도착한
모세의 후예들

안타깝게도 글로버는 아메리카 대륙을 밟을 수 없었다. 글로버는 대서양 한가운데를 지나던 중 천연두로 의심되는 심각한 열병에 걸렸다. 두 달 이상이 소요되는 힘든 항해에서 질병은 치명적이었다. 약속의 땅 가나안에 들어서지 못한 모세처럼, 조세프 글로버는 보스턴 항에 입항하기 직전에 세상을 떠나고 만다.

그의 죽음과 함께 신의 소명도 사라졌을까? 그렇지 않았다. 꼼꼼한 조세프 글로버 목사는 모든 계획을 세워 놓았다. 글로버는 아메리카로 건너오기 전, 보스턴 인근의 케임브리지에 가족들과 함께 정착할 땅과 저택을 구매한 상태였다. 뿐만 아니라 인쇄기를 운영해서 출판과 판매를 담당할 주식회사까지도 설립한 뒤였다. 인쇄기를 돌릴 기술자까지 섭외한 상태였다. 잉글랜드에서도 이름난 인쇄 기술자였던 스테판 데이(Stephen Day, 1594~1668)는 가족들이 미국에 정착할 수 있는 집과 비용을 책임지는 조건으로 글로버 가족들과 함께 배에 타고 있었다. 마지막으로 글로버의 뒤를 이를 후계자도 있었다. 글로버의 아내 엘리자베스는 남편의 이상을 이어받은 인물이었다. 마치 모세의 소명을 여호수아가 물려받아 이스라엘인들이 가나안 땅을 정복할 수 있었던 것처럼 말이다.

미망인이 된 엘리자베스의 가족들과 스테판이 타고 있던 배는 무사히 보스턴 항에 도착했다. 글로버 부인은 서둘러 스테판의 가족들이 머물 집을 구했다. 그곳은 또한 인쇄기가 설치될 곳이기도 했다. 스테판도 자신이 맺은 계약에 충실했다. 신대륙에 드디어 인쇄기가 도래했다.

아메리카에 처음으로 등장한 인쇄기로 가장 먼저 찍어 낸 책은 무엇이었을까. 청교도로서 복음 전파와 선교를 목표로 한 여정이었으니 《성경》부터 찍어 내는 게 우리의 상식이겠지만, 글로버 가문의 선택은 〈시편〉이었다. 그들이 첫 인쇄물[1]로 〈시편〉을 선택한 데에는 경제적이고도 현실적 이유가 있었을 것으로 추정된다. 먼저 《성경》은 두껍고 비싸다. 주머니 사정이 넉넉지 않은 식민지 정착민들의 사정상 선뜻 구매하기는 어려웠을 것이다. 반면 〈시편〉은 여러모로 전략적인 선택이 될 수 있었다. 일단 《성경》에 비하면 적은 분량이라 가격이 더 싸다.

예배 형태도 고려해야 한다. 〈시편〉은 구약 시대의 다윗이나 솔로몬 등이 신을 찬양하고 자신의 신앙을 점검하기 위한 교훈을 운율이 있는 시의 형태로 쓴 것이다. 따라서 예로부터 〈시편〉 구절을 노래에 맞춰 함께 암송하는 것은 지금의 찬송가처럼 중요한 예배 형태였다. 유대교에서도 유대인들의 조상인 다윗과 솔로몬이 남긴 〈시편〉을 즐겨 암송했고, 곡을 붙여 노래로 부르는 것이 예배의 중요한 절차였다. 이 전통은 기독교 교회에서도 고스란히 전해졌고 〈시편〉을 찬송으로 부르는 것은 예배에 참석한 모든 이들이 함께 신앙을 확인하는 중요한 의식으로

---

1   《베이 시편집》을 인쇄하기 전인 1639년에는 달력과 같은 몇몇 인쇄물을 찍어 본 것으로 알려져 있다. 그러나 조판만 해 본 것인지, 시험 삼아 인쇄까지 해 본 것인지는 불분명하다. 공식적으로 인쇄한 상업적 목적의 책은 1640년의 《베이 시편집》이다. 이에 따라 이 글에서는 최초의 인쇄물을 《베이 시편집》으로 적었다.

소더비가 사랑한 책들

여겼다.[2] 《성경》보다 싸면서도 예배에 활용하기 쉬운 〈시편〉부터 인쇄한 데에는 이런 이유가 있었다.

하지만 첫 〈시편〉이 인쇄될 때까지는 1년의 시간이 필요했다. 글로버 가족이 첫 인쇄물로 〈시편〉을 선택했다고 하니 매사추세츠 주에 먼저 정착한 청교도들이 〈시편〉을 다시 번역하자고 제안한 것이다. 이유인즉슨, 당시 존재했던 〈시편〉 판본들은 주로 라틴어 혹은 히브리어로 되어 있는 《성경》으로부터 자신들의 선별 기준에 따라 취사선택하여 번역한 것들이었기 때문에, 운율도 각기 달랐고 번역 역시 제각각이었기 때문이다. 그들은 이번 기회에 보다 원본의 맛을 살려 자신들의 예배에 적합한 운율을 갖춘 영어 〈시편〉을 만들고 싶었던 것이다. 책을 구매할 이들의 주장을 무시할 수 없었던 엘리자베스는 이 제안을 받아들인다. 그러고는 매사추세츠에서 가장 학식이 높다는 성직자 30명이 모여 히브리어 〈시편〉을 1년 동안 다시 번역했다.

글로버 부인과 스테판은 바로 이 새롭게 식민지에서 번역된

2 　초기 기독교 교회에서는 유대교의 전통에 따라 〈시편〉을 회중들과 함께 부르곤 했다. 하지만 중세 가톨릭 시기에는 성경을 비롯한 모든 예배 절차가 라틴어였기 때문에 그런 전통이 사라졌다. 16세기 종교 개혁과 함께 등장한 개신교는 이를 개혁의 대상으로 생각했고, 다시 회중이 모두 함께 하는 찬송의 전통을 살리고자 노력했다. 칼뱅이 찬송가의 편찬에도 신경 쓴 것은 그런 이유였다.

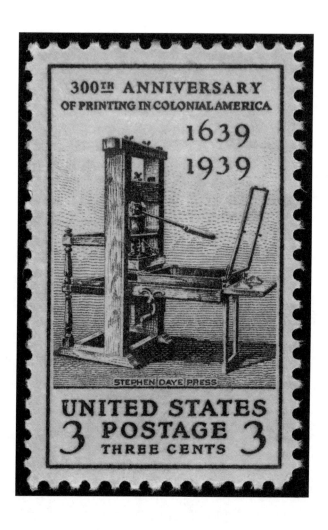

미국 식민지 최초의 인쇄 300주년을 기념하여 발행된 우표.
처음 인쇄기를 설치하고 인쇄에 성공한 1639년을 미국 인쇄술의
원년으로 삼고 있다. ⓒ Wikimedia

원본을 가지고 역사적인 첫 인쇄물을 발행했다. 그해가 바로 1640년이다. 그때 인쇄된 책 중 일부는 조세프와 엘리자베스가 잉글랜드에서 신대륙으로 가져온 종이에 인쇄되었다. 이렇게 엘리자베스 글로버가 남편 조세프 글로버 목사의 신실한 종교적 소명을 이어받아 인쇄한 아메리카 식민지 최초의 인쇄물이 《베이 시편집(The Bay Psalm Book)》이다. 여기서 베이(Bay)는 매사추세츠 만(灣)을 뜻한다. 그리고 이 케임브리지 인쇄소는 훗날 하버드 대학교로 옮겨져 현재 하버드 대학교 출판부(Havard University Press)의 기원이 되었다.

미국의 신화가 된
《베이 시편집》

역사가 짧은 나라인 미국은 역사에 의미를 부여하는 데 집착하는 것처럼 느껴질 때가 있다. 어쩌면 역사에 가치를 부여하는 데 능하다고 해야 할지도 모르겠다. 즐겨 보는 텔레비전 프로그램 중에 〈히스토리 채널〉의 '전당포 사나이들'이 있다. 라스베이거스에서 3대에 걸쳐 전당포를 운영하는 가족이 손님이 가지고 온 물건들을 감정하는 내용이다. 이 프로그램을 보면서 전당포 주인들과 그 주변 전문가들의 지식에 감탄하게 된다. 물건들을 볼 때 세세한 부분들이 왜 그렇게 되었는지 설명하는 것은 물론, 그 물건이 만들어진 시기에 대한 역사까지도 줄줄이 풀어낸다.

이 프로그램의 묘미는 수십만 달러짜리 귀중품이 나올 때보다는 '이런 걸 왜 가져오지?' 하고 생각하게 되는 잡동사니 같은 물건이 등장할 때다. 창고나 다락방 구석의 먼지 구덩이에 박혀 있었을, 어쨌든 오래돼 보이긴 하는 물건들이 나오면 집중하게 된다. 무슨 기준으로 어떤 평가를 할 것인가. 내용은 다르지만 결론은 언제나 희소성과 역사성이다. 가격은 언제나 이 두 가지의 조화로 결정된다. 특히 어떤 물건이라도 역사를 논하고 의미를 부여한다. 100년도 안 된 조잡한 물건이라도 역사성이 있으면 가치가 크게 올라간다. 즉 미국에서는 역사적 가치를 중요시하는 사람들이 많다는 의미다. 백자나 청자 정도 돼야 골동품에 문화유산이라고 생각하는 우리 기준으로 보면 신기하면서도 대단하다는 생각이 든다. 가치가 매겨진 물건은 그만큼 관리하고 보존할 가능성이 높아진다. 앞으로 시간이 지나면, 미국은 세상에서 유물이 가장 많은 나라가 될지 모른다.

2013년 11월 뉴욕의 소더비 경매장에는 이번 이야기의 주인공인 《베이 시편집》이 올라왔다. 〈시편〉의 모음집은 한 자 한 자 정성 들여 옮겨 적은 필사본이 아니라 인쇄기로 찍어 낸 책인데도 불구하고 무려 1,416만 5,000달러, 한화로는 약 150억 원이라는 상상을 초월한 금액에 낙찰되었다. 그 누구도 이 책이 과대평가되었다고 생각하지는 않을 것이다. 미국에 최초로 인

2013년 11월 소더비 경매장에 등장한《베이 시편집》.
ⓒ The New York Times

쇄기를 가져오려고 한 글로버 목사의 소명, 그의 유지를 이은 엘리자베스 글로버 부인의 의지, 〈시편〉을 새로 번역한 초기 식민지 사람들의 종교적 열망. 이 모든 것들이 모여 만들어진 미국 최초의 인쇄물이 이 책이다. 그리고 최초의 인쇄기는 미국 최고의 대학교로 손꼽히는 하버드 대학교로 들어가 출판부의 초석이 됐다.

소더비에 등장한 《베이 시편집》은 희소성도 컸다. 《베이 시편집》 초판본은 약 1,700부가 인쇄됐다. 그중 400년의 세월을 거쳐 남아 있는 책은 단 11권이다. 대부분은 공공 기관이나 도서관, 개인 소장자들이 소유하고 있다. 이 책이 경매에 나올 일은 거의 없다는 말이다. 이 11권의 책 중 2권은 보스턴에 위치한 올드 사우스 교회(Old South Church)가 소장하고 있었는데, 여러 비영리단체를 후원하는 교회가 기금 마련을 위해 1권을 소더비 경매에 내놓았다.

낙찰자는 몇 년 전 〈마그나카르타〉를 낙찰받았던 칼라일 그룹의 창업자이자 회장인 데이비드 루벤스타인(David Rubenstein)이었다. 그는 〈워싱턴포스트〉 인터뷰에서 《베이 시편집》을 구매한 이유를 이렇게 밝혔다.

"이렇게 역사적인 미국의 책은 나라에서 보관해야 합니다. 이렇게 오래되고 희귀한 책이 전국의 도서관에 전시되면, 더 많은 미국인들이 이 책의 중요성을 알게 될 기회를 갖게 될 것입니다."

루벤스타인의 말대로라면,《베이 시편집》은, '그 책의 중요성을 알리기 위해' 미국 전역의 도서관을 통해 전시될 가능성이 높다. 미국 건국에는 글로버 목사 부부 같은 청교도의 희생과 신앙이 있었다는 것을 알리기 위해서다. 그리고 미국인들은 이런 강철 같은 의지를 가진 올바른 사람들의 후손으로서 자랑스러움을 느끼게 될 것이다. 미국의 역사가 짧은 건 사실이지만, 그들은 자신들의 역사에서 신화적인 순간을 찾아 더 견고한 역사로 만든다. 청교도가 자유를 찾아 미국을 건국했다는 이야기를 신화라고 비판해도, 미국인들은 여전히 이 신화를 믿을 것이다.

'마지막 연금술사'
아이작 뉴턴의 노트

— 2020년 소더비 런던, 뉴턴의 불에 그을린 노트

판타지 마니아라면 '현자의 돌(Philosopher's stone)' 혹은 '마법사의 돌(Sorcerer's stone)'이라는 이름을 들어 본 적이 있을 것이다. 판타지 세계에서 단골 소재로 등장하는 현자의 돌은 '연금술(鍊金術)'이라는 실재했던 학문에서 나온 개념이다. 연금술은 간단히 말하면 납 같은 비금속(卑金屬)을 금이나 은 같은 귀금속으로 바꾸는 기술이다. 이를 가능하게 만드는 매체가 바로 '현자의 돌'이다. 납을 금으로 바꾸는 신비한 힘을 가진 현자의 돌은 심지어 인간을 불로불사로 만드는 영약 엘릭서(Elixir)처럼 여겨지기도 했다. 가질 수만 있다면 세상을 지배할 수 있는 힘이다.

상상만 해도 가슴 뛰는 이 물질을 얻기 위해 인류는 오래 전부터 노력해 왔다. 기록상으로 현자의 돌을 처음 언급한 인물은 약 617년경 이집트 알렉산드리아의 스테파노스(Stephanos of Alexandria, 580?~640)라는 철학자였다. 스테파노스는 《금을 만드는 위대하고 성스러운 기술》이라는 책을 집필하면서 '현자의 돌'을 만드는 방법을 설명했다고 한다. 하지만 그 방법은 알 수 없다. 그의 책은 소실되었고, 스테파노스의 책에 현자의 돌 제조법이 있다는 간접 기록만 발견된 상태이기 때문이다.

스테파노스는 자신의 기술을 이슬람 세계에 전파했다고 알려진 인물이기도 하다. 연금술을 '알케미(Alchemy)'라고 부르는 이유는 아랍 지역에서 연구가 활발했기 때문이다. 알케미의 어원은 이집트인이 준비한 돌이나 엘릭서를 의미하는 아랍어 '알키미아(al-kimia)'다.

어원에서 보듯이 연금술은 이집트와도 관계가 있다. 본래 연금술은 고대 이집트에서 이미 많은 연구가 이루어졌다고 한다. 이집트의 찬란한 문화유산에서 확인할 수 있듯이, 이집트인들은 금을 비롯한 다양한 금속을 다루는 기술에 능숙했다. 이러한 기술이 서유럽 세계로 전파된 것은 기원후 1세기를 전후하여 로마가 이집트를 정복한 후 이집트가 헬레니즘 문화권으로 편입되면서부터다. 이때부터 연금술은 다양한 학자들에 의해 연구되고 발전되었는데, 로마 세계가 붕괴된 이후에는 이슬람 세계로 넘어가 발전을 거듭했다. 14세기 르네상스 시기에 이 지식들이 다시금 서유럽으로 건너올 때까지 말이다.

이 긴 연금술의 역사에서 '현자의 돌'은 궁극적인 물질로 여

17세기 판화에 표현된 중세 연금술사의 연구실.
아마도 당시 연금술사의 이미지는 '현자의 돌'로 복수의 동물이 혼합된
키메라를 만들 수도 있다는 믿음이 있었던 것으로 추측된다.

겨졌고, 이 돌을 얻기 위한 수많은 연구가 이루어졌다. 과학이 발전한 지금은 말 그대로 환상 속의 물질이 되었지만, 예전에는 진지하게 연구되는 학문이었다. 예를 들어, 6세기에 활동한 조시모스(Zosimos of Panopolis, 3C말~4C초; 생몰연도 미상) 같은 철학자는 당시의 지식을 바탕으로 금속을 설명했다. 그는 모든 금속의 본질은 동일하다고 생각했다. 그에 따르면 모든 금속은 동일한 '육체(Body)'를 가지고 있다. 육체가 있다면 '혼(Spirit)'도 있는 법이다. 금과 은이 다르고, 철과 동이 다른 이유는 육체와 혼이 다른 비율로 섞여 있기 때문이다. 금은 고귀한 혼의 비중이 높은 물질이다. 그러므로 금속에서 육체의 비중을 줄이고 혼의 비중을 늘린다면 금을 만들어 낼 수 있다! 그리고 '현자의 돌'은 바로 순수한 혼의 결정체. 설득력이 높아 보이는 이 논리는 수많은 사람들을 연금술로 끌어들였다. 우리가 계몽주의와 과학 혁명의 시대로 부르는 17세기까지.

연금술사를 흠모한 과학자, 과학자의 팬이 된 경제학자

17세기에 활동했던 조지 스타키(Georges Starkey, 1628~1665)는 당대의 대표적인 연금술사였다. 그는 미국에서 개업 의사로 활동했으며 물리학자이자 화학자이기도 했는데, 돌연 런던으로 이

주했다. 대부분의 사람들이 영국에서 미국으로 이주하던 시기에 말이다. 연금술 관련 자료나 연구 재료를 구하려면 신대륙보다는 유럽이 유리하다고 생각했던 모양이다. 흥미롭게도 그는 안티몬(Sb), 은(Ag), 수은(Hg)으로 만든 아말감에 금(Au)을 섞어서 '현자의 돌'을 만들 수 있다고 주장했다. 물론 현대에 살고 있는 우리는 스타키가 망상을 가진 사람이라고 웃어넘길 수도 있다. 하지만 조지 스타키가 '보일의 법칙'으로 유명한 로버트 보일(Robert Boyle, 1627~1691)의 지도 교수였다는 것을 알게 되면 고개가 갸우뚱해진다. 여기에 스타키를 흠모했던 한 인물의 이름을 듣게 된다면 스타키를 보는 시각이 완전 달라진다.

탁월한 수학자이자 물리학자로서 근대 과학의 아버지라고까지 불리는 인물, '만유인력의 법칙'을 발견하고 운동의 법칙을 설명함으로써 지구상에서뿐만이 아니라 우주 모든 것들의 운동 원리를 수학적으로 증명해 낸 고전 역학의 창시자 아이작 뉴턴(Issac Newton, 1642~1726). 바로 이 뉴턴은 스타키의 연구를 탐독하고 스스로가 '현자의 돌'을 만들기 위한 연구에 집착했던 또 한 명의 연금술사였다.

뉴턴이 연금술사였음을 알게 된 데에는 한 인물의 이름을 빼놓을 수 없다. 존 메이너드 케인스(John Maynard Keyens, 1883~1946), 바로 영국의 경제학자 케인스다. 거시 경제학을 정립하고 자유 방임 시장이 아닌 정부의 적극적인 개입을 주장한, 역사상 손꼽히는 경제학자인 그는 뉴턴에게 개인적으로 큰 관심을 가지고

2009년 영국 왕립학회 350주년 기념행사에서 공개된
아이작 뉴턴의 천체 망원경 도안.
합리성의 상징인 뉴턴이 연금술사라면 믿겠는가?
ⓒ Gettyimages

있었다. 그는 시쳇말로 광팬이라고 할 정도로 뉴턴의 모든 저서를 탐독하고 관련 자료를 수집했다. 특히 미출간된 뉴턴의 원고나 공개되지 않은 메모가 있다면 어떻게든 손에 넣으려고 했다.

1936년 7월 13일과 14일에 걸쳐 진행된 소더비 경매에는 세상에 알려지지 않은 다양한 뉴턴의 저술과 메모가 경매에 부쳐졌다. 포츠머스 백작(Earl of Portsmouth) 가문의 리밍턴 자작(Viscount of Lymington)의 서재를 가득 채우고 있었던 수집품들이 경매 대상이었는데, 이 경매에는 뉴턴이 남긴 다양한 저술들, 예를 들어 뉴턴이 직접 손으로 번역한 과학 저술들과 요약들, 동료 과학자들과 주고받은 편지들, 그리고 신학과 관련해 남긴 메모가 포함되어 있었다. 세상에 한 번도 공개된 적이 없었던 물건들이었다. 결혼에 관심이 없었던 뉴턴은 평생 독신이었고, 심지어 이성을 사귀어 본 적도 없다고 한다. 그런 이유로 자녀가 없었던 그의 유품은 친척들에게 넘어갔는데, 이렇게 친척들 사이를 전전하던 유품은 종손녀에게까지 도달했다. 이 종손녀는 리밍턴 자작 가문으로 시집을 가면서 이 유품들을 함께 가져갔는데, 백작 가문에게 부과된 상속세를 도저히 감당하지 못한 그녀는 이 물건들을 경매에 부치기로 결정한 것이었다.

당연히 뉴턴의 광팬이었던 케인스라면 이 경매에 참여해야 했겠지만, 안타깝게도 경매를 놓치고야 말았다. 중요한 일이 있었던 것인지, 아니면 경매가 열리는 것 자체를 몰랐는지는 알 수 없다. 나중에서야 리밍턴 자작의 서재를 처리하는 경매가 열

소더비가 사랑한 책들

>> 뉴턴 관련 저작물을 수집하던 케인스는 뉴턴이 연금술에 진심이었다는 사실을
알게 됐다. 케인스는 이를 뉴턴 탄생 300주년 행사에서 발표하려고 했다.
ⓒ Gettyimages

렸다는 소식과 그 경매 목록 중에 뉴턴이 작성한 문서들이 많
이 포함되어 있었다는 것을 알게 된 케인스는 다급히 이 물건
들을 확보하기 위해 애썼다. 결국 그는 다양한 경로로 그 물건
들을 손에 넣은 사람들에게 접촉해 웃돈을 주고 다시 구입하거
나, 자신이 소유하고 있었던 뉴턴의 물건들과 교환하는 등 엄청
난 시간과 돈을 들여야만 했다.

재미있는 것은 그가 주로 확보한 물건들이 연금술에 관련
한 것들이었다는 점이다. 예를 들어, 아브라함 야후다(Abraham
Shalom Yahuda, 1877~1951)라는 팔레스타인 출신 유대인 사업가는

케인스가 참여하지 못한 리밍턴 자작 서재 경매에 참가하여 많은 뉴턴의 물건들을 손에 넣을 수 있었다. 케인스는 그가 낙찰받은 물건들이 대부분 연금술에 관련한 것들임을 알고 그와 접촉했다. 마침 야후다가 뉴턴의 신학 연구에 깊은 관심을 갖고 있었다는 사실을 알게 된 케인스는 자신이 가진 뉴턴의 신학 관련 저작들과 교환할 것을 제안하면서, 케인스와 야후다가 서로 '윈-윈'하는 거래가 이루어지기도 했다.

케인스는 그로부터 수년간 뉴턴의 연금술 연구에 집중했다. 물리학이나 광학뿐만이 아니라 화학, 신학 등 다양한 방면에 관심을 가졌던 뉴턴이 연금술에도 관심을 가졌다는 점이 케인스의 흥미를 끈 게 분명했다. 연구를 진행하던 케인스는 뉴턴에 대해 충격적인 사실을 알게 되었다. 그저 연금술이 뉴턴의 수많은 관심사 중 하나일 뿐이라고 생각했던 그는 오히려 뉴턴이 누구보다도 연금술에 진심이었다는 사실을 알게 되었던 것이다. 아니 오히려 뉴턴은 당대 최고의 연금술사라고 보는 것이 옳았다. 그는 자신이 연구한 내용을 뉴턴 탄생 300주년이 되는 1942년에 런던 왕립학회의 기념행사에서 강연할 예정이었다. 하지만 제2차 세계대전이 발발하면서 행사는 취소됐다. 1946년에 7월에 뉴턴을 기념하는 행사가 열렸지만 케인스는 이미 3개월 전에 세상을 떠난 뒤였다. 그러나 다행히 그가 준비한 강연 원고는 남아 있어 케인스의 동생이 뉴턴 기념행사에 원고를 전달할 수 있었다. 원고의 제목은 〈뉴턴, 그 남자(Newton, the man)〉다. 케인스는 원고에서 뉴턴이 위대한 인물이었지만, 그의 삶을 돌이켜 보면 우리가 알고 있는 이미지와는 매우 다른 사람이라고 주장했다. 이 강연록에서 케인스가 밝힌 뉴턴의 진실을 정리해 보면 다음과 같다.

첫째, 뉴턴은 신학에 큰 관심을 기울이고 성서와 다양한 신학 저술들을 연구하면서 자신만의 신앙을 발전시키게 되었다. 우선 뉴턴은 기독교의 삼위일체를 부정했다. 뉴턴이 생각하기에 기독교는 유일신을 믿는 체계인데, 신의 세 가지 다른 속성을 그 체계 안에서 믿어야 한다는 것 자체가 모순이라고 생각했다. 이는 정통적인 기독교 신앙에 위배되는 믿음이었고, 당시에는 자칫하면 사형과 같은 중형에 처해질 수도 있는 심각한 범죄였다.

그럼에도 불구하고 뉴턴은 자신의 믿음을 속이지 않았다. 예를 들어, 케임브리지 대학교의 유서 깊은 삼위일체 대학 즉, 트리니티 칼리지(Trinity College)의 교수직을 맡기 위해서는 반드시 영국 성공회의 신부 서품을 받아야 했지만, 그는 서품 안수를 거부했다. 물론 어느 정도 타협은 있었다. 그에게 대학 교수직은 생계와 연구를 위해 몹시 중요했기 때문에, 서품을 받지 않고도 교수직을 맡을 수 있도록 학교로부터 특별한 허가를 받는 대신 자신의 믿음을 발설하지 않고 침묵하기를 택한 것이다. 재미있는 것은 뉴턴이 자신이 믿음에 의거하여 기독교를 해석하기 위한 개인적인 연구를 계속했다는 점이다. 이러한 점으로 미루어 볼 때 그는 기독교의 유일신에 대한 믿음을 부정하지 않았으나 당시의 정통 신학에 대해서는 비판적인 입장이었던 것으로 보인다.

둘째, 뉴턴은 연금술에 관심을 가진 정도가 아니라 아예 연금술사였다. 뉴턴은 케임브리지에 입학한 18세 무렵부터 연구실에서 자기 손으로 직접 물질들을 혼합하는 실험에 몰두했다. 그는 당시 영국의 연금술사들과 긴밀히 연락하며 연구 성과를 교환했고, 그리스어나 아랍어 혹은 라틴어 등으로 쓰인 중세의 연금술 관련 서적들을 번역하고 실험식을 해독했으며, 그 실험식을 바탕으로 자신의 연구실에서 중세의 실험 결과들을 직접 재현해 보려고 했다. 그 역시 다른 연금술사들과 마찬가지로 '현자의 돌'이 존재한다고 믿었고, 이를 만들기 위한 실험도 계속했다. 하지만 뉴턴의 연금술 연구는 성공적이지 않았던 것 같다. '현자의 돌'을 만들었다면, 뉴턴은 과학자를 넘어 역사상 최고의 위인이 되었을 테니까.

마지막으로 연금술사 뉴턴의 행적은 철저하게 은폐되고 축소되었다. 뉴턴이 남긴 논문 및 서적을 검토해 보았을 때, 그의 광학과 물리학에 관련한 연구는 전체 연구의 극히 일부에 불과하다. 뉴턴은 물리학 연구의 배에 이르는 신학 및 연금술 관련 연구들을 남겼다. 하지만 뉴턴은 매우 비밀스러운 성격이었던 데다가, 자신의 위험한 연구를 공개하고 발설하는 데에 조심스러웠다. 이러한 뉴턴의 면모는 사후에도 계속 감추어져야만 했다. 영국을 빛낸 영웅 중 한 명으로서 웨스트민스터 사원

(Westminster Abbey)에 안치된 그는 계속 위인으로 남아야 했다. 따라서 "그의 마법은 제법 잊히게 되었고", 그는 "이성의 시대의 현자이자 그 시대의 군주(the Sage and Monarch of the Age of Reason)"가 되었다.

결론적으로 케인스는 뉴턴을 이렇게 평가했다.

"뉴턴은 이성의 시대 최초의 사람이 아니었습니다. 그는 최후의 마법사였고, 최후의 바빌로니아인이자 수메르인, 약 1만 년 전에 인류의 지적 유산을 쌓아 올리기 시작했던 사람들과 같은 눈으로 가시적이고 지적인 세계를 바라보았던 최후의 위대한 정신이었습니다.(Newton was not the first of the age of reason. He was the last of the magicians, the last of the Babylonians and Sumerians, the last great mind which looked out on the visible and intellectual world with the same eyes as those who began to build our intellectual inheritance rather less than 10,000 years ago.)"

2020년 소더비에 등장한, 뉴턴의 불에 탄 노트

케인스 덕택에 뉴턴의 진면모가 드러났다. 뉴턴은 논리적이고 합리적인 사고로 무장한 과학자였을 뿐만 아니라, 판타지 혹은 마법의 세계와 가까운 연금술의 달인이었던 것이다. 우리가 뉴턴을 과학자로만 알고 있었던 이유는 바로 뉴턴 본인의 조심성 때문이었고, 동시에 뉴턴을 영국의 위인 중 한 명으로 남겨 두고자 했던 사람들의 침묵과 은폐 때문이었다.

이렇게 새롭게 밝혀진 뉴턴의 면모를 고려해 본다면, 2020년 12월에 있었던 '영국 문학, 역사, 과학, 아동 서적과 삽화들' 경매는 새로운 시각으로 이해할 수 있게 된다. 12월 1일부터 8일까지 약 일주일에 걸쳐 소더비 경매에는 찰스 다윈(Charles Darwin, 1809~1882)의 사적인 편지부터 예이츠(William Butler Yeats, 1865~1939)의 친필 메모가 담긴 서적, 토마스 홉스(Thomas Hobbes, 1588~1679)의 《리바이어던》 초판본 등 다양한 문서와 서적이 무려 230종이나 등장했다. 그리고 이 물건들은 팬데믹 상황을 고려해 모두 온라인에서 경매가 진행됐다. 소더비에 따르면, 그중 가장 관심을 끄는 물건 중 하나가 61번 경매품이었다. 앞뒤로 빼곡하게 적힌 세 장의 노트, 가장자리가 검게 그을려 온전치 못한 이 물건은, 아이작 뉴턴이 1680년경에 남긴 노트였다. 이 노트가 불에 그을린 이유는 1878년에 출판된 〈성 니콜라스 매거진(St. Nicholas Magazine, Vol 5, No. 4)〉에서 찾아볼 수 있다. 매거진은 뉴턴의 연구실에 났던 화재 사고와 관련해 이런 일화를 전하고 있다.

아이작 뉴턴 경은 자신이 20년 동안 계산한 결과가 적힌 종

>> 불이 난 뉴턴의 실험실. 아래에는 초를 넘어뜨렸을지도 모를
반려견 다이아몬드가 보인다. ⓒ alamy

이 더미를 책상 위에 올려놓았습니다. 어느 날 저녁, 그가 몇
분 동안 방을 떠났다가 돌아왔을 때 그의 작은 개 '다이아몬드'
가 촛불을 엎고 귀중한 문서에 불을 붙인 것을 발견했습니다.
그는 외쳤습니다. "오, 다이아몬드! 다이아몬드! 네가 무슨 장
난을 쳤는지 너는 거의 알지 못하느니라!(Oh Diamond, Diamond,
thou little knowest the mischief thou hast done!)"

목격담인지, 뉴턴 경이 스스로 밝힌 이야기인지는 모르겠지
만, 뉴턴의 탄식은 소통에 서툴렀다는 그의 성격을 반영한 것처

럼 보인다. 아무튼 이 노트를 정말 반려견이 태워 먹은 것인지는 알 수 없다. 하지만 이러한 사소한(?) 문제는 이 경매에 큰 영향을 미치지 않은 것 같다. 아니면 오히려 이 에피소드 덕택에 더 비싸졌는지도 모르겠다. 최종적으로 이 노트가 낙찰된 금액은 무려 37만 8,000파운드였다. 온전치 못한 상태의 노트 세 장의 가치가 거의 6억 원이라니, 어떻게 이런 일이 가능한 것일까. 뉴턴이 중력 가속도를 발견한 과정이라도 적혀 있는 것일까.

이 노트에는 엉뚱하게도 고대 피라미드와 그 측량 단위, 그리고 구약 시대의 측량 단위 등이 적혀 있었다. 노트 한쪽에는 영어와 라틴어, 히브리어를 섞어 옮겨 적은 《성경》이 있었다. 그 외의 특이점이 있다면 세 장 중 한 페이지에는 아이작 뉴턴이 남긴 서명과 그가 주로 사용하던 붉은색 밀랍 인장이 남아 있고, 다른 페이지에는 각종 치수들을 기록하고 다른 단위로 변환한 계산식이 담겨 있었다.

이 치수들은 존 그리브스(John Greaves, 1602~1652)가 남긴 《피라미도그라피아(Pyramidographia)》라는 책과 관련이 있다. 그리브스는 뉴턴이 살았던 시대의 유명한 수학자이자 천문학자였다. 그는 파도바 대학교에서 수학하던 시절에 고대 로마의 건축물과 천문학에 큰 관심을 갖게 되었는데, 아마도 고대 건축물들이 갖고 있는 조형미와 함께 건축에 사용된 기하학적이고 수학적인 면모에 끌렸던 것으로 생각된다. 이러한 학자적 관심은 결국 이집트의 고대 문명에까지 다다랐고, 이집트의 피라미드를 정밀

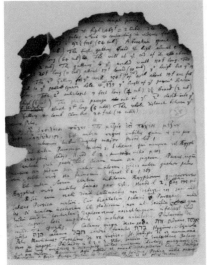
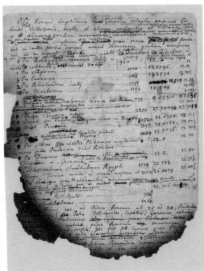
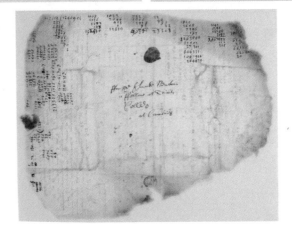

2020년 소더비 경매장에 등장한 61번 물건,
'뉴턴: 서명이 담긴 이집트 대피라미드에 관한 필사 기록'.

하게 연구하는 것을 자신의 연구 과제로 삼았다. 이렇게 탄생한 것이 바로《피라미도그라피아》라는 책이다.

이 책은 피라미드의 외부만이 아니라 내부 구조까지 상세한 설명과 함께 삽화를 제공했고, 특히 피라미드의 너비와 입구, 터널이나 내실을 측량함으로써 피라미드가 피라미드 너비의 100분의 1을 측정 단위로 만든 '왕실 큐빗(Royal Cubit)'이라는 단위로 설계되고 건설된 것임을 밝혔다. 다시 말해, 피라미드가 대충 돌로 쌓아 올린 고대 건축물이 아니라 수학적으로도 철저하게 계산되어 만들어진, 비례가 완벽하고 정교한 건축물이었다는 것이다. 바로 이 '왕실 큐빗'이라는 단위가 어느 정도의 길이인지,《성경》과 헤로도토스의 저술 등에서 등장한 고대의 다양한 측량 단위들과 어떻게 변환될 수 있는지, 그리고 파리와 라인란트, 튀르크, 페르시아 등 세계 곳곳에서 사용되는 단위들과 얼마나 다르고 어떻게 변환될 수 있는지 등을 계산한 것이 바로 소더비 경매에 등장한 61번 물건, '뉴턴: 서명이 담긴 이집트 대피라미드에 관한 필사 기록(NEWTON: Autograph manuscript notes on the Great Pyramid of Egypt)'이었던 것이다.

그렇다면 궁금해진다. 뉴턴은 왜 피라미드에 관심을 가지게 된 것일까. 소더비의 공식적인 설명은 다음과 같다. "뉴턴은 피라미드를 만들 때 사용했던 고대의 단위를 정확하게 파악하면, 만유인력의 법칙을 설명하기 위한 자신의 연구에 근거를 마련할 수 있을 것"이라 생각했다는 것이다. 1680년경 뉴턴은 이미 만유인력의 법칙을 어느 정도 정리한 상태였다. 하지만 만유인력이 법칙이 되려면 어디에서나 동일하게 적용되어야 했다. 지구와 사과가 서로 끌어당기는 것처럼, 지구와 달도 서로를 끌어당겨야 한다. 즉, 뉴턴은 지구와 달이 서로 끌어당기는 것을 증명하고 싶었다. 이를 증명하려면 지구와 달 사이의 거리를 알아야 한다. 문제는 지구의 표면에서 달의 중심까지의 거리는 관측으로 측정이 가능했지만, 지구의 반지름을 제대로 구할 방도가 없었다는 것이다. 뉴턴이 찾아낸 것은 에라토스테네스(Eratosthenes of Cyrene, B.C.276?~B.C.194?)였다. 뉴턴은 그가 구했던 25만 2,000스타디아(Stadia)라는 지구 둘레를 통해 지구의 반지름을 구하고자 했다. 그리스의 측정 단위가 이집트의 측정 단위와 맞닿아 있다면, 스타디아는 분명 피라미드를 건축할 때 사용했던 큐빗 단위와 연결되어 있을 것이라는 게 그의 추측이었다. 아마도 이를 근거로 뉴턴은 지구의 반지름을 구하고, 이를 통해 달의 중심과의 거리를 구한 후 자신의 중력의 법칙을 증명하고자 했다는 것이다.

하지만 소더비의 설명을 그대로 믿기는 어렵다. 왜냐하면 뉴턴이 중력의 법칙을 발표한 《프린키피아》는 1687년에 출간되었지만, 이미 원고는 20년 전에 완성되어 있었다는 것이 정설이기 때문이다. 1684년에 뉴턴을 우연히 만난 에드먼드 핼리(Edmund Halley, 1656~1742)의 에피소드가 이를 뒷받침한다. 핼리혜성을 발견한 과학자로 유명한 핼리는 동료 과학자들과 누가 먼저 지구의 공전 주기를 계산하는가를 놓고 내기를 했다. 그러나 핼리는 답을 찾지 못하다 결국 뉴턴에게 공전 주기 계산법을 물었는데, 뉴턴은 이미 20년 전에 계산을 끝내 놓았다고 대답했다. 핼리는 너무 어이가 없어서 근거를 달라고 했더니, 뉴턴은 주섬주섬 연구실을 뒤지다가 "20년 전에 한 거라 당장 어디에 뒀는지 바로 못 찾겠다. 곧 증명을 보내주겠다."고 약속했다. 몇 개월 후 핼리는 《프린키피아》 초고를 받았다. 원고를 보고 경악한 핼리는 곧바로 왕립학회에 연락하여 뉴턴의 이 위대한 논문 초고를 출간할 수 있도록 주선했다. 경제적인 문제로 주저하는 왕립학회에게 자신이 비용을 대면서까지 말이다.

노트를 적은 뉴턴의 의도는 소더비의 설명과는 다르다고 생각한다. 그는 자신의 증명으로 얻어 낸 이론이 고대의 여러 측정 단위와 일맥상통하는지를 확인해 보고 싶었던 게 아닐까. 뉴턴은 자신이 찾아낸 만유인력의 법칙이 신의 진리와 맞닿아 있다는 것을 증명하려고 했던 것일지도 모른다. 뉴턴이 피라미드에 적용된 '왕실 큐빗'을 노트에 옮겨 적고, 다양한 단위들과 교차 비교하면서 또한 성경의 단위인 '신성한 큐빗(Sacred Cubit)'과 연결시키려고 했다는 점이 이를 뒷받침한다.

'신성한 큐빗'은 《구약 성경》의 '솔로몬 성전'과 깊은 관련이 있다. 《구약 성경》에는 드물게도 성전의 너비와 높이 등이 상세하게 기록되어 있는데, 이때 사용된 단위가 바로 큐빗이다. 이 큐빗 단위를 하나님이 주신 단위라고 여겨 '신성한 큐빗'이라고 부른다. 뉴턴만이 아니라 궁극적인 진리를 찾는 연금술사에게 이는 매우 중요한 주제였다. 태초에 신이 있었고, 신의 진리가 아담과 노아에게 전달되면서 대홍수를 피하는 '방주'를 짓는 데 사용되었다. 배를 만들 지식과 경험이 없었던 노아가 크고 견고한 방주를 만들 수 있었던 것은 바로 신이 그 신성한 측정 단위를 허락했기 때문이었다. 이 지식은 아브라함을 통해 유대인들에게 전수되면서 '솔로몬 성전'을 짓는 데 활용되었을 것이다. 이 기술을 간직한 유대인들은 이집트에서 400여 년간 노예 생활을 했다. 아마 이집트의 재상을 지냈던 유대인 모세가 그렇게 통치를 잘했던 이유 역시 바로 이 신의 진리를 지니고 있었기 때문일 것이다. 바로 이 진리 덕택에 이집트는 그 위대한 피라미드를 건설할 수 있었으리라.

결론적으로 피라미드 건설 원리를 이해할 수만 있다면 신의 진리를 깨우치게 될 것이다. 다시 말해 피라미드를 건설할 때 사용된 '왕실 큐빗'을 '신성한 큐빗'으로 전환시킬 수 있다면, 신의 진리에 한걸음 다가가게 될 것이다. 이러한 점에서 '신성한 큐빗'은 뉴턴에게는 '현자의 돌' 혹은 '마법사의 돌'과 동의어였음이 틀림없다. 즉 연금술사 뉴턴은 자신의 이론을 수학적으로 증명하려고 한 게 아니라 '신의 섭리'임을 증명하려고 했던 것이다.

웨스트민스터 사원에
안치된 뉴턴

웨스트민스터라고 하면 사람들은 런던을 상징하는 시계탑 빅
벤(Big Ben)과 그 옆으로 길고 거대하게 자리 잡고 있는 영국
의 국회의사당(House of Parliament), 웨스트민스터 궁전(Palace of
Westminster)을 떠올린다. 그러나 웨스트민스터의 주인은 따로
있다. 그것은 바로 웨스트민스터 사원(Westminster Abbey)이다. 이
곳의 지명이 웨스트민스터가 된 것은 바로 이 사원 때문이다.
960년대에 이곳에는 베네딕트 수도사들의 작은 수도원이 자
리 잡고 있었는데, 앵글로·색슨 왕국 중 하나였던 에섹스 왕국
의 왕 에드워드(Edward the Confessor, 1033?~1066)에 의해 왕실 성
당이 지어졌다. 이후 노르만족이었던 정복왕 윌리엄(William I,
1028?~1087)이 앵글로·색슨 왕국들을 무너뜨리고 1066년 영국
의 왕 윌리엄 1세로 대관식을 연 이후부터 대부분의 영국 왕
들은 바로 이곳 웨스트민스터 사원에서 대관식을 치러 왔다.
물론 결혼식과 같은 왕실의 행사들도 바로 이곳에서 열리곤
한다. 2011년 윌리엄 왕자(William Arthur Philip Louis)와 케이트 미
들턴(Catherine Elizabeth Middleton)이 결혼식을 올린 곳도 바로 이
곳이다.

　최근에 96세의 나이로 영면한 엘리자베스 2세도 바로 이
곳 웨스트민스터 사원에 안치되었을 만큼 웨스트민스터 사원

⌄

빅 벤 바로 건너편에는 흰색의 거대한 성당이 있다.
영국 위인들의 전당, 웨스트민스터 사원이다. ⓒ Gettyimages

은 왕실과 깊은 인연을 맺고 있다. 하지만 웨스트민스터 사원은 왕족에게만 열린 곳이 아니다. 누구라도 영국을 빛낸 위인이라면, 그리고 웨스트민스터 사원의 주교가 허락한다면 누구라도 이곳에 안치될 수 있는 자격이 주어진다. 중세의 유명한 시인 제프리 초서(Geoffrey Chaucer, 1340?~1400), 진화론의 아버지 찰스 다윈, 선교사이자 탐험가로 유명한 데이비드 리빙스턴(David Livingstone, 1813~1873), 영국의 총리 글래드스턴(William Ewart Gladstone, 1809~1898), 노벨 문학상을 수상한 《정글북》의 러디어드 키플링(Joseph Rudyard Kipling, 1865~1936) 등 다양한 분야의 수많은 위인들이 이곳에 묻혀 있다. 하지만 아마도 이곳에 묻혀 있는 위인들 중 가장 유명한 사람을 꼽는다면 단연 아이작 뉴턴이다.

돈을 조금만 더 내면, 웨스트민스터 사원을 함께 돌며 상세한 설명을 전해 주는 가이드와 성당 내부를 돌아볼 수 있다. 전문 가이드 목걸이를 하고 있던 톰은 뉴턴이 묻혀 있는 무덤 앞에서 이렇게 말했다.

"아이작 뉴턴은 자존심이 엄청 강했어요. 결코 지는 것을 용납하지 않았고 고집도 엄청 셌지요. 하지만 한편으로는 남의 시선을 엄청 신경 쓰는 사람이기도 했습니다. 그러다 보니 세상과 많은 타협을 했어요. 사실 아이작은 연금술(Alchemy)과 같은 이단적인 연구도 많이 했었지만, 그런 것들은 철저하게 숨기

소더비가 사랑한 책들

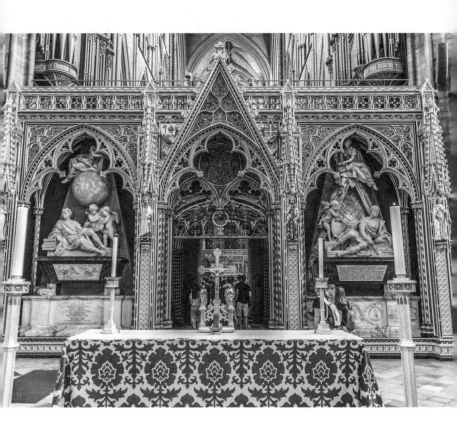

웨스트민스터 사원에 안치된 뉴턴. 왼쪽 조각상이 있는 곳에
뉴턴이 잠들어 있다. ⓒ Gettyimages

기로 마음먹었지요. 그는 스스로를 위대한 사람이라고 믿었기 때문에 반드시 웨스트민스터에 묻혀야만 했고, 그러다 보니 교회로부터 미움을 사고 싶지 않았던 것이지요. 절대 그의 신앙이나 이단적인 연구에 대해서는 비밀을 지켰습니다. 이곳에 묻히기 위해서는 주교의 눈에 반드시 들어야만 했거든요.”

뉴턴은 이단적인 면모를 가지고 있었고, 스스로가 그것을 숨기려고 노력했다는 설명이다. 하지만 뉴턴의 연금술 연구를 그저 이단으로 치부할 수 있는 것일까.

사람들은 뉴턴의 과학자적인 면모, 이성적이고 냉철한 이미지만 기억했다. 반면 뉴턴의 자료를 연구한 케인스는 뉴턴을 “최후의 마법사”라고 평가했다. 하지만 뉴턴은 철저하게 유일신을 믿는 기독교적 관점에서 《성경》과 연금술과 과학을 연구한 사람이다. 그는 자신의 모든 과학적 성과가 기독교 신의 진리와 연결된다고 믿었을 테다. 이러한 점에서 뉴턴은 누구보다도 집요한 ‘신학자’에 가깝지 않을까?

재미있게도 뉴턴의 옆에는 철저한 무신론자로 유명했던 스티븐 호킹(Stephen Hawking, 1942~2018)이 누워 있다. 지금은 뉴턴의 시대와는 다르게 신앙의 유무가 웨스트민스터에 묻힐 자격을 판가름하는 기준이 되지는 않는 것 같다. 뉴턴이 지금 시대에 돌아온다면 신학자로서 ‘신성한 큐빗’을 계속 찾으려고 할까, 아니면 온전한 과학자가 됐을까?

소더비가 사랑한 책들

구텐베르크의 사업가적 집념이 담긴
《성경》과 〈면죄부〉

— 2015년 소더비 뉴욕, 구텐베르크《성경》

워링턴(Warrington)에서 일하는 친구 폴이 가끔 런던에 출장을 오면, 펍에서 맥주를 한잔하곤 한다. 영국 수상이 얼마나 멍청한가부터 한국 정치 이야기, 넷플릭스 드라마 이야기가 안줏거리다. 하지만 뭐니 뭐니 해도 가장 열띤 토론 주제는 특정 분야의 올타임 베스트(All-time best)다. 예를 들어, NBA라면 조던(Michael Jordan)이냐 르브론(LeBron James)이냐, 아니면 3점 슛의 패러다임을 바꾼 커리(Stephen Curry)냐. 축구에선 누가 최고의 세컨드 스트라이커인가. 베르캄프(Denis Bergkamp)인가, 델 피에로(Alexandro del Pierro)인가. 세계 최고의 축구팀 뽑기도 있다. 리버풀 출신인 폴은 리버풀이 최고라고 하지만 나는 과르디올라 시절의 바르셀로나를 외친다. '역대 최고 뽑기' 주제는 결코 둘 다 동의하는 경우를 찾기 쉽지 않다. 그러다 보니 끝도 없는 이야기가 꼬리에 꼬리를 물고 계속된다. 일할 때는 퀭한 눈을 하다가 술자리에서 이런 쓸데없는 이야기에 에너지를 폭발시키는 건 만국 공통인 것 같다.

어느 날은 다분히 의도가 있는 질문을 그에게 던졌다. "역사상 유럽인이나 서양 사람들에게 가장 유명한 사람은 누구야?" 내가 기대한 답은 '콜럼버스'였다. 영어가 아직 완벽하지 못한 이방인으로서, 아니면 피식민지를 경험해 본 나라에서 온 동양인으로서 생각해 놓은 이야기의 흐름을 갖고 함정을 판 질문이었다. 내가 예상했던 것처럼 폴이 콜럼버스를 이야기하면, "왜 그 사람이 위대해?", "아메리카 대륙에는 선주민들이 있었는데 왜 신대륙 발견이라고 해?", "(너도 대영 제국 신민답게) 제국주의적 사고방식에 찌들어서 콜럼버스를 꼽은 거 아니야?" 등등, 어떤 대답을 들어도 이길 수 있는 계획을 세워 놓았다. 질문을 하는 동안 머릿속에선 이미 승리의 팡파르가 울리고 있었다.

하지만 나의 덫을 알아차린 것인지, 황당하게도 폴은 이렇게 대답했다. "누구한테 물어봐도, 구텐베르크(Johannes Gutenberg, 1400~1468)지." 전혀 예상하지 못한 대답에 머릿속이 하얘졌다. '여기서 구텐베르크를 들고 나온다고? 금속 활자를 만들었다는 구텐베르크?' 폴의 이야기가 이어졌다.

"구텐베르크 덕택에 쉽게 책을 만들어 낼 수 있었고, 덕택에 사람들이 그 책을 읽고 지식의 발전이 일어났지. 인쇄 혁명이라

소더비가 사랑한 책들

요하네스 구텐베르크.
ⓒ Gettyimages

고 하잖아. 구텐베르크가 발명한 인쇄기 덕분에 루터의 논문이 여기저기 확산되었고 종교 개혁도 일어난 거 아니겠어?" 반박할 말을 찾지 못한 나는 폴에게 역사 레슨을 들으며 맥주 한 파인트를 더 비워야 했다. 나는 역사학을 전공했고, 폴은 전기공학을 전공했는데도 말이다.

집에 돌아온 나는 폴의 말을 검증하기로 마음먹었고, 구글링을 시작했다. 구텐베르크가 놀라운 인물이고 그의 금속 활자와 인쇄술이 역사적 발명임에는 분명하지만, 과연 다른 사람들도 그렇게 생각할까? 예를 들어, 인터넷은 어떠한가? 우리는 하루라도 스마트 폰이나 노트북을 통해 SNS에 접속하지 않으면 살 수 없지 않은가? 아, 혹시 이러한 모든 것들이 가능하려면 전기가 필요할 테니, 전기의 발명이 역사상 최고의 발명 아닐까? 코비드19 시대에 살고 있는 우리들은 종두법이라든가, 최초의 항생제 페니실린을 떠올릴 수도 있겠다. 하지만 검색을 시작한 지 5분도 안 되어 나는 폴에 대한 반발심을 접을 수밖에 없었다.

2012년 〈히스토리 채널〉이 선정한 인류의 역사를 획기적으로 바꾼 혁신 중 1위. 1999년 〈워싱턴 포스트〉가 선정한 지난 밀레니엄의 가장 영향력 있는 발명. 2000년 〈뉴욕 타임스〉와 오하이오 주립 대학교가 선정한, 지난 천 년간 가장 위대하고 혁신적인 발명. 구텐베르크가 약 1440년경 발명한 금속 활자와 그 활자를 이용한 소위 '인쇄 혁명'은 앞에서 언급한 수많은 기관 및 연구 단체에서 선정한 가장 위대하고 혁신적인 발명으로 손꼽히고 있었다. 당장 구글에 '역사상 가장 위대한 발명'이라고 쳐 보라. 세 손가락 혹은 넉넉하게 봐 줘서 10위권 안에 반드시 구텐베르크의 인쇄술이 있을 것이다.

인물 순위로 보아도 마찬가지 결과를 확인할 수 있다. 1999년 미국의 케이블 채널 〈A&E 네트워크(A&E Network)〉는 지난 천 년간 가장 영향력 있는 인물 순위를 발표했는데, 여기에서도 당당히 1등을 차지한 인물이 요하네스 구텐베르크다. 위대한 뉴턴이나 다윈, 아인슈타인까지 제치고 말이다. 2021년에 〈라이프(Life)〉에서 뽑은 '세상을 바꾼 100명의 위인들(Life 100 People Who Change the World)'에도 당당히 1위를 차지하고, 그 외 각종 역사서에서 꼽은 인물에서도 항상 상위권을 차지하는 사람이 구텐베르크다.

〈히스토리 채널〉에 따르면. 구텐베르크의 인쇄기는 "하루에 3,600장의 인쇄를 가능하게 만들었고, 1500년경에는 유럽 전역에 1,000개 이상의 구텐베르크 인쇄기가 운용되고 있었으며, 1600년경에는 2억 권 이상의 새 책"이 찍히고 있었다. 이어서 〈히스토리 채널〉은 구텐베르크의 발명에 대해 이렇게 평가한다. 이 인쇄기는 "하층 계급도 살 수 있을 만한 책을 만드는 것뿐만이 아니라 새롭고도 논쟁적인 사상들을 전파할 수 있도록 해 주어 계몽주의 시대에 불을 지폈다. 게다가 1518년 마르틴 루터(Martin Luther, 1483~1546)의 추종자들은 이 인쇄기를 통해 그의 〈95개조 반박문〉을 인쇄하여 배포함으로써 종교 개혁을 촉발했고, 30년 전쟁과 같은 갈등에 박차를 가했다."

2015년 소더비 뉴욕에 등장한
8장짜리 《성경》

2015년 뉴욕 소더비 경매에서 겨우 여덟 장에 불과한 《성경》 낱장이 97만 달러, 한화로 약 10억 원이 넘는 가격에 낙찰이 되는 사건이 있었다. 하지만 너무 놀랄 필요는 없다. 이 성경 낱장은 바로 앞에서 설명한 구텐베르크의 인쇄술을 통해 탄생한 《성경》의 일부이기 때문이다. 그래서 붙여진 이름도 '구텐베르크 《성경》'이다. 《구약 성경》 중 한 권인 《에스더서》를 담고 있는 이 낱장은 이미 경매가 진행되기 전부터 엄청난 가격이 매겨질 게 확실했다. 소더비는 공식적으로 이 구텐베르크 《성경》 중 일부인 여덟 장의 《에스더서》가 50만에서 70만 달러에 낙찰될 것으로 예상했다. 고서 경매에 잔뼈가 굵은 소더비도 거의 100만 달러에 가까운 금액에 낙찰되리라고는 상상하지 못했지만 말이다.

1454년경 요하네스 구텐베르크는 독일 마인츠에서 운영하던 인쇄소에서 자신이 고안한 활자와 인쇄기로 라틴어 성경을 찍어 냈다. 이 라틴어 성경을 일컬어 구텐베르크《성경》이라 하는데, 인쇄기로 조판할 당시 한 페이지에 42줄이 되도록 배열했기 때문에 '42행《성경》'이라고도 불린다. 당시 총 180부를 인쇄했다고 하는데, 현재는 49부만이 남은 것으로 알려져 있고 그중에서도 완벽한 상태로 남아 있는 것은 21부에 불과하다. 애초에 겨우 180부밖에 찍지 않은 책이 550년 동안 21부나 온전히 남아 있는 게 이상한 일이다.

여기에는 이유가 있다. 초판본 중 약 30부 가량은 종이가 아닌 독피지(犢皮紙)에 인쇄되었기 때문이다. 독피지는 어린 송아지 가죽을 말려서 만든 기록 매체로, 양피지보다 만들기는 어렵지만 훨씬 고급이다. 구텐베르크는 몇몇 특별한 고객들을 위해 독피지에《성경》을 인쇄했던 것이다. 독피지는 종이보다 두껍고 수명이 오래가는 장점이 있었지만 너무 무거웠다. 따라서 독피지《성경》을 가진 사람들은 이동이나 보관의 편의를 위해 여러 권으로 분리하여 제본하는 경우가 많았다. 이렇게 분리되어 제본된 성경들은 세월이 지나면서 일부가 유실되거나 따로 판매되기도 했다. 완전한 상태의 구텐베르크 성경을 찾기 힘든 데에는 이런 사연이 있다.

그런데 2015년 소더비 경매에 등장한《성경》은 독피지가 아니라 종이에 인쇄된 책이었다. 일종의 보급판이라고나 할까. 그럼에도 이《성경》은 독피지에 인쇄된 성경들처럼 각각의 문헌들이 따로따로 제본되었는데, 이는 이 책이 가진 독특한 배

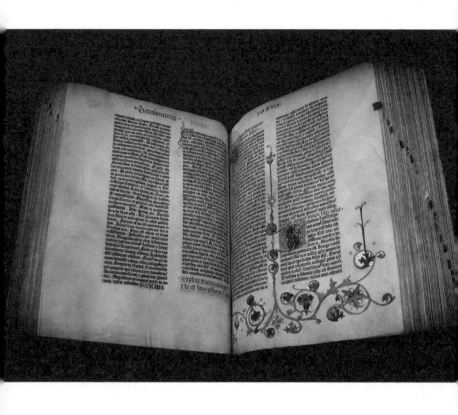

현재 49부만 남아 있는 것으로 알려진 구텐베르크 42행 《성경》.

ⓒ alamy

경 때문이다. 본래 독일 중부 헤센 주에 위치한 작은 수녀원에서 소유하고 있던 이 구텐베르크 《성경》은 바덴뷔르템베르크(Baden-Württemberg) 주 만하임(Mannheim) 지방 법원의 도서관을 거쳐 1810년까지 뮌헨(München)의 왕립 도서관이 보관하고 있었다. 오래된 수녀원이나 교회는 낡은 교회의 수선 비용을 충당하기 위해 소유하고 있던 필사본이나 고서적들을 판매하기도 했는데, 이 《성경》도 이런 이유로 뮌헨까지 흘러들어 가지 않았을까 싶다. 이 《성경》은 안식처를 찾지 못하고 1810년부터 영국의 주쉬 남작 가문(Baron of Zouche)의 손에 들어갔다가, 1920년 소더비 경매를 통해 세상으로 나온다.

이 《성경》을 낙찰받은 사람은, 어쩌면 이번 소더비 이야기의 진정한 주인공이라고 할 수 있는 뉴욕의 고서적상 가브리엘 웰스(Gabriel Wells, 1861~1946)였다. 헝가리 출신의 웰스는 유럽의 다양한 인맥을 활용하여 각종 유명 서적들을 구매하고 미국 시장에 판매하면서 고서적 시장에 이름이 알려진 수완가였다. 사실 주쉬 남작 가문이 소유하고 있던 구텐베르크 《성경》은 주인이 워낙 많이 바뀐 나머지 이미 심하게 훼손되어 있었고, 많은 부분이 유실된 상태였다. 그 상태를 본 다른 사람들이라면 아무리 구텐베르크 《성경》이라도 눈길을 돌렸을 테다. 하지만 웰스는 그 기회를 놓치지 않고 구텐베르크 《성경》을 구매했다. 고서적 전문가인 그에게는 나름의 계획이 있었다.

정확한 구매 가격은 기록에 남아 있지 않지만, 1920년 경매에서 웰스는 이 《성경》을 손에 넣었다. 그러고는 자신만이 할 수 있는 놀라운 마케팅 감각을 발휘했다. 먼저 웰스는 이 오래되고 너덜너덜한 《성경》을 《창세기》, 《출애굽기》, 《에스더서》, 《시편》, 《이사야서》 등의 낱권으로 분리했다. 그러고는 낱권으로 분리한 각각의 《성경》에 고급스러운 염소 가죽으로 표지를 씌워 꼼꼼히 장정하고, 당시 유명한 작가이자 책 수집 애호가이기도 했던 에드워드 뉴턴(A. Edward Newton, 1864~1940)에게 이 구텐베르크 《성경》에 대한 에세이를 써 달라고 의뢰했다. 뉴턴은 다섯 쪽의 에세이, 〈구텐베르크 성경 낱장, 고귀한 조각(a Noble Fragment, Being a Leaf of the Gutenberg Bible(1450-1455)〉이라는 글을 써 줬는데, 웰스는 이 에세이를 낱권으로 장정된 각 권의 서문으로 넣었다. 작업을 마친 웰스는 이 《성경》에 장당 가격을 매겼다. 상태가 완벽한 낱장은 하나에 150달러, 조금 훼손된 낱장에는 100달러를 붙인 것이다. 당시 150달러는 현재 가격으로 치면 약 2,500달러, 한화로 약 300만 원 정도였다. 한 권이었던 《성경》이 여러 권의 새로운 낱장들로 변모하는 순간이었다. 이 구텐베르크 《성경》 낱장들은 뉴턴의 에세이 덕분에 훗날 '고귀한 낱장(a Noble Fragment)'이라는 이름을 얻게 되었다.

단지 더 많은 이윤을 남기기 위해 그런 것이었는지 아니면 정말로 '고귀한' 목적이 있었는지는 알 수 없지만, 확실히 천재

소더비가 사랑한 책들

적인 마케팅이었다. 그리고 당시 대학 기관 및 박물관에게는 이 낱장들은 '고귀한' 기회였다. 그들이 소유하고 있던 구텐베르크 《성경》은 대부분 완전한 상태가 아니었기 때문이다. 그들은 이 기회를 통해 웰스로부터 자신들이 갖고 있는 성경의 분실된 부분이나 파손된 부분들을 필요한 만큼만 사서 채울 수 있었으니 양쪽 모두 '윈-윈'할 수 있는 기회였던 셈이다. 당시 고서적을 다루던 웰스는 이러한 수요가 있다는 정보를 파악하고 이런 파격적인 마케팅을 시도했던 게 아닐까?

1921년 웰스가 판매했던 성경 낱장 중에는 총 여덟 장으로 분리된 《에스더서》도 있었는데, 이것이 바로 2015년 소더비 경매에 등장한 물건이다. 웰스가 제본한 《에스더서》를 처음 손에 넣은 사람은 미국에서 대성한 유대인 은행가 모티머 쉬프 (Mortimer L. Schiff, 1877~1931)였다. 유대인인 그는 이 《성경》이 공적으로 사용되기를 바라는 마음에서, 책을 손에 넣은 바로 이듬해 뉴욕에 위치한 유대교 신학대학(Jewish Theological Seminary)에 기증했다. 하지만 이 책은 쉬프의 바람과는 달리 거의 90년에 가까운 세월 동안 도서관의 서가에서 먼지만 뒤집어썼다. 유대인 비영리 언론사인 〈포워드(Forward)〉는 유대교 신학대학의 사서이자 탈무드 교수인 데이비드 크레머(David Kraemer)의 인터뷰를 실었다.

"학자들이 이런 비히브리어 자료를 찾는 경우가 거의 없다 보니, (이 《성경》은) 90년 동안 도서관 서가에 휴면 상태로 있었

2015년 소더비 경매장에 등장한 《에스더서》.

ⓒ Sotheby's

습니다. (그러다 보니 이 《성경》은) 중요하고 그 자체로 본질적인 가치가 있지만, 도서관의 핵심 미션에 크게 기여하지는 않았습니다."

결국 재정난 속에서 교내 도서관을 보다 접근성이 뛰어난 형태로 재건축하는 프로젝트를 진행하기 위해, 유대교 신학대학은 자금 마련을 목적으로 이 《성경》을 경매에 내놓았다. 이 책이 무려 97만 달러에 낙찰되었으니, 쉬프의 바람이 조금은 달성된 게 아닐까 싶다.

구텐베르크가 가져온
인쇄 혁명

소더비에 등장한 구텐베르크 《성경》을 통해 이 책의 위상을 조금이나마 확인할 수 있었을 것이다. 그렇다면 이제 구텐베르크라는 인물로 초점을 모을 차례다. 지금은 전혀 중요성을 느끼기 어려운 인쇄술을 역사적 발명이라고 치켜세우는 이유, 그리고 구텐베르크가 지난 천 년간 가장 영향력 있는 인물로 손꼽히는 이유를 알기 위해서 말이다. 이걸 알고 나면 소더비에 등장한 《에스더서》가 달리 보일지도 모른다.

구텐베르크는 약 1400년경 신성로마제국의 자유 도시 중 하나였던 마인츠의 하급 귀족 가문에서 태어났다. 하급 귀족이라지만 부족할 것이 없었던 구텐베르크는 조폐국에서 일했던 부친의 영향으로 어린 시절부터 관련 기술을 익혔다. 그는 부친이 타계한 후 가업을 이어받아 마찬가지로 조폐국에서 일하며 화폐 주조를 비롯한 야금술 분야에서 경험을 쌓았다.

구텐베르크는 사업에 관심이 많았다. 그는 자신의 야금술을 활용해 작은 금속 거울을 만들어 아헨 대성당으로 향하는 순례자들에게 팔아 보자는 야심만만한 사업 계획을 세웠다. 아헨 대성당에서는 예수가 탄생했을 때 성모 마리아가 입었다는 튜닉을 종탑 위에서 탑 아래에 모인 순례자들에게 보여 주는 행사를 7년에 한 번씩 열었는데, 순례자들은 저 높이 걸린 튜닉을 거울로 비추어 보면 그 영험한 힘이 그 거울을 통해 전달된다는 믿음을 갖고 있었다. 구텐베르크는 1439년에 열릴 행사를 노리고 큰돈을 투자하여 거울을 제작했다. 계획대로만 되면 한몫 톡톡히 잡을 수 있었을 것이다. 하지만 불행히도 1438년에 역병이 돌았다. 행사는 연기됐고, 사업은 쫄딱 망해 버렸다.

어쩌면 당시의 실패가 역사를 바꾸는 단초가 되었을지 모른다. 구텐베르크가 거울 장사로 큰돈을 만졌다면 금속 활자는 훨씬 뒤에 나왔을지도 모르기 때문이다. 실패에도 불구하고 구텐베르크는 좌절하지 않고 곧바로 일어섰다. 그가 선택한 분야는 바로 인쇄업이었다. 1439년경 구텐베르크는 주변 사람들의 투자금을 끌어모아 새로운 사업에 뛰어들었다. 그는 조폐국에서 일할 때 익힌 야금술을 다시 한 번 활용하면서 세 가지 혁신적

소더비가 사랑한 책들

인 기술을 도입했다. 그 면면을 보면 지금의 웬만한 스타트업은 비교할 수 없을 정도로 혁신에 혁신을 더한 기술들이었다.

그가 먼저 주목한 것은 목판 활자였다. 목판 활자는 내구성이 약해서 조금만 인쇄해도 닳거나 갈라져 버렸다. 구텐베르크는 동전을 주조할 때 사용하는 기술을 떠올렸다. 동전에 초상화와 문자를 새겨 넣는 방식과 마찬가지로 알파벳을 거꾸로 새겨 이를 철판에 찍은 후 그 위에 철로 만든 주조기[1]를 입히고 합금을 부어 활자를 주조했다. 이렇게 만들어진 활자는 당연히 목판 활자에 비할 바 없이 내구성이 좋았고, 망가지더라도 철로 만든 주조기가 있었기에 다시 만들면 그만이었다.

그러나 금속 활자보다 중요한 구텐베르크의 발명은 바로 압착 기술을 활용한 인쇄기였다. 당시 인쇄는 동서를 막론하고 글을 새긴 목판 혹은 활자로 만들어진 활판 위에 잉크를 바르고 그 위에 종이를 올려 조심스레 잉크를 찍어 내는 방식이었다. 우선 활자 위에 고르게 잉크를 발라야 했고, 흐트러지지 않게 조심스레 종이를 올린 다음, 고르게 잉크가 흡수될 수 있도록 손이나 도구를 사용해서 문지르고, 마지막에는 번지지 않도록 조심스럽게 떼어 내야만 했다. 당연히 효율은 최악이었다. 숙련공이라도 인쇄할 수 있는 페이지의 수는 하루에 몇십 장이 전부였다. 구텐베르크는 이번에도 조폐국 경험을 떠올렸다. 금

---

1   활자를 주조하는 기계.

2013년 프랑크푸르트 국제 도서전에서 구텐베르크 인쇄기 복제본으로 인쇄를 시연하고 있다. 사진에서 보이는 압착 기술이 구텐베르크 발명의 핵심이었다. ⓒ Gettyimages

속에 도안을 찍어낼 때에는 강력한 힘이 필요하므로 나사 볼트를 이용한 묵직한 무게의 압착기를 사용한다. 같은 원리로 종이를 아래에 두고 반대편에는 활자가 배열된 활판에 잉크를 묻힌 후, 이를 덮은 판을 강한 압력으로 찍어 누른다면 보다 효율적인 인쇄가 가능할 것이라고 생각했다.

여기에서 구텐베르크는 한 발 더 나아갔다. 활자에 묻은 잉크가 흘러내리지 않고 종이에 효과적으로 찍히기 위해서는 잉크의 성질이 물 같이 쉽게 흐르거나 번져서는 안 됐다. 그는 이를 해결하기 위해 기름을 섞어 끈적끈적한 점성을 갖는 유성 잉크를 개발했다.

이제 활판에 활자를 배열하여 찍을 내용을 조판한 후 인쇄기에 부착하고, 끈적한 잉크를 묻혀 프레스로 찍어 내기만 하면 종이에 훌륭하게 잉크가 묻어 나왔다. 이전과는 비교할 수 없을 정도로 빠르고 간편하게 대량으로 인쇄를 진행할 수 있게 된 것이다. 한 연구에 따르면, 구텐베르크 인쇄기로 하루에 인쇄할 수 있는 페이지는 약 3,200장에서 3,600장이었다고 한다. 손으로 인쇄를 할 때는 기껏해야 하루에 40장 정도를 찍어 낼 수 있었다고 하니, 구텐베르크의 금속 활자와 인쇄기, 인쇄술 발명은 말 그대로 '인쇄 혁명'이라고 불리기에 손색이 없었다.

구텐베르크의 인쇄 혁명이 가져온 변화는 당대에는 상상하기 어려운 일이었다. 이제 유럽에서는 대량으로 서적이 인쇄되기 시작했다. 구텐베르크 이전까지 천 년간 필사본으로 만들어진 책의 수는 300만 부가 채 되지 않았는데, 구텐베르크 인쇄술이 서유럽에 퍼진 이후 겨우 100년이 지난 1550년에는 한 해에만 약 300만 권의 책이 생산되었다. 1625년이 되면 2억 권이, 1775년에는 6억 권이 인쇄되었다. 당연히 책값도 급격히 떨어졌다. 한 연구에 따르면, 네덜란드의 경우 1465년경 약 120플로린이었던 책 한 권의 가격이 1485년경에는 20~40플로린 정도로 낮아졌다고 한다. 20년 만에 책값이 무려 약 3분의 1에서 6분의 1 정도로 폭락한 것이다. 자연스레 책은 성직자와 귀족 등 소수 특권층의 전유물이 아니라 대중이 접할 수 있는 물건이 됐다.

르네상스와 종교 개혁 그리고 계몽주의의 발전이 바로 이 시기와 맞물린 것은 구텐베르크의 인쇄술이 이러한 지적, 문화적 변화의 물적 토대가 되었음을 의미한다. 예전에는 글을 읽을 수 있었던 소수 왕족이나 귀족 그리고 성직자나 접할 수 있었던 고대의 문헌들이 이제는 대중이 접할 수 있는 인쇄물이 되어 퍼져 나갔다. 대표적인 것이 바로 《성경》이다. 《성경》은 예로부터 주로 폐쇄된 수도원에서 수도사들이 자신들의 수련을 위한 방편의 하나로 필사로 제작되어 왔다. 게다가 이러한 《성경》들은 특히 양피지나 독피지에 적히곤 했는데, 양피지로 책 한 권을 만들기 위해서는 40~50마리의 양을 희생시켜야 했다. 일반인들은 평생 손에 대보지도 못할 가격이었을 것이다.

하지만 이제 구텐베르크 인쇄술 덕택에 《성경》이 대량으로 인쇄될 수 있었고, 이는 많은 사람들이 보다 《성경》을 가깝게

접하고 연구할 수 있게 되었다는 것을 의미했다. 서지학이 발달하고, 문헌학이 그 뒤를 따랐으며, 이에 따라 《성경》에 대해서도 수많은 비판적인 연구가 가능해졌다. 그 결과가 바로 마르틴 루터에서 비롯된 종교 개혁이다. 시골의 무명 사제였던 마르틴 루터는 〈면죄부〉의 판매에 대해 평소 비판적인 입장을 밝혀 왔는데, 독일의 여러 대주교 및 주교들에게 비판적인 편지를 보냈음에도 반응이 없자 그 편지를 토대로 1517년 〈95개조 반박문〉이라는 문서를 만들어 비텐베르크의 성당들 문 앞에 붙여 놓았던 것이다.

>> 마르틴 루터가 한 목공을 시켜 〈95개조 반박문〉을 교회 문에 붙이게 하는 모습을 묘사한 율리우스 휘브너(Julius Hübner, 1806~1882)의 그림. 1878년 작.
ⓒ Wikipedia

루터의 〈95개조 반박문〉은 루터 자신도 상상하지 못한 결과를 가져왔다. 루터는 〈95개조 반박문〉을 라틴어로 작성했다. 하지만 그가 성당 입구에 써 놓은 〈95개조 반박문〉은 어느새 독일어로 번역되더니 2주 만에 국경을 넘어 스위스까지 퍼져 나갔다. 결과는 우리가 역사 교과서에서 확인할 수 있는 그 내용이다. 루터가 쏘아 올린 작은 공은 유럽 세계에 일파만파 퍼져, 종교 개혁으로 이어졌다. 교회를 향했던 루터의 작은 공이 교회의 천장을 뚫고 하늘까지 닿은 것은 구텐베르크의 인쇄술 덕택이었다.

구텐베르크와 종교 개혁의
뜻밖의 연결 고리

구텐베르크의 인쇄술 덕분에 《성경》이 대량으로 인쇄될 수 있었고, 그로 인해 유럽 사회는 지적으로나 문화적으로나 엄청나게 성장할 수 있는 토대를 마련했다. 무엇보다도 종교 개혁에 큰 영향을 미쳤다. 그런데 이 엄청난 발명을 해낸 구텐베르크는 사업에 성공했을까? 그는 열심히 인쇄기를 돌리고 있었다. 구텐베르크는 쫄딱 망한 상태에서 스타트업에 뛰어들었다. 많은 돈을 끌어왔으니 빚을 갚으려면 쉴 새 없이 인쇄기를 돌려야 했을 것이다. 그리고 구텐베르크는 역시나 사업가였다. 온갖 것들을 다 인쇄기에 집어넣었다.

최근 밝혀진 흥미로운 사실이 있다. 19세기 초 한 수녀원이 해산되면서 수녀원이 보관하고 있던 각종 문서들이 하이델베르크 대학교에 매각되었는데, 그 문서들 중에 다량의 〈면죄부〉가 발견되었다. 이 〈면죄부〉들은 필사가 아니라 모두 활자로 인쇄된 것이었는데, 한 〈면죄부〉에는 1454년이라는 발행 연도가 인쇄되어 있고, 수기로 1454년 10월 22일에 구매했다고 적혀 있었다. 나머지 〈면죄부〉들도 1454년 10월 25일부터 1455년 4월 사이에 발행된 것이었다. 이 〈면죄부〉는 당시 기독교 세계를 위협하는 오스만 제국을 방어하는 막중한 임무를 맡고 있던 키프로스의 왕 존 2세(John II of Kypros, 1418~1458)에게 줄 지원금을 마련하기 위해 교황 니콜라오 5세(Pope Nicolaus V, 1397~1455)가 승인하여 발행된 것이었다.

연구자들은 이 〈면죄부〉가 마인츠 대교구에서 판매되었고 인쇄에 사용된 활자가 구텐베르크의 42행 《성경》에 사용된 것과 일치한다는 것을 밝혀 냈다. 즉, 이 〈면죄부〉들은 구텐베르크가 자신의 인쇄기로 찍어 내서 판매한 것들이었다.

교회는 인간이 지은 죄 혹은 앞으로 지을 죄를 탕감할 수 있는 〈면죄부〉라는 일종의 금융 상품을 고안했다. 죄를 짓는다는 것은 천국에 채무를 지고 있는 것이니, 천국을 대리하는 교회에 돈을 내고 채무를 갚는다는 논리다.

구텐베르크가 《성경》과 하나님 말씀과는 가장 거리가 먼 〈면

구텐베르크가 찍어 낸 〈면죄부〉

죄부〉를 찍어 낸 것은, 지금 보면 역사의 아이러니처럼 보일지 모르지만 구텐베르크에게는 그리 이상한 일이 아니었을 것이다. 인쇄 스타트업을 하기 위해 큰 빚을 짊어졌을 그에게는 생존의 문제였을 테니까 말이다. 자신의 채무를 갚기 위해서라면, 천국의 채무를 갚을 수 있는 〈면죄부〉를 찍는 일은 《성경》을 인쇄하는 것과 다를 바 없는 일이 아니었을까? 그는 자신이 만든 발명품과 그것으로 인쇄한 〈면죄부〉가 종교 개혁과 30년 전쟁의 단초가 되리라고는 상상도 하지 못했을 것이다. 그저 돈이 되는 것이라면 부지런히 인쇄기에 집어넣는 것이 그에게 주어진 소명이었다.

구텐베르크의 인쇄기가 만들어 낸 결과를 살펴보면, 그가 왜 지난 천 년간 유럽 세계 최고의 유명인으로 꼽히는지 이해할 수 있다. 인쇄기는 말 그대로 세상을 바꾸었다. 그래서 다음에 폴을 만나면 깔끔하게 패배를 인정하려고 한다. 그러고는 구텐베르크보다 200년 먼저 대한민국에서 세계 최초의 금속 활자가 만들어졌다는 사실을 알려 주려고 한다. 그리고 구텐베르크가 〈면죄부〉도 찍어 냈던 건 아냐고 물어볼 것이다. 그래야 전기공학을 전공한 폴에게 역사학 전공자로서 조금은 면을 세울수 있을 것 같으니까 말이다.

PART Ⅲ

세상을
바꾸다

영국 왕실의 흑역사가 미국의 보물이 된 사연, 〈마그나카르타〉

— 2007년 소더비 뉴욕, 〈마그나카르타〉

이러저러한 이유로 정들었던 북런던을 떠나 히드로 공항 근처의 일링이라는 곳으로 이사를 가게 됐다. 서런던에 위치한 새 동네에서 조금은 적응하게 된 어느 주말, 좋은 날씨에 산책할 만한 곳은 없는지 찾아보려고 구글 지도를 열었다. 그런데 이게 웬걸? 공항보다 조금 더 서쪽에 마그나카르타(the Magna Carta) 기념비가 떡하니 찍혀 있었다. 〈마그나카르타〉, 교과서에서 나오는 그 〈대헌장〉 말이다. 고민할 이유가 없었다. 바로 자동차 시동을 켜고 마그나카르타 기념비가 있다는 러니미드(Runnymede) 공원으로 향했다.

러니미드는 서리(Surrey) 주 북부에 위치한 에그햄(Egham) 북쪽에서 영국 왕실의 거처인 윈저성까지, 템스강 서편을 따라 넓고

길게 펼쳐진 목초지 평원이다. 내셔널 트러스트(National Trust)[1]가 확보하여 관리하고 있는 이곳은 현재는 가족 단위의 관광객들이 주로 찾는 자연 공원으로 활용되고 있다. 템스강을 따라 윈저성까지 왕복 여행하는 유람선을 탈 수도 있고, 강 한편에서는 낚시를 즐기거나 패들 보트 혹은 카약을 탈 수도 있다. 푸르게 관리된 넓은 잔디밭과 숲은 아이들과 반려견들이 뛰어놀 수 있고, 주변 습지에는 다양한 꽃과 곤충, 새를 관찰할 수 있는 학습 공간이 마련되어 있다. 히드로 국제공항에서 M25번 도로를 따라 10분 정도만 운전하면 금세 도달할 수 있기 때문에 런던에 거주하는 사람들이 쉽게 방문할 수 있는 곳이기도 하다.

지금은 매우 평화롭지만, 1215년 6월 15일 이곳 러니미드 평원에서는 존 왕(John of England, 1166~1216)이 그에게 반기를 든 귀족들에게 둘러싸여 〈마그나카르타〉에 서명하는 굴욕을 맛보아야 했다.

---

1   1895년 설립된 자선 단체로 국가의 이익을 위해서 아름다운 자연 경관을 가진 곳이나 역사적으로 의미가 있는 토지나 주택 등을 영구 보존하는 것을 목적으로 만들어졌다. 주로 역사적인 성이나 고고학 기념물, 역사적 산업 시설, 공원 및 자연 보호 구역 등을 공공의 목적으로 매입하고 거의 대부분 대중들에게 무료로 개방하며, 주로 회원 가입과 기부, 유산 증여 및 다양한 정부 기관과 지방 단체의 지원을 통해 비용이 마련된다.

러니미드 평원에 세워진
초라한 마그나카르타 기념비

러니미드 평원은 〈마그나카르타〉가 만들어진 역사적인 장소다. 하지만 그 흔적을 찾기 위해 이곳을 찾아보라고 추천하기는 어려울 것 같다. 의외로 이 역사적인 사건을 기념하는 흔적을 찾기 어려워서다. 일단 기록에 따르면, 러니미드라는 곳에서 존 왕이 서명을 한 것은 사실이긴 하지만, 그 구체적인 장소는 알 수 없다. 800년 전에 일어난 일이라는 것을 감안해도 조금 의아할 정도다. 어떤 연구자들은 이곳이 아니라 템스강 건너 동편에 위치한 앵커와이크 유(Ankerwycke Yew)에서 서명한 것이라고 주장하기도 하는데, 이는 과거와 현재의 지명이 일치하지 않을 수 있기에 가능성이 있는 주장이다.

그렇다면 기념비는 어떨까? 영국 역사상 가장 중요한 문서 중 하나라면, 당연히 거대한 박물관이라도 지어져 있지 않을까 기대할 수도 있겠다. 하지만 틀렸다. 소들이 평화롭게 꼴을 뜯고 있는 초록색 평원을 따라 울타리를 몇 개 건너 약 1마일 정도 걷다 보면, 오크 나무들이 심어져 있는 작은 언덕을 만나게 되는데 이곳에 바로 마그나카르타 기념비가 있다. 놀랍게도 여기에 이르기까지 길이 나 있는 것도 아니다. 그저 소와 소똥을 피해 초원을 걷다 보면 조그만 팻말 정도만 눈에 띄는 정도다. 구글 지도의 친절한 가이드가 없다면 여기에 기념비가 있다는

>> 마그나카르타 기념비는 길조차 제대로 없는 곳에 위치해 있다.
© Gettyimages

사실도 모를 사람들이 수두룩할 것이다.

구글 지도를 나침반 삼아 더듬더듬 도착한 곳에서 기념비를 보면 다소 충격적이다. 팔각형의 하얀 돌기둥 여덟 개가 돔 형태의 지붕을 받치고 있는, 판테온을 조악하게 본뜬 듯한 조그마한 건축물이 다. 남산 팔각정보다도 규모가 작다. 기둥이 받치고 있는 천장은 푸른색으로 칠해져 있고, 한가운데에는 판테온이 그렇듯 구멍이 뚫려 있다. 푸른색 천장에는 북두칠성을 비롯한 북반구에서 관찰할 수 있는 별자리들이 장식되어 있다. 그

소더비가 사랑한 책들

>> 천장을 둘러서 안쪽 처마에는 "법에 의한 자유를 상징하는 대헌장을 기리며,
미국 변호사 협회가 세움"이라고 음각되어 있다. ⓒ 김유석

리고 천장을 둘러서 안쪽 처마에는 "법에 의한 자유를 상징하
는 대헌장을 기리며, 미국 변호사 협회가 세움(To Commemorate
Magana Carata Symbol of Freedom Under Law, Erected by the American Bar
Association)"이라는 문구가 음각되어 있다. 한가운데에 세워진 비
석에는 캡틴 아메리카를 연상시키는 별 모양 상징 아래, 마찬가
지 문구가 새겨져 있다. '법에 의한 자유를 상징하는 대헌장을
기리며'.

곳곳에 새겨진 문구처럼 이 기념비는 1957년 미국 변호사 협

회의 후원을 받아 만들어진 것인데, 바닥을 보면 미국 변호사 협회가 이곳을 방문할 때마다 〈마그나카르타〉를 기억하는 행사를 진행하고 그 의미를 되새겼다는 문구가 새겨져 있다. 아마도 방문할 때마다 기념으로 문구를 새기는 것으로 보이는데 아직 아무런 문구가 쓰여 있지 않은 빈 바닥재가 많이 있는 것을 보면 앞으로도 미국 변호사 협회는 정기적으로 이곳을 방문할 모양이다.

재미있는 것은 기념비 바로 옆으로 몇십 미터만 걸어가면, 존 F. 케네디를 추모하는 기념비가 있다는 사실이다. 케네디가 암살당하자 영국 하원은 그를 기억하는 기념물을 만들자고 건의했는데, 이에 호응하여 엘리자베스 2세 여왕이 이곳 러니미드의 왕실 소유 토지를 미국에 일부 기증했다고 한다. 정갈하게 다듬어진 거대한 화강암 기념비에는 "암살자에 의해 살해당한 케네디를 추모하기 위해" 이 기념비가 만들어졌고 "자유의 보존과 성공을 위해 어떠한 대가도 치르겠다"는 문구가 아로새겨져 있다.

인상적인 부분은 기념비에 도달하기 위해 언덕에 만들어진 50개의 계단이었다. 이 계단은 하나의 넓적한 큰 돌 혹은 시멘트를 발라 만들어진 것이 아니라 길쭉하고 네모지게 다듬어진 작은 돌들을 촘촘하게 세워서 만들어져 있는데, 내셔널 트러스트가 제공한 설명문에 따르자면 이 작은 돌들은 민주주의를 구성하는 개인들을 의미한다. 계단은 개인들이 모여 50개의 주를

소더비가 사랑한 책들

>> 존 F. 케네디 추모비, 마그나카르타 기념비에서
얼마 떨어져 있지 않은 곳에 위치해 있다. ⓒ 김유석

>> 존 F. 케네디 추모비에 이르는 길은 작은 돌들로 이루어져 있다.
개인이 모여 민주주의를 이루는 것을 의미한다. ⓒ 김유석

이루고, 민주주의의 수호자인 미국의 대통령 존 F. 케네디에게 이르는 것을 뜻한다. 사실 개인적으로는 마그나카르타 기념비보다는 케네디 기념비가 더 나아 보였다. 그런데 이상한 게 있다. 두 기념비는 모두 미국과 관련이 있다는 점이다. 마그나카르타 기념비는 미국에서 만들었고, 케네디는 미국 대통령이다.

마침 마그나카르타 기념비 근처에서 반려견과 산책하던 중년 부부를 만나 이런저런 이야기를 나누게 되었다. 초원에 있는 소와 말들만 조심한다면, 덩치가 큰 셰퍼드와 푸들을 산책시키기에 이곳 러니미드 공원은 너무나도 좋은 장소라는 이야기를 듣다가, 자연스럽게 〈마그나카르타〉와 관련한 이야기를 나누게 되었다. 나는 한마디 툭 던져 보았다. "학교에서는 〈대헌장〉이 엄청 위대한 것이라고 해서, 커다란 박물관이라도 있지 않을까 기대했는데 생각보다는 좀 실망스럽네요. 게다가 케네디 기념비나 마그나카르타 기념비 모두 다 미국에서 후원해서 만들어진 것이라니 조금 이상해요."

그러자 개들에게 물을 먹이던 남편분이 낄낄대면서 이렇게 대답했다.

"그거야 미국 애들이나 민주주의 얘기하는 걸 좋아하니까 그렇지. 〈마그나카르타〉가 왕한테 좋을 게 뭐가 있나? 사실 여기다 왕실에서 소유하고 있던 땅들인데, 왕이 엿 먹은 일(fucked up)을 뭐가 좋다고 스스로 기념하겠어?"

이곳에 〈마그나카르타〉 관련해서는 별것 없고, 조금만 더 걸어가면 내셔널 트러스트가 운영하는 티 룸(Tea Room)이 있는데 거기 스콘이 맛있다는 말을 남기고 부부는 기념비를 떠났다. 별 생각 없이 한 말이겠지만, 남편분의 대답은 생각거리를 남겨 주었다. 왜냐하면 정말 이 러니미드 평원은 온통 '미국인들의, 미국인들을 위한' 기념 공간처럼 느껴졌기 때문이다. 대체 미국은 왜 이렇게 〈마그나카르타〉에 관심을 가진 것일까? 그러고 보니 역대급 낙찰가를 경신하면서 화제가 됐던 소더비의 2007년 〈마그나카르타〉 경매도 뉴욕에서 열렸고, 그것을 판 사람과 산 사람 모두 미국인이었다.

법과 민주주의의 초석,
〈마그나카르타〉

2007년 12월 소더비 뉴욕에 등장한 〈마그나카르타〉는 기록적인 낙찰가를 기록했다. 무려 2,130만 달러, 한화로 약 250억 원에 달하는 금액이다. 터무니없어 보이는 금액이긴 하지만 〈마그나카르타〉의 이름값을 생각하면 고개가 끄덕여질 수도 있겠다.

사회 시간이나 세계사 수업 시간에 〈마그나카르타〉를 못 들어 본 사람은 없을 것이다. 단골 시험 소재이니 말이다. 〈권리 청원〉(1628), 〈권리 장전〉(1689), 〈미국 독립 선언서〉(1776), 〈프랑스 인간과 시민의 권리 선언〉(1789) 같은 역사적 사건들의 순서

2007년 소더비 경매장에 전시된 〈마그나카르타〉.
ⓒ Gettyimages

를 뒤죽박죽 섞어 놓고 차례대로 배열하라는 문제가 떠오르지 않나? 물론 〈대헌장〉, 즉 〈마그나카르타〉는 1215년 잉글랜드의 존 왕이 승인한 문서로서, 이들 사건들 중에는 가장 먼저 발생한 사건이다. 애초에 〈마그나카르타〉가 없었다면 이후의 사건들도 없었을 일이다.

〈마그나카르타〉는 법적인 효력을 지닌 문서를 통해 왕의 권력을 제한하고 자유민의 권리를 명확하게 밝힌 인류 최초의 성과로 평가받는다. 이러한 평과 연관된 〈마그나카르타〉의 조항 몇 가지를 살펴보면 다음과 같다.

> **1조** 가장 먼저, 신의 이름과 이 헌장으로부터 확인하는 바, 나와 나의 자손들은 영구히 잉글랜드의 교회가 자유로울 것이며 그들의 권리를 완전히 향유하며 침해할 수 없는 특권을 가지고 있음을 확인하는 바이다.…
>
> **12조** 왕국 내에서는 어떠한 군역세나 보조금도 왕국의 일반 회의에 의하지 않는 한 부과되지 아니한다.…
>
> **13조** 런던시는 구래의 모든 특권 및 자유 관세권을 육상과 수상 모두에서 누린다.…
>
> **14조** …군역세나 보조금을 거두기 위해서 필요한 왕국 일반회의를 개최하려면 왕은 반드시 대주교, 주교, 수도원장, 백작 그리고 남작들에게 개별적으로 서신을 보내어 회의 참석을 요구할 것이고, 직접 토지를 부여받은 나머지 모든 사람들에

게는 지방 지사와 대리인들을 통하여 일괄 공지함으로써 회
의에 참석할 것을 요구할 것이다.…

39조 자유민은 자기와 같은 신분의 동료에 의한 합법적 재판
또는 국법에 의하지 않는 한 체포, 감금, 재산의 박탈, 법적 보
호를 받을 권리를 박탈, 추방 또는 그 외의 어떠한 방법에 의
하여서라도 지위가 침해되지 아니하며, 직접적으로나 간접
적으로나 강제로 집행하지 않는다.

〈마그나카르타〉는 폭력과 야만의 시대였던 13세기 초에, 봉
건 계급의 정점에 있던 왕의 권력을 제한하고, 교회와 도시, 더
나아가 자유민의 권리를 왕으로부터 승인받은 문서다. 당대의
분위기를 감안하면 법과 민주주의의 초석이라는 이 문서는 기
적 같이 느껴지기도 한다. 유네스코에서는 〈마그나카르타〉를
이렇게 평가하고 있다.

영국 역사에서 가장 유명한 문서. … 영국의 자유, 그리고 법과
민주주의의 초석이라고 여겨지기도 하는 이 유산은 전 세계
적으로 영향을 끼쳤다. … 〈마그나카르타〉에 나오는 구절은 프
랑스 혁명과 미국 〈헌법〉 등의 문서를 거쳐 1948년 〈세계 인권
선언〉에서까지 찾아볼 수 있다. … 오늘날 전 세계적으로 자유
와 민주주의의 상징이 되어 있다.

소더비가 사랑한 책들

이러한 평가가 나오게 된 배경을 알아보기 위해서는 약 800년 전 잉글랜드의 왕이었던 존이 어떤 사람이었는지 살펴볼 필요가 있다. 일단 존 왕은 즉위 전부터 인기가 없었다. 여러 가지 이유가 있었겠지만, 가장 큰 이유는 자신의 형 리처드 1세(Richard I of England, 1157~1199)가 너무나 대단한 인물이었기 때문이다. 리처드 1세는 '사자심왕(the Lionheart)'이라는 별명을 가진 중세 유럽 최고의 전략가이자 십자군의 영웅이었다. 살라딘(Saladin, 1137?~1193)에 맞서서 연전연승을 달렸던 사자심왕은 그 시절 모든 이들의 영웅이자 아이돌이었다. 하지만 존 왕은 형이 십자군 원정을 나간 사이에 왕위를 집어삼키려 했던 협잡꾼 정도로 보였다. 실제로는 존이 왕실을 지키기 위해 나름 노력했다는 사실은 알려지지 않았다.[2]

리처드 사후 왕이 된 존은 교회와 불편한 관계를 맺었다. 그는 캔터베리 대주교 임명 문제로 교황 인노켄티우스 3세(Pope Innocentius Ⅲ, 1160~1216)와 대립했는데, 캔터베리 대주교는 잉글랜드에서 가장 서열이 높은 성직자다. 존 왕은 자신에게 가까운 인물을 대주교로 삼아 전체 교회의 인사와 자원 문제에 영향력을 끼치고 싶어 했다. 하지만 교황 입장에서 존의 행동은 월권

---

2   존 왕이 〈마그나카르타〉의 이미지로 인해 지나치게 악하고 무능하게 그려졌다는 연구들도 존재한다. 가장 최근에 참조할 만한 연구로는 런던 세인트 폴스 스쿨(St. Paul's School)의 역사학부 학장인 그레이엄이 2012년 출간한 《King John: An Underrated King》이 있다.

왕권을 강화하기 위해 교황과 대립한 존 왕.
ⓒ Gettyimages

이었다. 위계가 확실한 가톨릭 세계에서 대주교 임명 문제는 교황이 절대 놓을 수 없는 권력이었고, 잉글랜드에 자신의 영향력을 미치기 위한 수단이었다. 화가 난 교황은 잉글랜드 전체에 성무(聖務)를 정지하고 더 나아가 존 왕을 파문하기까지 했다. 나름 고집이 셌던 존도 물러서지 않았다. 그는 성직자들의 재산을 몰수하고 교회로 들어오는 수입을 국가로 돌리는 등의 방법으로 보복했다.

그러자 교황은 가장 큰 카드를 던졌다. 당시 프랑스 왕 필리프 2세(Philippe II, 1165~1223)는 잉글랜드를 침공하려는 계획을 세웠는데, 교황이 이를 공개적으로 지지했던 것이다. 버티고 버티던 존 왕은 결국 백기를 들 수밖에 없었다. 그는 상징적으로 잉글랜드의 모든 땅을 교황에게 봉헌한다는 항복 메시지를 보냈고, 교황은 존 왕을 용서한다고 응답하면서 휴전이 이루어졌다. 이러한 존의 무능 때문에 그의 권위는 바닥으로 떨어졌다. 그의 봉신들은 타국과 전쟁이 일어나도 그와 함께하기를 거부하기 일쑤였고, 심지어는 크고 작은 반란 계획이 드러나기도 했다. 게다가 민심은 파탄에 이르렀다. 교회가 성무를 중단한 동안 백성들은 세례를 받을 수도, 혼인을 치를 수도 없었다. 장례식 때도 성사를 받지 못한 채 망자를 떠나보내야 했다. 성사를 받지 못하면 꼼짝없이 지옥에 간다고 믿었던 중세 기독교 세계관에서 존 왕은 지옥의 사자 같은 존재였을 것이다.

그러나 결정적으로 존 왕이 최악의 평가를 받은 이유는 따로

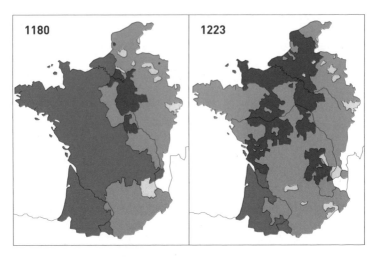

>>1180년 존 왕이 상속받은 프랑스 내의 영토(빨간색 부분)는
1223년에 대부분 잃어버렸다.

있다. 유럽 대륙의 모든 땅을 잃었기 때문이다. 오죽하면 실지왕
(失地王, Lackland)이라는 별명이 붙었을까. 당시 잉글랜드 왕은 잉
글랜드보다 프랑스에서 소유하고 있는 영토가 훨씬 컸다. 존과
리처드 1세의 아버지인 선왕 헨리 2세 시기에 그 영토가 최대에
달했는데, 이전부터 갖고 있던 노르망디와 앙주 지역에 더해, 결
혼을 통해 획득한 아키텐, 사돈을 맺어 얻게 된 브르타뉴까지, 프
랑스 왕국의 반 이상이 모두 잉글랜드 왕의 영토였다. 그러나 존
왕은 재위 기간 중 부족한 정치력과 외교술, 계속된 전쟁 패배로
인해 남부의 가스코뉴 지방을 제외한 대부분의 영토를 잃어 버
렸다. 특히 그가 빼앗긴 아키텐 지방은 워낙 풍요로운 생산력을

소더비가 사랑한 책들

자랑하는 곳이어서, 여기에서 나오는 수입이 잉글랜드 전체와 맞먹을 정도였다고 하니, 존은 영토를 잃어버림과 동시에 왕으로서의 입지와 권력에도 큰 손실을 입은 것이었다.

이런 상황에서도 무능한 존 왕은 빼앗긴 땅을 되찾겠다며 끊임없이 잉글랜드의 귀족들과 자유 도시에 전쟁 부담금을 요구했다. 처음에는 귀족들도 마지못해 전쟁 부담금을 마련해 주었다. 그러나 수년에 걸친 전쟁 결과 땅을 되찾기는커녕 프랑스 왕국 내의 영지들을 다 잃게 되자 귀족들의 인내심도 바닥으로 떨어졌다. 여기에 막판에는 존 왕이 귀족들에게도 세금을 걷겠다고 하자 귀족들도 더 이상 참을 수 없었다. 결국 귀족들은 세금을 낼 수 없다며 존 왕에게 반기를 들었다. 귀족들에게 밀린 존 왕이 그나마 처형을 면할 수 있었던 것은 반란군을 지휘한 귀족들이 마지막 선을 넘지 않았기 때문이었다. 다만 그들은 왕에게 문서를 내밀었다. 이것이 바로 〈자유 헌장(Charter of Freedom)〉, 훗날 〈마그나카르타〉라고 부르게 될 문서였다. 존 왕에게 선택지는 없었다. 당장 목이 날아가지 않으려면 그 문서를 승인할 수밖에 없었다. 그러니 〈마그나카르타〉는 왕이 스스로 아량을 베풀어 관대한 약속을 한 헌장이라기보다는 귀족들에 대한 항복 문서였다고 보는 것이 사실에 가깝다.

하지만 존은 존이었다. 〈마그나카르타〉에 서명하고 풀려나자 교황에게 편지를 써서 자신에게 반란을 일으킨 귀족들을 고발했다. 존 왕과 이미 화해했던 교황이 보기에 존이 서명한 항

〈마그나카르타〉에 사인하는 존 왕.
사실 서명이 아니라 인장을 찍었다.
ⓒ Gettyimages

복 문서는 너무 위험해 보였던 것 같다. 지상의 주인인 왕과 하늘의 주인을 대리하는 교황, 이 두 권위는 누구도 넘볼 수 없는 것이어야 했다. 교황은 존 왕을 지지했고, 귀족의 강압에 의해서 인정된 이 문서는 매우 위해하며 따라서 무효임을 선언했다. 교황의 지지를 얻은 존과 존의 사후 왕위에 오른 헨리 3세(Henry III, 1207~1272)는 기세를 몰아 프랑스와 연합한 반란군을 괴멸시켰다. 운 좋게도 당시 헨리 3세의 곁에는 리처드 1세만큼이나 강력한 기사로 손꼽혔던 윌리엄 마셜(William Marshal, 1146~1219)이 있었기에 가능한 일이었다. 이런 이유로 〈마그나카르타〉는 곧 유명무실한 문서가 되고 말았다.

그렇다고 해서 〈마그나카르타〉의 의의가 완전히 사라졌던 건 아니다. 훗날 헨리 3세의 아들 에드워드 1세(Edward I, 1239~1307)는 1297년, 자신의 조부가 처음 서명했던 〈마그나카르타〉의 내용을 축소해서 승인했다. 핵심은 세금이었다. 이후 왕이 세금을 거둘 일이 있으면 기사와 도시 부르주아, 성직자로 구성된 의회의 조언을 구하고, 그들의 동의를 받아야 한다는 일종의 타협안이 만들어진 것이다. 그런데 사실 이는 새로운 것이 아니었다. 〈마그나카르타〉 이전에도 왕이 세금을 거두기 위해서는 영지에서 실제로 돈을 취할 권리가 있는 귀족들과 돈을 버는 자유 도시의 눈치를 보는 게 관습이었다. 다만 존 왕이 너무 무능하고 눈치도 없었던 게 문제였다. 당시에 〈마그나카르타〉는 관습을 문서화 것 이외에 큰 의의는 없었다.

이렇게 존재감이 별로 없었던 〈마그나카르타〉는 17세기에야 다시 주목받기 시작했다. 1625년 잉글랜드와 스코틀랜드 왕위를 물려받게 된 찰스 1세는 당시 프랑스를 비롯한 대륙에 유행하고 있던 왕권신수설에 심취해 있었다. 절대 왕정을 뒷받침하는 이 달콤한 이론을 실현시키고 싶었는지, 그는 금기를 범하고 말았다. 의회를 무시하고 전쟁에 필요한 세금을 걷으려 했고, 나중에는 의회까지 해산하려고 한 것이다. 이때 날뛰는 왕을 막아서고자 다시 〈마그나카르타〉가 등장했다. 이를 근거로 다시 한 번 찰스 1세에게 승인을 요구했던 문서가 바로 〈권리 청원〉이었고, 이는 훗날 청교도 혁명의 정당성을 뒷받침하는 근거가 되었다. 이후 찰스 1세는 존 왕처럼 또다시 〈권리 청원〉을 무시했다. 하지만 그 결과는 존 왕과는 달랐다. 찰스 1세는 반란을 제압하기는커녕 목이 떨어졌다.

바다 건너에서 부활한
〈마그나카르타〉

다시 한 번 〈마그나카르타〉 등장한 것은 영국이 아니라 바다 건너 미국에서였다. 18세기 영국은 여전히 전쟁 중이었다. 프랑스와의 7년 전쟁(1756~1763), 그리고 프렌치-인디언 전쟁(1754~1763)은 영국의 재정을 거덜 나게 만들었다. 재정 문제에 부딪혔을 때 해결 방법은 언제나 하나로 수렴한다. 세금이다. 영국령 서인도 제도 이외에서 수입되는 설탕이나 당밀에 무지막지한 중과세를 부과한다든가 아예 수입을 금지하기도 했고, 특정 산업에는 투자를 금지해 모두 본국에서 수입하도록 만들기도 했다. 특히 식민지에 유통되는 모든 종이에 인지를 붙여야 한다는 인지세가 1765년에 부과되자 식민지는 부글부글 끓기 시작했다. 이후로도 영국 의회는 끊임없이 식민지에서 수입하는 차와 종이, 도료 등에 세금을 부과하기 시작했다. 견디다 못한 식민지는 마침내 독립이라는 마지막 카드를 꺼내야만 했다.

이때 식민지인들이 영국 본국에 대항하는 명분이 바로 〈마그나카르타〉였다. 왕국에서 세금을 거두려면 의회의 동의를 얻어야 한다. 그런데 영국 의회에는 식민지를 대표할 사람이 없다. 즉, 식민지는 왕국의 일부이지만 의회에는 자신들의 대표가 없으므로 세금을 거둘 수 없다는 논리다. 여기서 그 유명한 "대표 없이 과세 없다."는 말이 등장한다. 이렇게 1215년 이후로 유명무실해졌던 〈마그나카르타〉는 대서양 건너 미국에서 갑자기 금과옥조의 문서로 재탄생한다.

이제 미국에서 〈마그나카르타〉는 영국에 대항하는 무기가 된다. "자유민은 합법적 재판 또는 국법에 의하지 않는 한 체포, 감금, 점유 이탈, 법익 박탈, 추방 또는 그 외의 어떠한 방법에 의하여서라도 자유가 침해되지 아니한다."는 〈마그나카르타〉의 39조는 '자유'를 찾아 식민지에 정착한 미국인들의

THE DESTRUCTION OF TEA AT BOSTON HARBOR.

영국이 식민지에 지나치게 세금을 많이 부과하자 북미 식민지인들이
인디언으로 위장하여 보스턴 항에 정박한 배에 실려 있던 홍차를 바다에
던져 버렸다. 소위 1773년 12월 16일 보스턴 차 사건이다.
위 그림은 나다니엘 커리어의 1846년 작 석판화다.
ⓒ Wikipedia

권리를 명시한 것으로 여겨졌고, 독립을 염원하는 그들에게 큰 울림을 주었다. 〈독립 선언문〉을 작성하는 데 참여했던 어떤 대표는 실제로 선언문을 작성하기 전 〈마그나카르타〉를 정독했다고도 한다.

사실 〈마그나카르타〉에 적혀 있는 '자유민'의 의미는 지금 우리가 사용하는 개념과는 전혀 달랐다. 13세기 유럽의 자유민은 성직자와 귀족, 그리고 도시에 거주하며 거주와 이주의 자유를 가지고 있던 일부 자유 시민들이었다. 이들을 제외한 8할 이상의 사람들은 영지를 벗어나지 못한 채 농사와 군역을 지는 농노에 가까운 사람들이었다. 즉, 〈마그나카르타〉는 모든 사람들의 권리를 보호하는 문서가 아니었다는 말이다.

하지만 미국 식민지 사람들은 〈마그나카르타〉를 오독했다. 아니 일부러 오독해야만 했다. 18세기 말 미국 독립 시기 〈마그나카르타〉는 성직자나 귀족, 그리고 도시 부르주아라는 소수 특권층의 권리를 담은 문서가 아니라 모든 인간 일반의 권리를 담은 문서가 되었고, 그래야만 했다. 심지어 독립 시기 미국인들은 헌법 위에 궁극적으로 〈마그나카르타〉가 있다고 생각했다. 마치 자연법처럼 말이다.

〈마그나카르타〉에 얽힌 역사를 훑어보면, 왜 미국인들이 마그나카르타 기념비를 세우고 정기적으로 방문하면서까지 기념하는지 이유를 이해할 수 있다. 미국인들에게 총이 독립을 가져온 물리적인 힘이었다면, 〈마그나카르타〉는 영국의 지배에서 벗어나기 위한 사상적 원천이 되어 주었다. 미국인들이 〈마그나카르타〉를 오독하지 않았다면, 무엇을 위해 싸워야 하는지 합의하는 데에도 큰 에너지를 쏟아야 했을지 모른다.

2007년
소더비 그 후

이제 다시 소더비 이야기를 해 보자. 정확히 말하면, 2007년에 소더비 뉴욕에 등장한 〈마그나카르타〉는 1215년에 존 왕에 의해서 서명된 문서는 아니다. 1215년 원본은 현재 총 4부가 존재하는데, 2부는 링컨 대성당과 솔즈베리 대성당에서 보관하고 있고, 나머지는 영국 도서관이 소장하고 있다. 경매에 올라온 〈마그나카르타〉는 1297년 에드워드 1세가 약간의 수정을 가한 후 최종 승인한 원본 중 하나로, 여러 부가 만들어져 귀족들과 자유 도시에 배포되었던 것이다. 문서 아래에 메달처럼 달려 있는 것은 에드워드 1세가 사용했던 밀랍 인장이다. 1297년 버전은 현재 17개가 존재하는 것으로 알려져 있는데, 개인 소유품은 이 소더비 뉴욕에 등장한 문서가 유일하다. 존왕이 서명한 원본이 아니라고 해도 역사적 가치가 큰 물건임에는 변함이 없다.

이 〈마그나카르타〉는 미국의 억만장자 로스 페로(Ross Perot,

1930~2019)가 설립한 페로 재단(Perot Foundation)이 영국의 작위 귀족 브루데넬 가문(Brudenell Family)으로부터 1984년에 구입한 것으로, 대서양을 건너 미국 땅에 도착한 이후 1988년부터 지금까지 워싱턴 소재 국립문서보관소(National Archives and Records Administration)에 전시되고 있었다. 페로 재단은 의료 연구와 공공 교육 등의 지원 자금을 마련하기 위해 이 사본을 매각하기로 결정했고, 소더비를 통해 경매를 진행하기로 했다. 이 소식을 들은 또 다른 억만장자이자 칼라일 그룹의 CEO 데이비드 루벤스타인(David Rubenstein)이 2007년 소더비 경매에 참가하여, 무려 2,130만 달러라는 놀라운 가격에 낙찰받았던 것이다. 루벤스타인은 2014년 〈내셔널지오그래픽〉과의 인터뷰에서 자신이 〈마그나카르타〉를 구매한 이유가 "돈" 때문이 아니라 "애국심" 때문이라고 밝혔다.

> "제가 보는 애국심은 이러한 자유와 관련된 문서를 구입하고, 이들을 복원하는 데 도움을 준 다음, 궁극적으로는 미국 국민들에게 제공하는 것입니다. 그들은 이제 국립기록보관소에 가서 〈마그나카르타〉를 볼 수 있고, 항상 거기 있다는 데에 안심할 것입니다.(My idea of patriotism is to buy these documents of freedom, help restore them, then ultimately give them to the American people. They can go to the National Archives now to see the Magna Carta and feel comfortable that it's always going to be there.)"

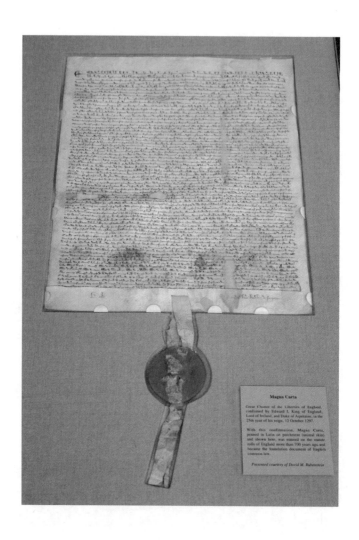

미국 국립기록보관소에 전시된, 루벤스타인이 낙찰받은 〈마그나카르타〉.
© Gettyimages

뉴욕에서 엄청난 가격에 팔린 〈마그나카르타〉를 보면, 영국과 미국이 〈마그나카르타〉를 대할 때의 온도 차가 느껴진다. 물론 영국에서 〈마그나카르타〉를 무시하는 것은 아니다. 영국에서도 〈마그나카르타〉의 중요성을 인정하고, 영국의 오랜 의회주의와 법치 전통을 상징하는 역사적인 문서로 기억하고 있다. 다만 재미있는 것은, 소더비 런던에서는 이제껏 〈마그나카르타〉가 단 한 번도 경매에 오른 적이 없다는 점이다. 오히려 바다 건너 뉴욕에서 더 관심을 보이고 상상을 초월하는 가치를 매기고 있다. 물론 영국의 모든 〈마그나카르타〉 판본은 공적 소유물이기 때문에 판매 대상이 될 수는 없다. 하지만 만약 이 문서가 런던의 소더비에 등장한다면 과연 영국인들은 얼마까지 부를 수 있을까.

　어쨌든 미국인들이 〈마그나카르타〉를 대하는 태도는 유별나다. 〈마그나카르타〉를 초고가에 사들여 화제를 불러일으키고는, 그것을 '미국인들의 애국심'을 위해 전시한다. 세계대전에서 영국을 구해 낸 뒤에는 영국 왕실로부터 땅을 기증받아 마그나카르타 기념비를 만들더니, 그 옆에는 '민주주의의 상징'이 된 자국 대통령의 추모비까지 세웠다. 그러고는 정기적으로 이곳을 방문해서 기념행사까지 열고 있다.

　미국인들의 이 일련의 행보를 보다 보면, 〈마그나카르타〉를 기념하는 것보다는 영국 왕실을 엿 먹이는(fucked up) 데 진심이라서 이러는 게 아닐까 하는 의심이 들 정도다. 마그나카르타

>> 안내 표지판 하나 없는 마그나카르타 기념비 가는 길. ⓒ 김유석

기념비로 향하는 안내 표지판 하나 찾기 힘든 러니미드 평원을
걷다 보면, 그렇게 믿고 싶어진다.

소더비가 사랑한 책들

〈귀족들의 문서〉가
〈마그나카르타〉가 되기까지

∨

중세 라틴어로 마그나(magna)는 위대하다(great), 카르타(carta)는 문서 혹은 헌장(chart)이라는 의미다. 마그나카르타란 말 그대로 '위대한 문서' 혹은 '위대한 헌장'이라는 뜻이 된다. 〈마그나카르타〉에 대한 가장 큰 오해 중 하나는 이 문서가 존 왕이 서명했을 때부터 '마그나카르타'로 불렸을 거라는 생각이다. 그리고 이 문서에 대한 또 다른 오해는 이 헌장이 워낙 세계사적으로 중요해서, 혹은 정치적인 의미가 대단해서 '마그나카르타'로 불린다고 믿는 것이다.

하지만 진실은 전혀 다르다. 마그나카르타는 목이 날아갈 위기에 처한 존 왕이 귀족들을 달래기 위해 맺은 약속이었다. 존 왕은 귀족들로부터 풀려나자마자 교황에게 달려가 이 헌장이 무효라고 항변하지 않았던가. 이러한 문서에 처음부터 '위대하다'는 칭호가 붙여졌을 리가 없다. 사실 이러한 이름이 붙었던 것은 당시에 만들어진 또 다른 헌장이 있었기 때문이다.

1215년 귀족들의 강압에 의해, 어쩔 수 없이 후일 〈마그나카르타〉로 불리게 될 문서에 서명했던 존 왕은 얼마 지나지 않아 문서의 추인을 거부한 채 다시금 귀족들에게 반격을 개시했다. 귀족들은 약속을 깬 왕에게 분노했다. 그러고는 아예 존 왕을 폐위시키고 프랑스의 왕세자 루이(Louis Ⅷ, 1187~1226)를 데려와 잉글랜드 왕으로 삼자고 마음먹었다. 혈연이 얽히고설킨 유럽에서는 이상한 일은 아니었다. 당연히 프랑스 왕실도 반기며 영국으로 군대를 보냈다.

영국 해협을 건넌 루이는 자신을 지지하는 잉글랜드 귀족들과 함께 런던을 점령하고 스스로 잉글랜드 왕위에 올랐다. 황급히 도망친 존 왕은 아주 곤란한 상황이었다. 존 왕을 싫어하는 귀족들이 워낙 많아 발붙일 곳이 마땅치 않았기 때문이다.

〈삼림 헌장〉과 〈귀족들의 문서〉

그러나 존 왕에게는 비장의 카드가 있었다. 기사 윌리엄 마셜이었다. 속설에 따르면, 마셜은 사자심왕 리처드 1세와 일대일로 붙어 이긴 적이 있다고 할 정도로 강한 기사였다. 게다가 그는 충성심도 대단했다. 존 왕은 인기가 없었지만 기사도의 대명사였던 마셜은 따르는 병사들이 많았다. 마셜은 이들과 함께 침략자에게 반격을 가했다.

그러던 중 존 왕이 급사해 버렸다. 왕위는 아홉 살이 된 존 왕의 아들인 헨리 3세에게로 넘어갔다. 어린 왕에게는 섭정이 필요했다. 가장 강한 기사이자 충신인 윌리엄 마셜이 섭정을 맡을 수밖에 없었다. 한편 존 왕이 사라지자 반란군의 명분도 약해졌다. 게다가 최강의 기사 마셜은 반란군에게 큰 부담이었다. 이런 상황에서 1217년 5월 20일 반란군과 윌리엄 마셜은 마지막 결전, 링컨 전투를 벌인다. 당시 70세였던 마셜은 900명가량의 병사를 이끌고 선봉으로 나서 전투를 지휘했고, 1,600명에 달하는 반란군을 물리치며 헨리 3세에게 승리를 안겼다.

최강의 기사 마셜은 정치력도 뛰어났다. 헨리 3세의 섭정인 그는 반란군을 억압하기보다는 유연한 태도를 보임으로써 다시금 그들이 헨리 3세에게 충성할 수 있도록 유도했다. 불필요한 싸움을 이어 나가기보다는 최대한 빨리 평화와 안정을 되찾고자 한 것이다. 이런 이유로 존 왕이 거부한 〈마그나카르타〉는 다시금 협상 테이블에 올랐다. 그러고는 반란군들의 요구를 반영하면서도 지나치게 왕권을 제약하는 부분들을 삭제하는 협의를 이끌어 냈다. 반란군이 옹립한 프랑스의 루이는 자연스레 잉글랜드의 왕권을 주장할 명분이 사라졌고, 헨리 3세는 다시금 반란군들의 충성심을 얻어 내며 잉글랜드를 통합할 수 있었다.

한편 이 회의에서는 〈마그나카르타〉 이외에 또 다른 헌장이

왕과 귀족들의 삼림 소유를 제한하고 평민들의 관습적 권리를 인정한
〈삼림 헌장〉. 이 문서 때문에 〈귀족들의 문서〉가 〈마그나카르타〉로
이름이 바뀌었다. ⓒ British Library

만들어졌다. 바로 〈삼림 헌장(the Charter of the Forest)〉이라는 문서다. 원래 잉글랜드의 평민들은 영지 주변의 삼림에서 식량이나 약초를 구해 어려운 생계에 보태곤 했다. 그런데 11세기에 노르만족이 브리튼섬을 정복한 이후 상황이 달라졌다. 정복자들은 왕의 소유지라는 이유로 숲에 울타리를 치고 왕과 귀족들만의 사냥터로 만들었던 것이다. 13세기에는 이런 사냥터가 전국 삼림의 3분의 1에 이르렀다고 할 정도였다. 〈삼림 헌장〉은 이러한 왕과 귀족들의 삼림 소유를 제한하고, 공유지를 이용하지 않으면 생계를 꾸리기 어려운 평민들의 관습적 권리를 인정하는 문서였다.

〈마그나카르타〉는 바로 이 〈삼림 헌장〉과 구분하기 위해 붙여진 이름이다. 귀족들이 존 왕에게 들이민 문서의 원래 이름은 〈귀족들의 문서(Articles of the Barons)〉였다. 그런데 1217년 협상 테이블에 공유지 삼림에 대한 평민들의 권리를 되찾아 준 〈삼림 헌장〉과 〈귀족들의 문서〉가 올라오자, 〈귀족들의 문서〉는 '보다 고귀한 이들'의 권리를 보장하는 문서라는 의미에서 '위대한 헌장', 즉 〈마그나카르타〉라는 이름이 붙여졌다.

러니미드 평원에 새겨진 모순의 타임라인

러니미드 유원지의 강변에는 동상이 하나 서 있다. 너무 이상적으로 표현된 나머지 가까이 가서 누구인지 이름을 보지 않으

러니미드 공원에 세워진 엘리자베스 2세 여왕의 동상.
ⓒ 김유석

>> 1014년 애설레드와 위탄의 협약. ⓒ 김유석

면 엘리자베스 2세라는 것을 알 수 없는 이 묘한 동상은, 2015
년 〈마그나카르타〉 800주년을 기념하여 정부의 지원을 받아 만
들어졌다고 한다. 이 동상의 건립을 후원한 영국 하원의 표현에
따르면 이 동상의 상징적 의미는 "〈마그나카르타〉를 서명한 존
왕과 (이를) 승인하여 배포한 에드워드 1세로부터 현재 국왕 엘
리자베스 2세 여왕까지, 〈마그나카르타〉가 상징하는 자유는 영
국을 통치하는 국왕과 뗄 수 없는 관계"라는 것을 보여 주기 위
함이라 한다.

이 의미를 잘 드러내는 것이 강변에서 동상까지 이르는 화강
암 바닥 길에 새겨진 타임라인이다. 좌측에는 영국을 통치한 군
주들의 이름과 그 재위 연도가 새겨져 있고, 우측에는 영국에서
일어난 혹은 영국의 식민지였던 인도, 남아프리카 공화국 그리
고 미국에서 일어난 주요한 역사적 사건들이 새겨져 있다.

동상 아래에 기록된 사건을 다음 페이지에 정리해 봤다.

러니미드 공원의 마그나카르타 타임라인

973 에드가 왕의 대관식 선서
(Edgar's Coronation Oath)

에드가 왕은 이후 영국 왕의 대관식에 대한 선례를 남겼다. 모든 계급의 불법 행위를 금지하고, 자신의 심판이 정의와 자비로 이루어질 것임을 하나님 앞에서 선서함으로써 왕의 의무를 처음으로 기록에 남겼다.

1014 애설레드와 위탄과의 협약
(Aetherlred's agreement with the Witan)

앵글로·색슨 왕 애설레드 2세가 예부터 내려오는 법을 준수하고 영국 현인들의 집단인 위탄(Witan)의 조언을 받아 통치하겠다는 협약을 맺었다.

1100 고해왕(告解王) 에드워드의 법
(Laws of Edward the Confessor)

영국은 정복왕 윌리엄에게 정복되었지만, 고해왕 에드워드의 법을 암송하게 함으로써 전통적으로 내려오는 영국의 법에 따라 영국을 지배할 것을 윌리엄 왕에게 맹세시켰다고 한다.

헨리 1세의 대관식 선서
(Coronation Oath of Henry I)

헨리는 정복왕 윌리엄의 막내아들이었는데, 왕위를 물려받게 되었다. 대관식에서 헨리는 자신이 영국 남작들의 조언을 받아 왕위에 올랐음을 밝히는 헌장을 기록했다.

1215 〈마그나카르타〉
(Magna Carta)

위의 사건들의 전통과 연관되어, 〈마그나카르타〉에서 왕은 항상 법과 주변 귀족들의 조언을 받아 통치해야만 한다는 점이 강조된다.

1265 시몽 드 몽포르의 의회
(De Montfort's Parliament)

시몽 드 몽포르의 의회는 국가적 관심사를 논의하기 위해 기사와 시민을 소집했다. 이는 현대 의회의 선구자로 평가받는다.

1381 농민 반란
(Peasants Revolt)

농민들은 부당한 처우와 과도한 인두세에 분노하여 반란을 일으켰다. 그때 왕은 농노제와 부당한 봉건적인 의무 등을 철폐하겠다는 헌장을 허락하며 반군을 달랬다.

소더비가 사랑한 책들

- **1534** 영문 〈마그나카르타〉 출판   라틴어 〈마그나카르타〉는 1508년에 처음 인쇄되
  (Publication of Magna Carta   었고, 영문 번역본은 1534년에 인쇄되었다. 이로
  in English)   인해 더 많은 사람들이 〈마그나카르타〉를 읽고 사
      용하게 되는 결과를 낳았다.

- **1628** 〈권리 청원〉   〈권리 청원〉, 국왕에게 청원된 국민의 인권과 권리
  (Petition of Right)   에 관한 선언. 국왕 찰스 1세에 의해 승인되었다.

- **1637** 존 햄튼의 재판   찰스 1세가 의회의 동의를 구하지 않고 선박세를
  (Trial of John Hampden)   부과하자, 존 햄튼은 〈마그나카르타〉를 근거로 이
      를 거부했다. 이를 두고 벌어진 일련의 재판.

- **1647** 퍼트니 논쟁   올리버 크롬웰을 비롯한 군인들은 영국의 헌법과
  (Putney Debates)   민주주의에 대해 토론했다. 전쟁에서 패배한 찰스
      1세를 계속 왕으로 두어야 하는가, 왕은 필요한가,
      참정권은 재산에 의해 제한되어야 하는가 등이 논
      의되었다.

- **1649** 찰스 1세 재판/처형   왕이 법원에서 정해진 적법한 절차에 따라 재판을
  (Trial of Charles I)   받고, 왕 역시 법이 정한 권리에 의해 자기를 방어
      했다는 점이 상징적이다. 결국 찰스 1세는 재판 결
      과에 따라 처형되었다.

- **1679** 인신보호법   인신보호법은 누구도 불법적으로 투옥될 수 없다
  (Habeas Corpus)   는 내용의 법이다.

- **1689** 〈권리 장전〉   〈권리 장전〉, 국왕에 대한 의회의 우위를 강조한
  (The Bill of Rights)   헌장이다. 여기에서 국왕이라고 해도 부정할 수
      없는, 영국 국민이 전통적으로 이어 온 제반 권리
      를 확인했다.

- **1689** 존 로크의 《통치론》   존 로크의 《통치론》. 로크는 정부의 가장 중요한
  (John Locke Treatise on   권력은 입법권, 즉 의회로부터 온다고 보았고 정부
  Civil Government)   와 법은 시민의 동의로 이루어진 것이므로 소수의
      권력자가 이를 넘어설 경우 시민들은 저항권을 행
      사할 수 있다고 보았다.

— 1701	왕위 계승법 (Act of Settlement)	영국의 공동왕 윌리엄과 메리는 〈권리 장전〉을 다시 한 번 재확인하고 승인하였다.
— 1772	서머싯 대 스튜어트 판결 (Sommersett v Steuart)	노예 제도가 인간의 자연권과 영국 헌법의 원칙에 위배된다는 판례를 남겼다는 점에서 의의가 있다.
— 1776	〈미국 독립 선언문〉 (American Declaration of Independence)	〈미국 독립 선언문〉, 로크의 자연권 및 저항권 개념을 토대로 하여 식민지의 독립을 선언했다.
— 1803	《의회의사록》 출판 (Parliament Debates Published)	최초 출판업자의 이름을 따서, '한사드(Hansard)'라고도 부른다. 의회 내에서 이루어진 말들을 모두 기록으로 남기는 것이다. 매일 기록되어 익일 출판된다. 1803년 처음으로 출판된 이후 지금까지 이어지고 있다.
— 1832	영국 선거법 개정 (Great Reform Act)	영국의 선거법 개정. 부르주아 상공시민층(산업 자본가, 중간 시민층)에 선거권이 부여되었다.
— 1833	노예제 폐지 (Abolition of Slavery)	영국은 공식적으로 제국 내의 모든 노예제를 폐지했다.
— 1838	〈인민헌장〉/차티스트 운동 (The Peoples Charter)	1832년에 있었던 선거법 개정으로 선거권이 확대되었지만, 노동자들은 그 혜택을 받지 못했다. 1838년 〈인민헌장〉이 발표되었고, 21세 이상 모든 남성들에게 선거권이 확대되어야 한다는 주장을 펼쳤다.
— 1850	영문 〈공산당 선언〉 출판 (Communist Manifesto [English])	"만국의 노동자여 단결하라."는 〈공산당 선언〉이 영문으로 출판되었다.
— 1859	존 스튜어트 밀의 《자유론》 (John Stuart Mill on Liberty)	《자유론》에서 밀은 언론의 자유와 사상의 자유에 대해 논의했다. 이로 인해 《자유론》은 민주주의 체제의 사상적 기반으로 평가받는다.

소더비가 사랑한 책들

1911	의회법 (Parliament Act)	상원의 권한을 제한한 법률로 상원이 개정 법안을 거부하고 수정할 수 있는 권한을 없앴다.
1928	평등선거권법 (Equal Franchise Act)	여성에게 남성과 동등한 선거권을 부여했다.
1948	〈세계 인권 선언〉 (Universal Declaration of Human Rights)	〈세계 인권 선언〉은 모든 인류 구성원이 천부의 존엄성과 동등하고 양도할 수 없는 권리를 갖고 있음을 선언했다.
1949	인도 헌법 제정 (Indian Constitution)	1947년 영국으로부터 독립한 인도는 1949년 제헌 의회를 통해 헌법을 만들었다.
1996	남아프리카 공화국 헌법 제정 (South African Constitution)	넬슨 만델라 대통령은 남아프리카 공화국의 헌법을 공포했다.

　그런데 이 타임라인을 자세히 살펴보면, '영국 왕과 〈마그나카르타〉의 자유가 정말 떼려야 뗄 수 없는 관계인가' 하는 의문이 들게 된다. 〈마그나카르타〉가 만들어진 시기에, '자유'는 왕이 승인하고 부여하는 것이었다. 그러다 보니 귀족이나 성직자, 자유 도시 등 왕이 인정한 소수의 특권 계층만이 자유를 누릴 수 있었다. 그런데 17세기가 되면 전쟁에서 패배한 왕을 그대로 인정할지, 아예 왕이 필요한 존재인지 묻기 시작하고(퍼트니 논쟁, 1647), 의회가 왕보다 중요하다고 하더니(〈권리 장전〉, 1689),

아예 정부에 대한 저항권(존 로크의 《통치론》, 1689)을 주장하게 된다. 이런 역사적인 논의들의 핵심은, '자유'는 왕과 같은 독점 권력이 부여하는 것이 아니라 인간이 천부적으로 혹은 자연적으로 가지고 태어난다는 것이었다.

타임라인에 새겨진 17세기 이후의 사건들에서 '왕'과 관련된 일은 찾아볼 수 없다. 이미 왕은 법과 의회의 지배를 받는 존재(찰스 1세 재판/처형, 1649)가 됐기 때문이다. 법에 따라 사형대에서 목이 잘릴 수도 있게 된 왕은 이제 감히 누구에게 '자유'를 허락할 권위가 없었다. 따라서 그 이후의 역사에서 왕은 더 이상 언급될 필요가 없다. 자유는 시민들에 의해 귀족에서 평민으로, 부르주아에서 서민으로, 남성에서 여성으로 확대되었을 뿐이다.

이러한 관점으로 보면 타임라인의 끝에서 영국의 왕이 자유의 수호자를 자처하는 것은 모순이 아닐 수 없다. 타임라인에 언급된 사건들은 오히려 '왕'이란 필요 없는 존재라는 것을 깨닫게 된 영국의 역사를 보여 준다고 생각하기 때문이다. 만약 러니미드 평원에 갈 일이 있으면 미국인이 만든 마그나카르타 기념비와 영국 하원이 세운 동상을 한번 살펴보기 바란다. 왕을 거부하고 자유를 찾은 사람들과 왕을 자유의 수호자로 기념하는 두 기억이 한 공간에서 충돌하는 역사의 아이러니를 직접 볼 수 있을 테니.

미국 〈헌법〉이 묻습니다,
"헌법은 누구의 것인가요?"

— 2021년 소더비 뉴욕, 미국 〈헌법〉 사본

소더비 경매에 올랐던 책과 문서 들을 살펴보면, 자연스럽게 한 가지 질문을 떠올리게 된다. 지금까지 경매에 올라왔던 텍스트 중 가장 비싼 것은 무엇일까. 소더비뿐 아니라 소더비의 영원한 라이벌 크리스티를 비롯한 모든 경매를 통틀어서 말이다.

2023년 1월 시점에서는 다행스럽게도, 역대 최고가로 경매된 텍스트는 소더비의 몫이었다. 만약 소더비가 아닌 크리스티였다면, 이 책을 쓰고 있는 입장에서는 꽤 곤란했을 테다. 그렇다면 가장 비싼 텍스트는 무엇일까. 그 주인공은 의외로 책이 아니라 한 장의 문서였다. 2021년 11월 소더비 뉴욕에서 낙찰된 4,317만 3,000달러짜리 문서 한 장. 한화로 약 520억 원에 달하는, 역사상 가장 비싼 문서의 자리에 오른 영예의 주인공은 바로 미국 〈헌법〉 사본이었다.

2021년 소더비 뉴욕에 등장한 미국 〈헌법〉 사본.

이 금액은 이전에 루벤스타인이 구매하며 기록적인 낙찰액을 달성했던 〈마그나카르타〉보다도 두 배는 높은 금액이고, 소더비에서 2016년에 판매된 〈노예 해방 선언문〉 사본보다는 20배 이상 비싸다. 정말 입이 떡 하고 벌어질 정도다. 그런데 더 놀라운 것은 이 〈헌법〉이 원본이 아닌 사본이라는 것이다. 미국 〈헌법〉의 원본은 딱 한 부다. 1787년 당시 필라델피아에서 열린 대륙회의에서 펜실베이니아 의회의 서기였던 제이컵 샐루스(Jacob Shallus, 1750~1796)가 손으로 또박또박 적은 문서가 그것이다. 이 〈헌법〉 원본은 현재 미국 국립기록보관소에 전시되어 있다.

세계에서 가장 비싼 문서가 된 미국 〈헌법〉 사본은 1787년 필라델피아에 모인 13개주 대표가 헌법 조문에 최종적으로 합의한 후, 각 주의 비준을 얻기 위해 만들어진 인쇄본 중 하나다. 당시 대륙회의에는 동업으로 인쇄업을 하던 존 던랩(John Dunlap, 1747~1812)과 데이비드 클레이풀(David C. Claypoole, 1757?~1849)이 대기하고 있었다. 이들은 군인 신분이기도 했던 던랩 덕택에 1776년부터 대륙회의에서 필요로 하는 문서들을 독점적으로 인쇄할 수 있는 계약을 따냈다. 두 사람은 회의가 열리는 동안 대기하고 있다가 헌법 조항에 수정이 생길 때마다 회의에 참석한 대표들이 다시 검토해야 할 문서를 최대한 빨리 조판하고 인쇄해서 조달하는 일을 맡고 있었다. 수차례 조판과 인쇄를 반복하고 또 반복하던 이들은 9월 17일 대륙회의로부터 마지막 인쇄 요청을 받게 된다. 드디어 모든 주의 대표가 합의해 완성한 미국 〈헌법〉. 이 미국의 〈헌법〉은 곧바로 각 주로 배달되어 승인을 받아야 했기 때문에 빠르고 정확한 인쇄가 필요했다. 그날 던랩과 클레이풀에 의해 인쇄된 미국 〈헌법〉 사본은 총 500부로 알려져 있다.

당시 인쇄된 500부 중에 지금까지 살아남은 것은 몇 부 없다. 박물관이나 도서관 등 공공 기관이 소유하고 있는 사본이 11부 그리고 개인 소유가 2부, 이렇게 총 13부가 현존하는 것으로 알려져 있다. 2021년에 소더비 뉴욕에서 판매된 미국 〈헌법〉 사본은 바로 개인 소유물로 남아 있던 2부 중 1부로 뉴욕의 부동산 개발업자이자 고서적 수집가로 유명한 하워드 골드먼(S. Howard Goldman, 1930~1997)이 1988년에 16만 5,000달러에 구매한 것으로 알려진 물건이었다. 이 물건은 하워드가 1997년에 사망하면서 그의 아내 도로시 골드먼(Dorothy Tapper Goldman) 부인에게 소유권이 넘어갔는데, 2021년 골드먼 부인이 자신의 이름으로 설립한 자선 재단 기금 마련을 위해 소더비에 경매로 내놓은 것이었다.

미국에서 〈헌법〉과 관련된 경매는 여러 차례 있었다. 그때마다 경매는 꽤 흥행했다. 미국 사람들의 〈헌법〉 사랑이 그만큼 유별나다는 방증이 아닐까 싶을 정도다. 2012년에는 조지 워싱턴이 개인적으로 소유하고 있던 〈헌법〉 사본이 〈미국 권리 장전〉[1]과 함께 경매에 나와 900만 달러에 판매되었다. 〈수정 헌

---

1   〈미국 권리 장전〉은 헌법에 붙은 수정 헌법 제1조부터 제10조를 말한다.

법 13조〉는 2006년과 2016년에 경매에 나와 각각 187만 달러, 240만 달러에 낙찰되었다. 2021년 〈헌법〉 경매는 희소성 있는 역사적 문서라는 점 때문에 이미 미국 여론의 관심이 집중되고 있었다. 여기에 흥정 붙이기에 일가견이 있는 소더비는 자신 있게 기획한 마케팅을 밀어붙였다. 미국인들의 '애국심'을 자극하는 마케팅은 성공한다는 확신이 있었던 것이다. 소더비는 이 〈헌법〉 사본을 미국의 헌법 기념일인 2021년 9월 17일에 언론에 공개했다. 그러고는 경매가 열릴 때까지 남은 두 달 동안 미국 전역에서 순회 전시회를 열겠다고 공표했다. 로스앤젤레스, 댈러스, 시카고 등 미국을 돌면서 대중들의 관심을 불러일으킨다는 전략이었다.

일반적으로 경매에 부쳐질 물건들은 소더비 경매장 안에 마련된 갤러리를 통해 경매 전에 잠시 공개되는 것이 원칙이다. 훼손이나 보안 문제 때문이다. 하지만 소더비는 막대한 비용을 감수하고 순회 전시를 강행했다. 소더비는 이 경매를 성공시킬 자신이 있었을 것이다.

그런데 소더비도 예상하지 못한 일이 벌어졌다. 소더비의 순회 전시 소식이 전해지자, 생각지도 못한 '이들'이 〈헌법〉을

연방 정부의 권력을 제한하고 시민의 권리를 보호하기 위한 목적으로 덧붙여졌다. 그중 두 번째 조항이 악명 높은 인민의 무기 소지 권리를 인정한 조항이다.

손에 넣겠다며 경매 참여를 공언했던 것이다. 이들은 역사상 유례가 없는 존재들이었다. 이 이례적인 존재에 대해 언론의 관심이 집중되었고 각종 SNS에서는 이들과 〈헌법〉이 큰 화제가 됐다. 소더비는 전통적인 방식으로 미국인들의 관심을 끌기 위해 순회 전시를 기획했는데, 전혀 다른 반응이 나오고 말았다. 하지만 이 의외의 사건은 소더비에게 더 큰 승리를 안겨주게 되었다.

분열이 예정되었던
13개주 연합

2021년 소더비 뉴욕을 살펴보기 전에 먼저 알아야 할 게 있다. 왜 미국인들은 〈헌법〉을 소중하게 여기는가에 대한 답이다. 이를 이해하려면, 21세기 패권 국가 미국에 대한 이미지가 아니라 18세기의 눈으로 미국을 볼 필요가 있다. 당시 영국의 식민지 13개 주는 각기 독립된 나라라고 할 만큼 달라도 너무 달랐다. 예를 들어, 버지니아(Virginia)나 노스캐롤라이나(North Carolina), 사우스캐롤라이나(South Carolina) 같은 남부의 주들은 날씨가 온화하고 토질이 좋았기 때문에 대농장이 발달했다. 대농장을 운영하기 위해서는 대규모 노동력이 필요했기에 아프리카로부터 많은 흑인 노예들이 유입되었다. 주로 영국의 왕을 대리하는 총독과 함께, 이 대농장과 노예를 소유하고 있는 농장주들이 이 지역의 사회와 문화, 정치를 대표했다고 볼 수 있다.

반면 매사추세츠(Massachusetts)를 중심으로 발전한 북부의 뉴잉글랜드(New England) 식민지는 날씨가 춥고 토질이 좋지 않았기 때문에 대농장은 어울리지 않았다. 그래서 초기에는 어업과 목재업으로 시작해 점점 조선업이나 철강업이 발전하면서 자본가와 노동자 계급이 형성되었다. 특히 이곳에는 종교의 자유를 찾아 대서양을 건넌 청교도들이 많았기 때문에 종교적으로 보수적인 문화가 자리 잡았다.

뉴잉글랜드와 남부의 주 사이에 있는 뉴욕(New York)이나 펜실베이니아(Pennsylvania)의 경우는 또 달랐다. 처음에는 남부 식민지와 마찬가지로 독점적인 귀족 영주와 사업가 들이 농장을 건설하려고 했지만, 대농장이 형성되지는 못했다. 하지만 이곳은 점차 농수산물 수출지로 발전하면서 상업이 크게 발달하게 된다. 특히 보수적인 청교도 문화가 자리 잡은 뉴잉글랜드와는 달리 상대적으로 개방적인 문화를 갖고 있었기 때문에, 가톨릭을 믿는 구교도들뿐만 아니라 퀘이커교도(Quakers), 루터교(Lutheranism) 신자를 비롯해 유대인들도 많이 유입되었다. 아마도 이러한 다양성 덕분에 상업이 더욱 발전할 수 있었을지 모른다.

출발점부터 매우 달랐던 13개의 아메리카 대륙 식민지들은 각각 의회와 행정부를 따로 가지고 있었을 뿐 아니라, 이후 독립 전쟁이 일어나는 1770년대까지, 길게는 170년 짧게는 50년 정도를 다른 경로로 발전했으니 거의 동질감이 없었다고 봐야 한다. 이런 이유로 13개 식민지가 당시 세계 최강국이었던 영국과 싸운 것 자체가 기적 같은 일이었다고 생각하는 연구자들도 있다. 실제로 미국은 영국을 매우 두려워했다. 영국과의 전쟁이 목전에 이르자 일부 식민지 대표들은 영국의 조지 왕에게 달려가 용서를 빌자고 했을 정도였다.

현실적으로도 미국은 승산이 별로 없어 보였다. 당시 세계 최고의 군대로 손꼽히던 영국의 레드 코트(red coat)[2]에 비하면 미국은 오합지졸과 마찬가지였다. 우선 각 식민지에서 뽑은 민병대들을 하나로 통솔할 지휘 체계가 없었다. 민병대는 민방위로 이해하면 된다. 자기가 속한 식민지만 지키려고 드는 민병대로는 영국에 대항할 전략과 전술을 효율적으로 수행할 수 없었다. 둘째로는 외교적인 문제가 있었다. 세계 최강국 영국을 식민지의 힘으로만 막는 건 불가능했다. 따라서 반드시 다른 나라의 구원이 절대적으로 필요했다. 영국은 이미 13개 식민지들을 불법 국가로 규정한 상태였기 때문에 다른 나라와 협상을 하려면 식민지들의 대표가 필요했다.

결국 13개 식민지들은 〈연합 규약(Article of Confederation)〉이라

---

2 과거 제국주의 시절 영국의 육군과 해병대가 입었던 군복이 빨간색이어서 붙은 영국 군대의 별명.

13개의 식민지는 〈연합 규약〉을 통해 연합을 도모했으나
강제력이 없어서 사실상 무용지물에 가까웠다.
© Gettyimages

는 문서를 통해 연합을 꾸리려 했다. 하지만 이 규약은 정말 연약한 것이었다. 예를 들어, 연합은 지원금으로 운영될 뿐 과세 권한이 없었다. 연합은 각 주에 지원금을 요청할 수는 있었지만, 그것을 강제할 수는 없었다는 말이다. 돈이 없으니 상비군 운영도 불가능했다. 또한 각 주 간의 무역 혹은 외국과의 무역을 통제할 권한도 없었다. 연합을 위한 법률이 제정되더라도 그것이 각 주에 적용될 수 있느냐 하면 그렇지도 않았다. 각 주가 싫다고 하면 그만이었다. 이렇게 형편없는 규약이 탄생하게 된 이유는 각 식민지들의 이해관계가 너무 달라서 서로를 불신했기 때문이었다. 각 식민지들은 혹시라도 〈연합 규약〉이 의도하는 체제가 자신들의 주권이나 자율성을 침해할까 봐 강력한 힘을 부여하는 것을 절대 거부했다.

따라서 미국의 독립 전쟁은 효율적으로 수행되기 힘들었다. 전쟁은 무려 9년이나 늘어졌다. 아마 어떻게든 영국을 망하게 하고 싶었던 프랑스의 헌신적인 지원(너무 헌신적이었던 나머지 막대한 전비를 쏟아부은 프랑스에서는 대혁명이 일어난다), 워싱턴(George Washington, 1732~1799) 장군 같은 탁월한 전쟁 지도자, 민병대의 불타는 애국심이 아니었다면, 지금도 미국은 영국의 식민지로 남았을지 모른다.

전쟁에 승리한 다음에는 또 다른 문제가 터졌다. 전쟁이 길어진 탓에 연합은 수많은 나라에 빚을 져야 했다. 바로 이 빚을 어떻게 감당할 것인가가 문제였다. 당연히 어느 주도 빚을 많이 떠안으려고 하지 않았다. 사실 연합에게는 빚을 강제할 권한도 없었다. 미국 독립 전쟁은 결국 각기 다른 13개의 나라를 탄생시킨 것과 마찬가지였던 것이다. 뜻 있는 지도자들은 미국의 13개 주를 규합하고 각 주에게 강력한 힘을 발휘할 수 있는 상위의 행정부가 필요하다는 것을 깨달았다. 함께 짊어진 빚도 나눠 내게 할 수 없을 정도로 약한 연합이 대체 무엇을 할 수 있단 말인가. 하지만 문제는 간단치 않았다. 갓 영국의 식민 통치로부터 독립한 이들은 여전히 왕 같은 존재에 알레르기 반응을 갖고 있었다. 13개 주들은 자신들의 자유와 권리를 해칠지도 모르는 강한 권력을 가진 통치자를 용납할 수 없었다.

미국 헌법의 탄생과
민주주의

13개 주의 대표들은 1787년 5월 한자리에 모였다. 그러고는 자신들에게 주어진 문제에 대한 답을 찾기 위해 토론을 시작했다. 그들에게 던져진 문제는 두 개로 요약할 수 있겠다. 첫째, 왕정이 아니라면 13개 주를 통합하는 나라의 권력은 도대체 어디에서 오는가. 둘째, 13개 주를 효율적으로 통치하고 관리하되 자유와 권리를 해치지 않는 방법은 무엇일까. 마치 '미션 임파서블'처럼 보이는 이 난제에 대한 해답을 찾기 위해 각 주의 대표들은 논쟁과 토론을 계속 이어 나갔다. 그렇게 수개월 동안의 격렬한 논의 끝에 9월 17일, 대표들은 결국 그 답을 찾아냈다고 합의했다. 이것이 바로 미국의 헌법이다.

그들이 찾아낸 첫 번째 답은 당시 최신 정치 철학이었던 '사회 계약론'이었다. 요컨대 통치자는 신에게 점지받는 것이 아니고 혈통에 의해서 선택되는 것도 아니다. 통치자는 피통치자들과 계약을 맺어서 선출되는 것이며, 이 계약에 따라 권력을 행사해야만 한다. 헌법의 가장 첫 문장은 바로 이 점을 명확하게 밝히고 있다.

> 우리, 미국의 인민들은 더 완벽한 연방을 형성하고, 정의를 수립하고, 국내의 평안을 확보, 공동 방위를 제공하고, 일반적인 복지를 증진하며 우리들과 후손들의 자유에 대한 축복을 보호하기 위하여 이 미국 헌법을 제정한다.(We the People of the United States, in Order to form a more perfect Union, establish Justice, insure domestic Tranquility, provide for the common defence, promote the general Welfare, and secure the Blessings of Liberty to ourselves and our Posterity, do ordain and establish this Constitution for the United States of America.)

헌법의 첫 문장을 '인민'으로 시작함으로써, 미국이라는 나라는 다수의 피통치자들인 인민들에 의해서 형성되고 통치될 것이라고 선언하는 문장. 민주주의 역사에 한 획을 그은 이 문장

필사본으로 써진 〈헌법〉 원본도 'We the People'이
강조되어 있음을 볼 수 있다.
ⓒ Gettyimages

은 사실 미국 헌법이 만들어질 당시의 시대상에 비추어 보았을 때는 엄청나게 급진적이고 혁명적인 것이었다. 당시에 어떤 나라들이 있었는지 떠올려 보자. 얼마 전까지 전쟁을 벌였던 영국은 하노버 왕조(House of Hanover)의 조지 3세(George III, 1738~1820)가 다스리는 거대한 제국이었다. 사력을 다해 미국을 도와 준 프랑스는 절대 왕정을 세운 유럽의 대표적인 왕국이었다. 황제가 다스리는 중국은 어떤 나라보다 강력한 군주 국가였다. 왕이 아닌 통치자가 피통치자를 다스리는 나라는 없었다.

그러므로 왕이 없이도 존재할 수 있는 나라를 보여 주는 것이 당시 미국이 완수해야 할 시대적 과제였다. 국가를 구성하는 인민들이 주권을 가지고 통치하는 나라. 민주주의의 핵심 가치인 '주권 재민(主權在民)'의 원리를 담아 낸 것이 바로 미국의 헌법이었던 것이다. 그러한 의미에서 대표들은 보다 크고 굵은 글씨체로 선명하게 "우리, 인민들(We, the People)"이라고 강조하면서 헌법을 시작했다.

두 번째 문제, 즉 13개 주의 연합, 이 연합을 효율적으로 통제하고 운영하지만, 지나치게 강력해서 이들 연합의 자유와 권리를 해치지 않는 방법은 무엇이었을까. 이들이 내린 결론은 권력의 분리와 견제였다. 왕은 법을 만들고, 판결하고, 집행할 권한을 가지고 있었다. 이를 나누어 의회는 입법을, 사법부는 판결을, 행정부는 집행을 하도록 권력을 나누고 서로 이를 견제하도록 하자는 아이디어였다. 민주주의의 기본 원리인 '3권 분립'은 여기서 등장한 것이다.

이 훌륭한 답변 덕택에 미국은 민주주의를 근간으로 삼는 '미합중국(the United States)'라는 유례 없는 나라를 만들어 냈다. 왕이 아닌 인민들이 주권을 갖고, 국가를 운영하는 권력은 철저하게 분리해서 하나의 강력한 통치자가 나타나는 것을 방지한다는 원리를 적용한 첫 번째 나라였다. 이것이 바로 미국 헌법의 정신이자 세계사적인 가치다. 미국은 원조 민주주의 국가로서 자신들의 헌법을 세계 곳곳에 수출했다. 가까이에 있는 멕시코가 대표적인 예다. 스페인으로부터 독립한 이후 황제정과 대통령제가 공존하는 기이한 시대를 겪었던 멕시코는, 임시 대통령으로 취임한 베니토 후아레스(Benito Juárez, 1806~1872) 때 헌법을 제정했고 나라를 개혁하고 재정비하려고 했다. 이때 후아레스가 참조한 헌법이 바로 국민 주권의 정신과 삼권 분립을 규정한 미국의 헌법이었다. 또한 필리핀의 독립운동가 리살(José Rizal, 1861~1896)은 스페인 식민 정부의 개혁을 촉구하며 미국 헌법을 활용했다. 중국의 공화주의 사상가 쑨원(孫文, 1866~1925)은 미국 헌법을 참조하여 삼민주의를 가다듬고, 삼권 분립에서 한발 더 나아가 오권 분립[3]을 주장하기도 했다. 이를 보면 미국의

---

3   쑨원의 삼민주의는 민족주의, 민권주의, 민생주의를 말하며 이는 주권을 갖는 국민을 통해 다스려지는 공화주의 사상의 근본을 뜻한다. 오권 분립은 삼권 분립에 감찰원과 고시원(공무원 인사)을 독립시키는 것을 포함한, 권력 분립론의 중국적 재해석으로 볼 수 있다.

헌법과 민주주의는 미국이라는 나라가 만들어진 뒤 전 세계적으로 히트시킨 첫 상품이라고 할 수 있을 정도다.

헌법은 사분오열했던 13개 주들을 하나로 통합해 진정한 '미국'이라는 나라를 만들었을 뿐 아니라, 왕 없이도 작동할 수 있는 민주주의 정치 체제를 구현할 수 있는 근거를 마련했다. 게다가 민주주의와 이를 뒷받침할 헌법이 필요한 나라들에 미친 영향까지 고려한다면, 미국인들이 자신들의 헌법에 그토록 자부심을 갖는 것은 충분히 이해할 만한 일이다. 세계의 패권 국가로 발돋움한 스스로를 자랑스러워하며, 헌법이 보여 준 그 원리와 가능성을, 약 200년이 조금 넘는 역사 동안 충분히 증명했다고 믿을 수 있을 테니 말이다.

흔들리는
미국의 민주주의

1787년 만들어진 미국의 헌법은 당시로서는 최신 정치 철학을 반영하여 미국이라는 하나의 통합된 나라를 만드는 데 기여했으며, 현실에서 민주주의를 구현하는 데 성공했다. 그런데 약 250년이 지난 지금도 이 헌법이 주장하는 가치는 제대로 작동하고 있을까. 이 질문에 대한 대답은 긍정적이지 않다. 지금 미국의 민주주의 제도는 인민들의 의지를 제대로 반영하고 있지 못하며, 오히려 민주주의 자체를 퇴보시키고 있다는 비판이 커지고 있다.

대표적인 예로 도널드 트럼프를 대통령으로 탄생시킨 2016년의 미국 대통령 선거를 들 수 있다. 총 득표율로 계산하면 무려 300만에 가까운 표를 더 얻었던 민주당의 대선 후보 힐러리 클린턴은 공화당 후보 트럼프에게 패배했다. 미국 대통령 선거가 선거인단 확보 수에 따른 간접 선거 방식을 택하고 있기 때문이었다. 트럼프는 총 득표에서는 뒤졌지만, 선거인단에서는 304석을 확보함으로써 227석을 확보한 힐러리를 앞질렀다. 각 주는 상하의원 수에 해당하는 선거인단 수를 배정받는다. 그리고 유권자는 자신이 속한 주의 선거인단이 대표할 정당의 대선 후보를 뽑는다. 선거인단은 각 개인의 의지에 따라 투표를 하는 것이 아니라, 주의 의지를 대변하여 투표를 하게 된다. 따라서 결과적으로 내가 민주당을 뽑았더라도 내가 속한 주의 선거 결과에 따라 공화당이 승리하면, 우리 주에 배정된 모든 선거인단은 공화당의 대선 후보에게 표를 주게 되는 시스템이다.[4]

미국이 이렇게 비합리적으로 보이는 간접 선거 방식으로 대통령을 뽑는 이유는 미국의 헌법이 그렇게 정하고 있기 때문이다. 미국의 대통령은 미국을 구성하는 모든 주를 대표하는 미합

---

4   메인 주와 네브래스카 주를 제외한 모든 주가 소위 이러한 승자 독식(Winner-takes-it-all) 제도를 채택하고 있다.

미국 민주주의 위기를 상징하는 도널드 트럼프 전 대통령.

중국 행정부 수반을 뽑는 자리다. 따라서 엄밀히 말하면 대통령을 뽑는 주체는 국민 개개인이 아니라 각 주다. 헌법이 만들어질 당시에는 인구가 적은 주가 인구가 큰 주보다 대표성이 저평가될까 봐 선거인단 제도를 두었다. 선거인단 숫자를 주끼리 미리 협의함으로써 과대 대표 혹은 과소 대표 문제를 어느 정도 해결할 수 있었기 때문이다. 하지만 이러한 간접 선거는 시대가 지날수록 문제가 생겼다. 예를 들어, 한 주에서 소수 인종의 숫자가 아무리 많아진다 하더라도 백인들보다 숫자가 많을 가능성은 거의 없다. 만약 이들이 온전히 자기 인종의 이해관계에 따라 투표한다고 가정하면, 결코 이 주의 선거인단은 소수 인종의 의지를 대변할 수 없게 된다. 모든 주는 백인들의 의지를 대변한 선거인단만 내놓게 되고, 이러한 선거인단에 의해 뽑힌 대통령은 말할 필요도 없다.

로버트 달(Robert Alan Dahl, 1915~2014)은 이러한 문제 때문에 헌법이 개정되어야 한다고 주장했던 대표적인 연구자다. 18세기를 배경으로 만들어진 헌법이 현재의 시대적 요구를 제대로 대변할 수 없다는 것이다. 문제는 헌법으로 정한 개정 절차가 너무나도 복잡하다 보니 수정이 거의 불가능하다는 점이다. 요컨대 변화하지 않는 헌법으로 인해 오히려 민주주의 발전이 저해받고 있다는 주장이다. 많은 연구자들이 이러한 주장에 동의하고 있을 뿐 아니라, 국제 사회도 미국의 민주주의에 심각한 위험이 도래했다며 걱정을 표하고 있다. 일반 대중들의 인식도 마찬가지다. 최근 〈이코노미스트〉와 온라인 여론 조사 플랫폼 유고브(YouGov)가 공동으로 진행한 여론 조사에는 미국인의 62퍼센트가 미국의 민주주의가 "위기에 빠졌다"고 응답했으며, "그렇지 않다"고 답한 사람은 19퍼센트에 불과했다.[5] 한때는 민주주의의 원조인 자신을 자랑스러워했던 미국인들이 이제는 이 민주주의가 무너질까 두려워하고 있는 것이다.

〈헌법〉을
인민의 것으로!

2021년 소더비 뉴욕의 〈헌법〉 경매에 쏠린 여론의 관심은 바로 이러한 미국의 분위기를 고려해야만 제대로 이해할 수 있다. '콘스티튜션DAO'라는 한 단체가 〈헌법〉을 인민의 통제와 관리하에 두겠다는 목적으로 경매에 참여했기 때문이다. '콘스티튜션(Constitution)'은 헌법, 'DAO'는 '탈중앙화된 자율 조직(Decentralized Autonomous Organization)'을 의미한다. 이들은 소더비

---

5 〈이코노미스트〉와 유고브는 2022년 10월 29일부터 11월 1일까지 미국 성인 시민 1,500명을 대상으로 설문 조사를 실시했다. 흥미로운 것은 민주당 지지자라고 밝힌 응답자의 68퍼센트, 공화당 지지자라고 밝힌 응답자 61퍼센트가 "위협받고 있다"고 답했다는 점이다. 민주주의의 위기에 대해서는 초당적인 공감이 이루어지고 있는 셈이다.

ConstitutionDAO

ConstitutionDAO (▤, ▤)
@ConstitutionDAO

We tried to buy the Constitution in 7 days, raised $42M, onboarded thousands into web3 and educated millions.

🔗 constitutiondao.com 📅 가입일: 2021년 11월

24 팔로우 중 **7.6만** 팔로워

>> 콘스티튜션DAO의 트위터.

경매에 참여하기 위해 한시적으로 조직된 일종의 컨소시엄이었는데, 이 단체의 존재를 아는 사람은 아무도 없었다. 그도 그럴 것이 콘스티튜션DAO는 소더비 경매 소식이 퍼지고 나서 급조된 단체였기 때문이다.

2021년 11월 16일 미국의 텔레비전 채널 〈CNBC〉와의 인터뷰에서 최초 설립자 중 한 명인 앨리스 마(Alice Ma)는 DAO를 어떻게 만들게 되었냐는 질문에 다음과 같이 답했다.

"소더비에서 〈헌법〉을 경매한다는 기사가 트위터에서 돌면서

몇몇 그룹 채팅방에 공유되었습니다. 어떤 인터넷 친구들이 '이봐, 우리가 함께 〈헌법〉을 사 볼까??'라고 트윗을 올리기 시작했지요. (그리고) 다른 사람들도 비슷한 생각을 하는 것을 보고 팀을 구성하기로 결정했습니다. 농담으로 시작된 것들이 줌(Zoom), 디스코드(Discord)에서 며칠 밤을 꼴딱 새고 나서는 진지한 아이디어로 바뀌었고, 결국 경매에 실제로 입찰할 기회를 얻게 되었습니다."

우연으로 시작된 경매 참여. 이들은 먼저 가장 큰 문제를 해결해야 했다. 당연히 경매 물건에 입찰을 하기 위해서는 돈이 있어야 할 텐데, 돈을 어디로 어떻게 모금할 것인가? 이들은 구체적인 실체가 있는 회사가 아니었고, 따라서 은행 계좌를 열 수 있는 공신력을 갖추고 있지 않았다. 누군가 개인 계좌를 틀수야 있겠지만, 전혀 모르는 사람들끼리 급조된 조직에 어떻게 믿고 돈을 보낼 수 있겠는가? 이들은 온라인으로 만난 사람들답게 최신 디지털 기술을 사용하기로 했다. 바로 블록체인[6] 기술이었다. 그리고 블록체인 기술을 활용한 가상 화폐 중 하나인 이더리움을 통해 모금을 하기로 계획을 세웠다.

---

6 블록체인은 모든 참여자들이 관련된 데이터를 분산 관리하고, 누구 한 사람도 임의로 변경할 수 없으며, 누구나 변경 결과를 열람할 수 있게 만드는 기술이다. 콘스티튜션DAO는 모금액을 누군가가 횡령하는 것을 막고 참여자들의 신뢰를 얻기 위해 블록체인 기술을 활용했다.

방법을 찾았으니 이제는 홍보와 모금을 진행할 차례였다. 이들은 트위터와 페이스북 등 각종 SNS를 통해 〈헌법〉 구매에 관심 있는 사람들은 동참해 줄 것을 홍보했다. 유례가 없는 참여자가 등장하자 온라인뿐만 아니라 오프라인에서도 관심이 쏟아졌다. 각종 신문과 뉴스에서 이들의 실체를 취재했고, 인터뷰가 텔레비전과 라디오를 타면서 자연스레 엄청난 홍보 효과가 나타났다. 다양한 사람들이 모이다 보니, 이들 중에서는 법조계 종사자도 있었다. 이들은 법률 자문을 자임했고, 소더비와 접촉해 콘스티튜션DAO와 같은 단체가 컨소시엄 형태로 경매에 참여하는 것이 법적 문제는 없는지 차근차근 검토했다. 최종적으로 소더비와 법률 자문으로부터 오케이 사인이 떨어지자, 이들은 구체적으로 경매에 참가하기 위한 절차를 꼼꼼히 준비하기 시작했다.

궁금증이 하나 생긴다. 콘스티튜션DAO는 서로를 모르는 수많은 사람들이 모인 단체다. 그렇다면 〈헌법〉을 낙찰받으면 〈헌법〉은 도대체 누구의 손에서 어떠한 형태로 보관되는 것일까? 콘스티튜션DAO는 매우 재미있는 방식을 생각해 냈다. 한 명 혹은 소수가 소유하는 것이 아닌 단체의 구성원 모두가 이 〈헌법〉을 소유한다는 아이디어였다. 〈CNBC〉 인터뷰에서 콘스티튜션DAO의 또 다른 구성원인 티나(Tina)는 이렇게 설명했다.

"우리 커뮤니티, 그리고 우리의 사명에서 가장 핵심적인 부분은 이 〈헌법〉 사본이 실제로 인민(the People)에 의해서 실제로 관리되는(Govern) 유일한 사본이 될 것이라는 점입니다. 〈헌법〉은 바로 이 인민들을 위해 쓰여졌지요. DAO의 결정이 있다면, 이 사본은 전국 어디에서나 전시될 수도 있고, 이 경매에 기여한 모든 사람들이 어디에, 얼마 동안 전시할지에 대한 발언권을 갖게 됩니다."

콘스티튜션DAO에 참여해서 이더리움을 투자한 사람들은 각각 자신들의 이더리움 지갑에 '$PEOPLE'이라는 가상 토큰을 받는다. 이 토큰을 가진 모든 개인들은 이 〈헌법〉을 어떻게 관리할 것인지, 어떠한 방법으로 어디에 전시할 것인지 등을 결정하는 회의에서 의결권을 행사할 수 있다. 이러한 시스템은 현재 미국의 대통령 선거에서는 불가능한 '직접 민주주의'를 실현하는 것이다. 이러한 점에서 콘스티튜션DAO는 미국 〈헌법〉이 규정하고 있는 민주주의의 문제를 명확히 꿰뚫어 보고 있었다. 간접 선거인 선거인단이 민의를 제대로 반영하지 못하기 때문에, 민주주의가 제대로 작동하기 위해서는 직접 민주주의의 가능성을 탐구해야 한다는 것이다.[7]

---

7 콘스티튜션DAO의 초기 창립자 중 한 명인 조나 에리치(Jonah Erlich)는 미디어-테크놀로지 전문 온라인 잡지인 〈더 버지(The Verge)〉와 가진 인터뷰에서, 자신들이 〈헌법〉을 소유하고 관리하는 방식에 대해 "직접 민주주의 투표(direct democracy voting)"를 고려했다고 명확하게 밝힌 바 있다.

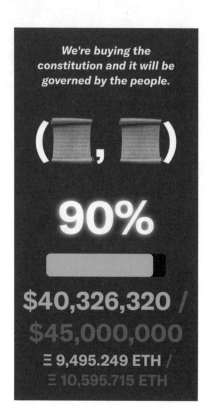

2021년 11월 18일 트위터로 보고한 모금액.
목표 금액 4,500만 달러의 90퍼센트가 모인 시점이다.

콘스티튜션DAO는 모금 기간이 겨우 두 달에 불과했지만 놀라운 성과를 거두었다. 모금을 마쳤을 때 참여한 사람의 숫자는 1만 7,437명에 달했고, 모금된 금액은 무려 4,700만 달러(한화 약 560억 원)로 애당초 목표했던 금액인 4,500만 달러를 훌쩍 뛰어넘었다. 언론은 미국인들의 〈헌법〉에 대한 관심과 IT 기술을 활용한 참여에 주목했다. 콘스티튜션DAO에 따르면, 모금에 참여한 사람들 중 상당수가 콘스티튜션DAO를 통해 처음으로 가상화폐를 접한 사람들이었다는 점도 기삿거리였다. 〈헌법〉에 대한 미국인들의 관심이 기술 활용 장벽까지도 허물어 버릴 정도였다는 의미이기 때문이다.

하지만 나는 콘스티튜션DAO의 활동과 관련한 〈헌법〉에 대한 미국인들의 관심은 그 이전과는 결이 무척 다르다고 생각한다. 이전에도 〈헌법〉과 관련한 경매는 여러 번 있었지만, 돈 많은 부자들이나 고문서 애호가 혹은 공공 기관이 아닌, 평범한 미국인들 다수가 〈헌법〉을 사려고 모인 예는 없었기 때문이다. 2021년 굳이 미국인들이 〈헌법〉에 큰 관심을 갖게 된 이유는 바로 현재 미국에 불어닥친 '민주주의의 위기' 그리고 미국의 극심한 '갈등과 분열'이라는 시대적 상황 때문이라고 생각한다. 다수의 미국인들은 자신들이 금과옥조로 삼았던 헌법이 과연 문제가 없는 것인지, 혹시라도 자신들이 헌법의 가치를 잊어 버렸거나 실현시키기를 포기한 것이 아닌지 스스로에게 물었던 것이다. 이러한 물음에 대한 답으로 〈헌법〉을 미국의 '인민'들이 소유하고, 직접 민주주의 방식으로 관리하고 통제하는 방법을 고안했을 것이다. 즉 콘스티튜션DAO는 우연히 발생한 사건이 아니라 위기에 처한 미국 민주주의에 대한 답을 찾기 위한 시대적 요구인 것이다.

그렇다면 콘스티튜션DAO는 성공했을까? 놀랍게도 콘스티튜션DAO는 〈헌법〉을 손에 넣는 데 실패했다. 승자는 1만 7,437명에 맞선 단 한 사람, 헤지 펀드 회사 시타델(Citadel)의 창업자이자 CEO인 켄 그리핀(Kenneth Griffin)이었다. 그리핀은 콘스티튜션DAO의 참여로 예상보다 큰 지출을 감내해야만 했다. 소더비가 예상했던 경매 예상가는 낙찰가의 절반에 불과한 2,000만 달러였기 때문이다. 하지만 순자산만 160억 달러가 넘는다는 시타델의 소유주에게 그 정도 가격은 큰 문제가 아니었다. 경매 당일, 〈헌법〉을 손에 넣기 위한 레이스는 계속 되었고, 100만 달러 단위로 호가를 주고받았지만 그리핀은 전혀 물러서지 않았다. 모금한 금액의 한도가 있었던 콘스티튜션DAO는 결국 손을 들고야 말았다. 그들이 모은 총 금액은 4,700만 달러가 넘었지만 낙찰을 받은 후에 내야 할 수수료와 운송 및 보관 비용을 고려하면 더 이상 응찰액을 높일 수 없었다.

켄 그리핀은 〈헌법〉을 자기 집 서재에 보관할 생각은 아니라고 밝혔다. 그는 낙찰받은 〈헌법〉 사본을 아칸소 주에 위치한 크리스털 브리지스 미국 미술관(Crystal Bridges Museum of American Art)을 시작으로 여러 박물관에 무료로 대여하겠다고

콘스티튜션DAO와 치열한 경매를 펼친 끝에
미국 〈헌법〉을 손에 넣은 켄 그리핀.
ⓒ Gettyimages

했다. 누구나 이 헌법에 접근할 수 있게 하겠다고 한 것이다. 그러나 누구에게 언제 얼마 동안 대여해 줄지는 그리핀의 마음에 달렸다.

나는 이 경매를 지켜보면서 콘스티튜션DAO가 승리하기를 진심으로 바랐다. '우리 인민들(We, the people)'로 시작하는 미국 〈헌법〉이 정말 '인민'들의 손에 들어가는 상징적인 장면을 목도하고 싶었다. 게다가 상대는 하필이면 헤지 펀드의 수장이었다. 자본주의의 상징인 뉴욕 한가운데서, 자본주의의 결정체인 헤지 펀드 대표에게, 인민 다수가 승리하는 모습이라니. 어쩌면 콘스티튜션DAO의 승리가 현재 위기에 처한 민주주의에 대한 새로운 희망이 될지도 모른다고 생각했던 것 같다. 실망스럽기는 했지만 소더비 경매는 새로운 시사점을 안겨 주었다. 기술을 활용한 인민 다수의 참여와 직접 민주주의가 어떻게 작동할 수 있을지에 대한 본보기로서 말이다. 물론 현재로서는 예상 낙찰가를 두 배 넘게 달성한 소더비가 기대하지 않았던 수익을 모두 가져갔지만, 조만간 그 수익이 다수의 인민에게 돌아올 날이 올 거라고 믿는다.

〈노예 해방 선언문〉에 가려진
링컨의 비밀 프로젝트

— 2016년 소더비 뉴욕, 〈노예 해방 선언문〉 인쇄본

　　미국 언론에서는 종종 '미국인들이 가장 존경하는 대통령', 혹은 '역사에서 가장 큰 영향력을 미친 대통령'을 조사해서 발표하곤 한다. 그중에서도 미국의 비영리 공공 방송으로 연방 정부의 다양한 행사들과 공보 프로그램 등을 방송하는 케이블 텔레비전 네트워크 〈C-SPAN(Cable-Satellite Public Affairs Network)〉이 진행하는 조사는 공신력을 인정받고 있다. 조사 대상은 역사학자들과 전기 작가들이며, 대중 설득, 위기관리, 도덕적 권위, 국제 관계, 평등 및 정의 추구, 시대적 맥락 내에서 성과 등 다양한 항목으로 점수를 매긴다. 〈C-SPAN〉은 동일한 조사를 2000년과 2009년, 2017년 그리고 2021년, 네 차례 진행했다. 이 조사는 일관된 결과를 보여 준다. 당당하게 1위를 차지한 대통령은 바로 에이브러햄 링컨(Abraham Lincoln, 1809~1865)이었다.

링컨 기념관 내에 있는 에이브러햄 링컨 동상.
ⓒ Gettyimages

2015년에는 APSA(American Political Science Association)에서 미국 대통령을 전공으로 연구하는 정치학자들을 대상으로 대통령 순위를 조사했는데, 이 조사에서도 링컨 대통령을 최고로 꼽았다. 그밖에 대중을 상대로 한 여론 조사에서도 대체로 1위는 링컨의 몫이다.

링컨은 왜 이렇게 높은 평가를 받는 것일까. 〈스미스소니언 매거진(Smithsonian Magazine)〉은 그 이유에 대해 "남북 전쟁 중에도 국가를 잘 지도했다는 점과 노예제를 폐지했다는 업적" 덕택이라고 분석했다.

이러한 링컨의 인기를 반영하듯, 2016년 소더비 뉴욕에 링컨의 친필 서명이 담긴 〈노예 해방 선언문〉이 등장하자 언론들은 큰 관심을 보였다. 낙찰 추정가는 150만 달러에서 200만 달러였다. 링컨의 위상과 그의 친필 사인, 〈노예 해방 선언문〉이라는 상징성을 고려하면 수긍이 가면서도 의문이 든다. 링컨이 노예 해방 선언을 한 것은 알지만 따로 선언문이 존재했다는 건꽤 생소한 사실이기 때문이다. 이 문서가 만들어진 사연은 무엇일까 궁금해졌다.

소더비에 등장한 〈노예 해방 선언문〉은 링컨이 1863년 1월 1일에 발표한 노예 해방 선언 때 만들어진 원본이 아니다. 원본은 단 하나, 미국 국립기록보관소에서 보관하고 있으니 말이다. 이 문서는 남북 전쟁이 한창이던 1864년 6월 7일 필라델피아에서 열린 한 박람회에서 판매용으로 인쇄된 것이었다. 이 박람회

소더비가 사랑한 책들

2016년 5월 25일 소더비 경매장에 등장한 링컨의 자필 서명이 들어간
〈노예 해방 선언문〉. ⓒ Sotheby's

의 이름은 '위생 박람회(Great Sanitary Fair)'였다. 미국 위생 위원회 (United States Sanitary Commission)의 주최로 열린 이 행사는 남북 전쟁 중 부상을 입거나 병든 북부 연방군 병사들을 치료하고, 그들이 부양해야 할 가족들을 지원하기 위한 활동 자금을 모으기 위한 것이었다. 링컨 대통령은 이 박람회를 지원하기 위해 48부의 〈노예 해방 선언문〉을 인쇄하여 직접 서명한 뒤 위원회로 하여금 판매할 수 있도록 허락했다. 일종의 '대통령 굿즈'를 판매했던 셈이다. 일주일간 열린 이 박람회에서 선언문은 각각 10달러에 판매되었다. 현재 가격으로 환산하면 약 300달러(한화 약 36만 원)에 판매된 것이니 그렇게 비싸게 판매된 것은 아니다. 그중 현재까지 남아 있는 인쇄본 〈노예 해방 선언문〉은 총 27부로 알려져 있다. 2016년 소더비에 등장한 선언문은 바로 이 27부의 선언문 중 한 부였다.

이 선언문은 미국의 문서 수집가이자 역사 애호가였던 리처드 길더(Richard Gilder, 1932~2020)와 루이스 레만(Lewis Lehrman)이 설립한 비영리 기관, 길더-레만 연구소(the Gilder Lehrman)가 소장했던 물건으로, 소더비 경매를 통해 일반 대중들과 학생들을 위한 미국 역사 교육 기금을 마련하고자 했던 것이었다. 다행히 2016년 5월 25일 열린 소더비 경매는 성공적으로 마무리되었다. 소더비와 언론의 예상을 뛰어넘어 217만 달러, 한화 26억 원의 금액으로 신원을 밝히지 않은 한 전화 응찰자에게 낙찰되었다.

남북 전쟁과
노예 해방 선언

사실 남북 전쟁을 승리로 이끌고, 노예 해방 선언을 통해 미국 흑인 노예들을 자유로운 신분으로 만들었다는 업적은 우리가 링컨에 대해 알고 있는 전부라고 할 수 있다. 그리고 대부분의 사람들은 이 두 가지 업적이 하나로 연결된 것이라고 생각한다. 즉, 링컨이 노예를 해방한다고 했기 때문에 이에 반대하는 남부와 찬성하는 북부가 전쟁을 벌인 것으로 혼동한다는 의미다. 하지만 노예 문제는 남북 전쟁이 벌어진 이유 중 하나일 뿐이다. 근본적인 이유는 남부와 북부의 너무나도 다른 생활 방식과 문화, 그리고 그것을 규정하는 전혀 다른 경제 구조였다.

간략히 이야기하자면, 남부는 여전히 거대한 목화 농장에서 노예 노동력을 이용하여 대규모 농사를 짓는 농업 중심 사회였던 반면, 북부는 시간이 지날수록 도시가 발달하고 공업이 발달하면서 산업화에 걸맞은 새로운 생활 방식과 문화가 발전하고 있었다. 시간이 지나면 지날수록 이러한 경향은 가속화되었다. 농업 사회에 머무르던 남부는 인구 성장이 더뎠고, 북부에는 공장 일자리를 찾기 위한 이민자의 유입이 계속되면서 급격히 인구가 늘어났다. 결과적으로 북부의 발전과 성장은 미국 연방 내에서의 정치적 입지에도 큰 변화를 가져왔다. 어느 정도 균형을 이루었던 미국 연방 내에서의 정치적 구도가 점차 북부에게 유

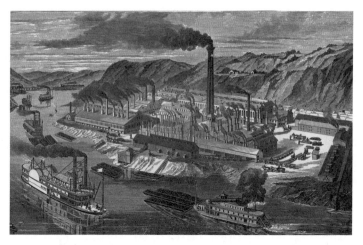

>> 19세기 펜실베이니아 주 피츠버그에 위치한 철강 공장의 풍경.
ⓒ Gettyimgaes

>> 19세기 남부 지역 목화밭에서 일하는 흑인 노예들.
ⓒ Gettyimgaes

리한 방향으로 흘러갔던 것이다.

연방은 점차 북부에 유리한 법령을 통과시키기 시작했고, 철도를 비롯한 투자 및 개발도 북부 위주로 이루어졌다. 그렇지 않아도 노예들이 탈주하여 일자리를 찾기 위해 북부로 몰려드는 상황이었는데, 북부의 공화당원들은 끊임없이 노예제 폐지를 외치며 급진적인 변화를 요구하고 있었다. 물론 공화당원들은 노예제가 그 자체로 시대착오적이라고 생각했을 뿐만 아니라, 공업화로 인해 자유로운 신분의 노동자들이 많이 필요했던 북부의 입장을 대변하고 있었다. 반면 남부의 노예주(奴隸州) 입장에서 이런 상황은 연방 내에서 남부의 고립과 도태를 유발하고, 자신들이 오랫동안 유지해 왔던 전통이 해체될 위기라고 여겼다. 노예제는 거의 백 년 가까이 유지해 오던 사회 문화적 관습으로 자신들을 영주나 귀족인 것처럼 느끼게 해 주는 전통이었다. 게다가 노예는 대농장의 중요한 노동력을 제공한 데다가 노예 수입이 금지되었던 당시로서는 희소가치를 지닌 자산 그 자체였다. 이들을 해방시키면 남부 농장주들은 엄청난 경제적 타격을 받을 수밖에 없었다. 다시 말해 노예의 인권은 표면적인 이유였을 뿐, 남북 갈등의 본질은 경제적인 문제였다.

결국 남부의 노예주들은 미국 연방을 탈퇴하고 자신들만의 연합을 구성할 것을 결의하게 되었다. 그러고는 1861년 4월 연방군과 마찰을 빚던 남부 연합이 공격을 감행하면서 남북 전쟁이 발발했다. 초기에는 우수한 지휘관을 갖추고 보다 열성적이었던 남부 연합군이 우세했다곤 하지만, 남부나 북부나 서로에게 결정적인 타격을 주지는 못했다. 결국 전쟁은 장기화되었고, 주로 전쟁터가 된 남부 주는 황폐화되기 시작했다.

대통령 임기 중에 내전을 맞은 링컨으로서는 전쟁을 빨리 끝내야 했지만 전황은 북부에게 그리 유리하지 않았다. 그러던 중 1862년 9월 17일, 앤티텀 전투(Battle of Antietam)는 링컨에게 전황을 바꿀 소중한 기회가 됐다. 미국 역사상 가장 많은 사상자가 발생한 이 전투에서 북부군은 남부군의 명장으로 알려진 리 장군(Robert Edward Lee, 1807~1870)을 격퇴하여 메릴랜드 주를 지켜냈던 것이다. 북부군이 승기를 잡을 기회라고 생각한 링컨은 승기를 굳힐 정치적 결단을 내리게 된다. 바로 노예제 문제를 건드리는 것이었다. 전투가 끝난 직후인 1862년 9월 22일 링컨은 '노예 해방 선언'을 위한 예비 선언문을 발표했다. 내용을 요약하자면 이러하다. 연말까지 연방으로 복귀하지 않는 주나 지역들은 다음해 1월 1일부로 반란주(反亂州)로 지정될 것이며, 이렇게 지정된 지역의 모든 노예들은 그때 이후로 자유를 얻게 될 것임을 경고하는 것이었다. 하지만 남부 연합은 꿈쩍하지 않았고, 결국 링컨은 1963년 1월 1일 그 유명한 '노예 해방 선언'을 공포하게 된다.

링컨이 의도했던 노예 해방 선언의 효과는 두 가지였다. 일차적으로는 남부 노예들의 탈출을 기대할 수 있고, 이들을 북부군에 흡수하면 전력에 보탬이 될 수 있다고 생각했을 것이다. 하

앤티텀 전투.
1878년 쿠르츠 앤 앨리슨(Kurz and Allison) 작.
ⓒ Wikipedia

지만 궁극적인 목적은 대외적인 이미지 변신에 있었다. '내전'이었던 남북 전쟁을 노예 해방이 목적인 숭고한 전쟁으로 탈바꿈시켜, 북부가 남부 연합에 비해 도덕적 우위에 서게 만드는 것이었다. 사실 연방에게 가장 큰 위협은 남부 주들과 돈독한 관계를 맺고 있었던 영국이나 프랑스 같은 유럽 국가들이었다. 유럽의 강대국들이 남부를 돕는다면 전쟁은 북부군에게 불리해진다. 하지만 이 전쟁을 통해 북부가 노예를 해방하겠다고 주장하는 이상, 문명 국가를 자처하는 영국이나 프랑스 등은 결코 남부에게 도움을 줄 수 없게 된다.

그렇지 않아도 북부에 비해 병력과 물자가 미흡했던 남부군은 도덕적 명분을 잃고 국제적으로 고립되면서 결국 전쟁에서 패배하고 말았다. 링컨의 노림수가 통했던 것이다. 미국은 연방 해체를 막고 노예 제도는 법적으로 사라지게 되었다. 링컨의 노예 해방 선언은 전쟁이 끝나자마자 〈수정 헌법 13조〉가 되어 미국 헌법에 새겨졌다. 그러므로 링컨의 노예 해방 선언은 미국 역사에서 가장 중요한 순간 중 하나라고 볼 수 있다. 전쟁의 양상을 바꾸고 연방 해체를 막았으며, 게다가 인류애를 구현한 상징이기도 하지 않은가. 미국인 입장에서는 소중하고 자랑스러운 역사로 기록할 만하다.

어떤 이들은 링컨의 노예 해방이 정치적 권모술수에 불과하다며 평가절하하기도 한다. 그가 정말 원했던 것은 연방의 존속이었을 뿐, 노예 해방에는 전혀 관심이 없었다는 것이다. 그가 정말 노예 해방에 진심이었다면, 대통령이 되자마자 노예 해방 선언을 했어야지 왜 전쟁 발발 후 20개월이나 지나서야 발표했냐는 것이다. 실제로 링컨은 대통령 취임사에서도 "본인은 노예 제도가 존재하는 주에서 노예 제도를 직간접적으로 방해할 목적이 없습니다. 나는 그렇게 할 법적 권리가 없다고 생각하며 그렇게 할 의향도 없습니다. (I have no purpose, directly or indirectly, to interfere with the institution of slavery in the States where it exists. I believe I have no lawful right to do so, and I have no inclination to do so.)"라고 선언하기도 했다.

게다가 링컨의 노예 해방 선언은 연방에 반란을 일으킨 주에만 해당하는 것이었다. 노예주이면서도 북부군에 속했던 메릴랜드나 켄터키, 델라웨어, 미주리, 서부 버지니아는 해당되지 않았다. 이는 링컨이 노예 해방 선언을 전쟁에 이기기 위한 정치적 술책으로 사용한 것에 불과하다는 증거라는 것이다.

링컨에 대한 이런 비판은 사실에 근거하고 있다. 그러나 링컨에 대한 비판은 그가 정치인임을 염두에 둘 필요가 있다. 즉, 그는 미국의 대통령으로서 북부와 남부를 통합할 의무가 있었다. 당시 노예 문제는 남부 주에서는 민감한 문제였다. 대통령으로서 나라를 분열시킬지 모를 문제를 섣불리 건드릴 수는 없었다. 링컨에 대한 기록들로 유추해 볼 때 링컨이 노예 해방을 진심으로 바란 것은 사실인 것 같다. 링컨이 대통령이 되기 전, 1858년 일리노이 주 상원의원에 도전했던 시기를 돌이켜 보자. 그는 당시 현직 일리노이 주 상원의원으로서 재선을 노리고 있었던 스티븐 더글러스(Stephen A. Douglas, 1813~1861)와 노예제를 두고 논쟁[1]하며 다음과 같은 발언을 했다.

"저는 노예제에 대한 무관심을 증오합니다. 왜냐하면 노예제 그 자체의 괴물 같은 부당함 때문입니다. 저는 노예제에 대한 무관심이, 우리 공화주의가 세계에 정당한 모범을 보일 기회를 박탈하고, 자유로운 제도의 적들이 우리를 위선자라며 비웃게 만들고, 자유의 친구들이 우리의 진정성을 의심케 만들기 때문에 증오하는 것입니다.… (I hate [indifference to slavery] because of the monstrous injustice of slavery itself. I hate it because it deprives our republican example of its just influence in the world-enables the enemies of free institutions, with plausibility, to taunt us as hypocrites-causes the real friends of freedom to doubt our sincerity, …)."

"동료 여러분, 제가 여러분들을 너무 오랫동안 붙잡은 것 같

---

1   스티븐 더글러스는 1854년 〈캔자스-네브래스카 법〉을 제안한 사람이었다. 이 법은 다음과 같은 배경과 내용을 가지고 있다. 서부 개척으로 인해 영토가 확장되면서 캔자스와 네브래스카가 준주(準州)로서 연방에 가입하게 되었는데, 각 주의 노예제 인정 여부를 주민들로 하여금 결정하도록 하자는 법이었다. 이는 북부와 남부가 합의했던 미주리 타협, 요컨대 항상 주를 동수로 가입시켜 노예주와 자유주의 균형을 맞추자고 한 타협을 정면으로 거부하는 법안이었다.

습니다. 이제 제가 할 얘기는 이것뿐입니다. 우리는 이제, 이 사람은 어떻고 저 사람은 어떻고, 이 인종은 어떻고 저 인종은 어떻고, 어떤 인종은 열등하니까 열등한 지위에 있어야 한다는 트집 잡기는 그만합시다. 우리가 스스로 만들어 낸 기준들을 버립시다. 이런 모든 것들을 버리고 이 땅에서 하나의 인민으로 뭉칩시다. 모든 사람들이 평등하게 창조되었음을 다시 한 번 일어나 선언할 때까지 말입니다. (My friends, I have detained you about as long as I desired to do, and I have only to say, let us discard all this quibbling about this man and the other man—this race and that race and the other race being inferior, and therefore they must be placed in an inferior position—discarding our standard that we have left us. Let us discard all these things, and unite as one people throughout this land, until we shall once more stand up declaring that all men are created equal)."

이런 발언들로 볼 때 링컨은 분명 노예제 폐지에 대한 굳건한 신념이 있었다고 보는 것이 타당하다. 링컨은 노예제 폐지 발언을 통해 노예제에 반대하던 지식인들, 노예제 폐지에 동조하는 공화당 당원들에게 지지를 받기는 했지만 정작 상원의원 선거에서는 낙선하고 말았다. 노예제에 대한 그의 발언이 다수의 사람들에게는 조금 급진적으로 여겨졌던 모양이다. 하지만 이때의 경험 덕분에 그가 훗날 적절한 타이밍에 '노예 해방 선언'을 내밀 수 있는 성숙한 정치인으로 성장할 수 있었는지도 모른다. 만약 그가 대통령 취임 초기부터 노예 해방 선언을 발표했다면 연방은 훨씬 빨리 흩어졌을 것이다. 남북 전쟁 때 노예주였으면서도 연방에 남아 북부군에 힘을 보탰던 메릴랜드나 켄터키, 델라웨어, 미주리도 없었을지 모른다. 그들이 없었다면 북부군이 남부 연합군과의 전쟁을 감당할 수 있었을까?

아무튼 링컨의 '노예 해방 선언'으로 인해 미국 전역에서 노예가 자유의 몸이 되기 시작했다. 비록 즉각적이고 전면적인 해방은 아니었고, 다른 정치적 목적도 있었지만, 그의 노예 해방에 대한 진심을 굳이 깎아 내릴 필요는 없어 보인다.

하지만 지금부터 소개할 프로젝트를 알게 된다면 링컨을 다시 한 번 의심하게 될지 모른다.

참사로 끝난 바쉬섬
이주 프로젝트

카리브해 정중앙에 위치해 쿠바섬 다음가는 큰 섬인 히스파니올라(Hispaniola)섬은 서쪽으로는 아이티 공화국, 동쪽으로는 도미니카 공화국이 자리 잡고 있다. 히스파니올라 섬의 서남쪽에는 바쉬(Ile à Vache)라는 아주 작은 섬이 있다. '암소섬'이라는 뜻인데, 섬에 소가 많아서였는지, 섬의 모양이 소를 닮아서였는지

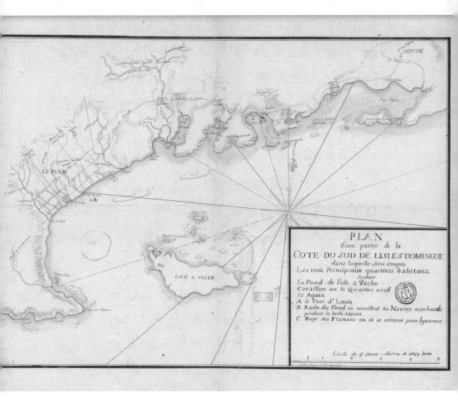

카리브해에 위치한 바쉬섬.

는 정확히 알 수 없다. 이 섬은 아주 오래 전에는 해적들의 본거지로 알려져 있었는데, 18세기 말 프랑스의 식민지였던 히스파니올라섬에서 독립 투쟁이 성공하여 세계 최초의 흑인 공화국인 아이티 공화국이 탄생했고, 곧이어 이 섬은 아이티 공화국의 일부가 되었다. 구글 지도를 한참 확대해야만 겨우 발견할 수 있는 이 작은 섬에는 거의 알려지지 않은 비극이 숨어 있다.

비극은 이 작은 섬에 버나드 콕(Bernard Kock, 1826~?)이라는 독일 태생의 미국인이 눈독을 들이면서 시작됐다. 플로리다에 목화 농장을 소유하고 있던 콕은 1862년에 열린 런던 세계 박람회에서 아이티산 목화가 품질이 좋다는 것을 알아내고는 사업을 구상했다. 그가 떠올린 사업은 바쉬섬을 임대하고, 미국의 흑인 해방 노예를 값싸게 모집하여 목화를 재배하는 것이었다. 곧바로 아이티로 건너간 그는 아이티의 대통령을 만나 협상을 진행했다. 아이티 입장에선 백인에게 섬을 임대해 주는 건 꺼림칙했지만, 어차피 놀리고 있던 섬에서 돈이 들어온다니 마다할 이유가 없었다.

계약의 요지는 다음과 같다. 콕은 10년 동안 헥타르당 0.35달러를 임대료로 지불하고, 이후에 추가적으로 10년간 재임대할 수 있다. 대신 이 섬에 들어오는 흑인 해방 노예들은 아이티 국민으로 귀화할 것이며, 관리자들은 되도록 흑인을 채용한다. 또한 섬을 개간하면서 베어 낸 목재에 가격을 매겨 일부 금액을 아이티 정부에 세금으로 내고, 섬에서 수출입을 할 경우 아이티 정부의 관세 정책을 따른다.

콕은 이런 조건으로 아이티 정부와 계약을 체결하고 곧바로 미국으로 뱃머리를 돌렸다. 미국 정부와 접촉하기 위해서였다. 당시 미국 정부는 흑인 노예 문제로 꽤 난처한 상황이었는데, 콕은 이를 이용하려는 속셈이었다. 링컨과 그의 행정부가 직면한 문제는 남부에서 탈출해서 북부로 도망온 노예들의 처우였다. 그들을 어떻게 대우하고 먹고살 길을 마련해 주어야 할지 아무런 대책이 없었던 것이다. 게다가 링컨은 머지않아 〈노예 해방 선언문〉을 발표할 예정이었다. 해방 노예들은 앞으로 더 늘어날 예정이었지만 정부로서는 뾰족한 대책이 없었다. 왜냐하면 링컨을 비롯한 당대의 정치인들은, 흑인과 백인이 어우러져 사는 사회를 상상하지 않았기 때문이다. 그들의 입장에서 최선은 흑인들을 백인들의 세계에서 도려내 다른 세계로 보내는 것이었다.

링컨이 고려할 수 있는 첫 번째 선택지는 라이베리아(Liberia)였다. 미국 해방 노예들이 대서양을 건너 서아프리카에 세운 독립 국가 라이베리아는 일찌감치 1820년대부터 많은 흑인들이 이주해 간 곳이었다. 하지만 해방 노예를 모두 라이베리아로 보내려면 몇 가지 어려운 문제를 해결해야 했다. 일단 비용이 문제였다. 대서양을 건너는 데에는 큰 비용이 들었다. 전쟁 중에 돈이 궁했던 미국 정부는 아프리카에서 강제로 데려온 흑인들을 다시 아프리카로 보내기 위해 돈을 쓰고 싶지 않았다. 라이

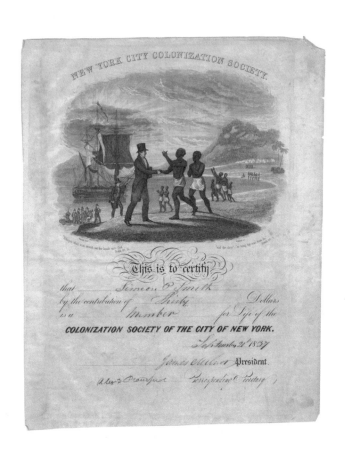

라이베리아 건국을 주도했던 미국식민지협회의 뉴욕 지부 회원 증명서.

베리아의 열악한 경제 환경도 문제였다. 건국 초기였던 라이베리아는 제대로 된 사회 시스템이나 경제 기반이 없었다. 라이베리아에 가면 몇 개월 안에 굶어 죽는다는 소문이 돌 정도였다. 흑인들 입장에서도 가면 죽는다는 곳으로 갈 이유가 없었다. 이런 이유로 해방 노예의 라이베리아 이주는 현실성이 떨어졌다.

이에 링컨은 중남미에 식민지를 세울 것을 검토하기도 했다. 가장 진지하게 고려한 곳은 파나마 남부에 위치한 치리키(Chiriqui) 지역이었다. 이곳은 거대한 탄광이 있었기 때문에 제대로 개발만 된다면 이주한 흑인들이 탄광에서 노동을 하며 생계를 꾸릴 수 있었다. 5,000명씩 10년에 걸쳐서 총 5만 명의 해방 노예들을 보낸다는 구체적인 계획이 수립되었고, 정부 요원들이 파견되어 실사를 진행하며 각국 정부와 협상을 준비하기도 했다. 그러나 이 계획 역시 현실성이 없었다. 당시 갓 독립한 상태였던 중남미 국가들은 미국이 중남미에 간섭하는 것을 달가워하지 않았다. 게다가 미국의 의도대로라면 멀쩡한 영토를 사실상 미국의 식민지로 할양하라는 것과 마찬가지였다. 미국의 도를 넘는 내정 간섭을 받아들일 국가는 없었다.

콕은 미국이 처한 곤란을 잘 파악하고 있었다. 콕의 사업 계획서는 링컨과 미국 정부 입장에서는 꽤 구미가 당기는 조건이었을 것이다. 콕의 예상대로 링컨은 이 제안을 받아들였다. 그러고는 〈노예 해방 선언문〉을 발표하기 직전에 콕과 계약을 체결했다. 미국 정부가 해방 노예 한 명당 50달러의 수송 비용 및 정착비를 지원하기로 한 계약이었다. 콕은 미국 정부와의 계약을 근거로 뉴욕의 금융업자들에게 투자금을 끌어모았다.

첫 배는 1863년 4월 14일 버지니아의 먼로 요새(Fortress Monroe)에서 출발했다. 453명의 해방 노예를 태운 오션 레인호가 바쉬섬을 향해 출항한 날이다. 하지만 콕의 야심만만한 계획은 최악으로 치달았다. 바쉬섬으로 향한 배에서는 사흘 만에 재앙이 닥쳤다. 천연두가 발생해서 20여 명이 감염되었다. 치료약이 있을 리 없었던 배에서 할 수 있는 일은 격리밖에 없었다.

섬에 도착한 사람들은 더 지독한 현실과 마주해야 했다. 목화 생산 기지를 건설한다는 명목으로 투자금을 끌어모은 콕이 섬에 만들어 놓은 시설은 단체 생활을 위한 오두막 두 채가 전부였다. 게다가 콕은 자신이 바쉬섬 총독이라며 마음대로 사람들을 착취했다. 바쉬섬에서만 통용되는 화폐를 만들어 모든 경제 활동에 사용하게 한 것이다. 식료품과 생필품을 사려면 이 화폐를 사용해야 했다. 고립된 섬에서 사람들은 굶어죽지 않기 위해 가지고 온 얼마 안 되는 귀중품이나 현금을 이 화폐로 교환해야 했다. 문제는 이 화폐로도 필요한 물건을 살 수 없었다는 것이었다. 식료품과 생산 시설 건설을 위해 필요한 자재를 싣고 온다는 두 번째 배는 아무리 기다려도 소식이 없었다. 식량은 바닥나고 있었고 천연두 환자는 늘어만 갔다. 흑인들은 속았다는 것을 깨닫고 반란을 준비했다. 생명에 위협을 느낀 콕은 섬을 탈출해 버렸다.

　두 번째 보급선이 오지 않은 이유는 뉴욕의 투자자들이 섬의 실상을 파악하고는 투자금 지급을 거부했기 때문이었다. 콕이 기반 시설도 갖추지 않고 어이없게 자신만의 노예 왕국을 만들려고 했다는 것을 알게 된 투자자들은 콕을 더 이상 믿지 않았다. 뉴욕의 투자자들은 돈 문제에 있어서는 현명한 판단을 내렸지만 바쉬섬에는 여전히 사람들이 남아 있었다. 투자자들이 문제를 덮고 눈을 감아버린 동안 섬에서는 살아남기 위한 몸부림이 시작됐다.

　섬에 도착한 사람들은 어떻게든 살기 위해 땅을 개간하여 옥수수와 감자 같은 작물들을 심었다. 기후는 농사에 나쁘지 않았지만 땅은 개간하기 어려운 토양이었다. 제대로 된 농기구도 없었다. 덥고 습한 기후로 인해 해충이 들끓었고, 천연두에 이어 어떤 병인지 알 수 없는 풍토병까지 돌기 시작했다. 투자자들의 외면 속에 이러한 사실이 링컨에게 보고되기까지는 오랜 시간이 걸렸다. 미국 정부가 실상 파악을 위해 요원을 파견한 것은 그해 가을이었다. 453명 중 섬에 남은 인원은 292명. 3분의 1에 달하는 사람들이 죽었고, 73명은 아이티 본토로 탈출했다. 사실상 학살이나 다름없는 결과였다. 이듬해인 1864년 3월 이들을 구출한 선박이 버지니아로 돌아왔다. 그리고 이 식민화 프로젝트 사업 실패에 대한 비난이 콕과 링컨 정부로 쏟아졌다. 하지만 이 사건에 대한 구체적인 기록들은 전해지지 않는다. 여전히 남북 전쟁이 한창이었던 터라 링컨 정부는 이 사건을 최대한 덮고자 했을 가능성이 높다. 링컨 정부는 이후 식민화와 관련한 모든 계획과 예산을 취소했다.

라이베리아부터 중남미 식민화 계획, 바쉬섬까지. 링컨은 왜 이런 현실성 없는 일을 고려했을까? 사실 링컨은 흑인 해방 노예 대표들과 만나 그들의 처우를 결정하기 위해 의견을 나누어 왔다. 하지만 대부분의 흑인들은 링컨 정부가 계획한 아이디어에 격노로 응답했다. 미국은 1807년부터 공식적으로 노예 수입이 금지된 상태였다. 당시 미국에는 더 이상 아프리카 대륙에서 온 흑인이 없었다는 말이다. 1860년대에 미국에 살던 흑인들은 거의 대다수가 미국에서 나고 자란 사람들이었다. 서아프리카의 라이베리아는 그들의 조상 중 아주 일부가 살았던 곳이라는 점 말고는 아무런 연관이 없는 나라였다. 중남미나 카리브해의 바쉬섬은 최소한의 연관성조차 없는 곳이었다. 너희 조상들이 살았던 곳이니, 혹은 일자리가 있으니, 태어나고 자란 곳을 떠나라고 한다면 어떤 이가 수긍할 수 있을까. 링컨의 프로젝트는 결국 백인 입장에서 흑인들을 물건 취급하는 것과 다르지 않았다.

소더비가 사랑한 책들

〈노예 해방 선언문〉 100년 후,
그리고 지금

링컨의 노예 해방 정책은 실패했고, 심지어 큰 희생까지 치러야
했다. 링컨은 노예를 해방시켜야 한다고는 생각했지만, 그들과
함께 같은 나라에서 살 수 있다고 생각하지는 않았던 것이다.
그는 흑인들은 백인들과 격리되어야 하고, 다른 세상에서 따로
살 때만 서로 행복할 수 있다고 생각했다. 결국 흑인과 백인이
함께 사는 미국이라는 나라는 후세의 몫으로 남겨졌고 또 다른
희생이 필요했다.

흑인들은 노예 해방 선언이 이루어진 이후 〈수정 헌법 13조〉
에 의해 즉각 법적으로 노예 상태에서 해방되었고, 이어진 〈수
정 헌법 14조〉를 통해 시민권을 부여받았으며, 〈수정 헌법 15
조〉에 의해 남성의 경우 투표권까지 부여받았다. 법적으로 흑
인들은 미국 시민이 됐다. 하지만 세상은 쉽게 변하지 않았다.
흑인들은 식당에 마음대로 드나들 수 없었고, 버스에서도 마음
대로 자리에 앉을 수 없었다. 심지어 화장실도 흑인 전용 화장
실을 이용해야 했다. 명백한 차별에도 백인들은 "분리되어 있
지만 평등하다.(Separate but equal.)"는 궤변을 늘어놓을 뿐이었다.[2]

---

2   "분리되어 있지만 평등하다."라는 문구는 1896년 '플래시 대 퍼거슨 사
    건'에서 인종 분리 정책에 대해 미국 대법원이 내린 판결이다. 흑인인 호

이러한 이유로 마틴 루서 킹 주니어 목사(Martin Luther King Jr., 1929~1968)는 1963년 8월 28일 '직업과 자유를 위한 워싱턴 행진(March on Washington for Jobs and Freedom)'을 마치고, 워싱턴의 링컨 기념관 앞에서 여전히 "옛 노예의 후손들과 옛 주인의 후손들이 형제애가 깃든 식탁에 함께 둘러앉"는 세상과 "아이들이 피부색이 아니라 인격에 따라 평가받는 나라"를 꿈꾼다고 연설했던 것이다. 〈노예 해방 선언〉이 발표된 지 무려 100년이 지난 후였지만, 흑인의 인권을 보장받는 사회는 여전히 꿈에 불과했던 것이다.

행진에 함께 참여하고 마틴 루서 킹의 연설에 감동받은 사람들은 워싱턴 기념탑부터 링컨 기념관을 가득 메웠다. 대중들의 힘은 나라를 움직였고 미국 역사상 가장 중요한 입법 성과 중 하나로 손꼽히는 1964년 〈민권법(Civil rights act)〉 통과에 영향을 미쳤다. 〈민권법〉은 인종, 피부색, 종교, 성별, 출신국에 따른 차별을 금지하는 법안이었는데, 이를 근거로 남부 주에 여전히 존재했던 차별적인 법률들도 철폐될 수 있었다. 100년이

머 플래시는 루이지애나에서 예약한 기차의 1등석에 앉아 있었는데, 차장이 1등석은 흑인이 이용할 수 없다며 흑인 전용 칸으로 이동할 것을 명령했다. 플래시가 이를 거부하자 보안관에게 체포되었고, 재판이 진행되었다. 1심 판사 존 하워드 퍼거슨은 흑백 분리가 유효하다며 플래시에게 벌금형을 내렸다. 플래시는 항소하여 대법원까지 갔으나 대법원에서도 퍼거슨의 판결에 손을 들어 주면서 분리주의 원칙을 뒷받침하는 근거가 되었다.

소더비가 사랑한 책들

링컨 기념관에서부터 워싱턴 기념탑까지 빼곡히 자리 잡은 인파의 모습.
이들은 마틴 루서 킹 목사와 함께 워싱턴 행진을 함께했고 그의 그 유명한
"나는 꿈이 있습니다" 연설을 들었다.

ⓒ Gettyimages

지나서야 미국 사회는 한 단계 더 나아갈 수 있었던 셈이다. 하지만 그러한 와중에 마틴 루서 킹 목사는 암살을 당했다. 보다 비타협적인 방식으로 흑인들을 대변했던 맬컴 엑스(Malcolm X, 1925~1965)도 살해당했다. 백인 거물 정치인으로서는 유일하게 유색 인종을 대변하며 진보적인 운동에 헌신했던 로버트 F. 케네디(Robert F. Kennedy, 1925~1968)도 결국 죽음을 맞이하며 소명을 끝내지 못했다. 링컨이 남겨 둔 과제는 후세에게 넘겨졌고 이렇게 수많은 피를 필요로 했다.

그러고도 50년이 지난 지금 미국 사회는 어떤 모습인가? 여전히 인종 차별은 미국 사회에 남겨져 끊임없는 비극을 불러오고 있다. 2020년에는 흑인 조지 플로이드(Georges Floyd, 1973~2020)가 경찰의 과잉 대응으로 인해 사망하는 사건이 발생했다. 이 사건은 미국을 넘어 전 세계로 번져 나가며 '흑인의 생명은 소중하다(Black Lives Matter)' 운동과 시위로 이어졌다. 150년이 지났지만 "여전히 〈노예 해방 선언문〉의 가치는 유효한가?"라고 묻는다면, "아직은 그렇다!"고 대답할 수밖에 없다. 여전히 차별은 존재하고 흑인들은 생명의 위협을 감수하며 일상을 보내야 하기 때문이다. 심지어 어떤 사람들은 "모두의 생명이 소중하다(All Lives Matter)"라는 메시지로 흑인 인권 운동을 기만하기까지 한다.

플로이드 사건은 흑인과 백인 간의 인종 갈등 문제가 아니라 우리 모두가 가진 인권의 문제라는 점을 이해하지 못하는 사람들이 아직까지 많다는 것을 보여 준다. 오히려 지금은 흑인만이 아니라 모든 인종 간에 갈등과 분쟁이 증폭되고 있는 상황이다. 흑인과 백인만 대립하는 것이 아니라, 라틴계도, 아시아계도 백인들과 대립하며 또한 흑인과 라틴계, 아시아계도 서로 반목한다. 우리는 또 다른 마틴 루서 킹, 또 다른 케네디와 그런 이들의 피를 필요로 할지도 모른다. 〈노예 해방 선언문〉은 미국의 흑인들에게만 중요한 문화유산이 아니다. 인간이 인간답게 살아가기 위해서는 어떤 과오를 반복하면 안 되는지를 보여 주는 상징이 바로 이 한 장의 종잇조각에 담겨 있는 것이다.

마오쩌둥이
애틀리에게 보낸 편지의 수수께끼

— 2015년 소더비 런던, 마오쩌둥의 비밀 편지

2015년 12월 15일 소더비 런던에서 화제에 오른 경매가 열렸다. 중화인민공화국의 초대 주석이자 중국 공산당의 당수였던 마오쩌둥(毛澤東, 1893~1976)이 1937년 당시, 영국의 노동당 당수였던 클레멘트 애틀리(Clement Richard Attlee, 1883~1967)에게 보낸 편지가 경매에 등장한 것이었다. 마오쩌둥의 친필 서명이 담긴 물건이 경매 시장에 나오는 경우는 무척이나 드문 일로, 2013년 미술품 경매로 유명한 뉴욕 본햄스(Bonhams)에서 마오쩌둥이 장쉐량(張學良, 1901~2001)과 나눈 편지와 문서의 묶음이 거래된 이후 처음 있는 일이었다.

누렇게 색이 바랜 종이에 타자기로 작성된 영문 편지. 애틀리의 가족들이 오랫동안 보관해 왔던 이 편지는 작성된 지 78년 만에 세상에 공개됐다. 마오쩌둥이 친필 서명을 남겼다는 희소

Yenanfu, North Shensi,
CHINA.

November 1st, 1937.

To

Major Clement Attlee,
Leader of the Labour Party,
United Kingdom.

Dear Sir,

In the name of the Communist Party of China, and on
behalf of the whole Chinese people, now engaged in a life
and death struggle against the invaders of their country,
we should like to send a message of goodwill to the people
of Great Britain, and to the British Labour Party, of which
you are leader.
And we would ask you especially to lend the support of
your Party to any measures of practical assistance to
China that may be organised in Great Britain.

We believe that the British people, when they know
the truth about Japanese aggression in China, will rise
in support of the Chinese people, will organise practical
assistance on their behalf, and will compel their own
Government to adopt a policy of active resistance to a
danger that ultimately threatens them no less than ourselves.

Long live the Peace Front of the Democratic Nations
against Fascism and Imperialist War !

Yours very sincerely,

Mao Tze-Tung

Chu-Teh.

1937년 마오쩌둥이 클레멘트 애틀리에게 보낸 편지.
© Sotheby's

성 때문이었을까? 이 편지에 매겨진 예상 낙찰 가격은 10만~15만 파운드, 한화로 약 2억 5,000만 원에 달했다. 화제가 된 편지의 내용은 다음과 같다.

산시성(陝西省) 옌안(延安)에서,
1937년 11월 1일
대영 제국 노동당 당수
클레멘트 애틀리 소령 귀하

중국 공산당의 이름으로, 그리고 침략자들에 대항하여 생사를 건 투쟁을 하고 있는 중국 전체 인민을 대신해서, 우리는 대영 제국의 인민들과 당신이 당수로 있는 노동당에 선의의 메시지를 보내고자 합니다.

우리는 특히 대영 제국에서 조직할 수 있는 어떤 형태로든 좋으니 실질적인 지원을 요청드립니다.

일본이 중국을 침략했다는 사실을 알게 된다면, 대영 제국의 인민들은 중국의 인민들을 돕기 위해 홀연히 일어나 실질적인 지원을 조직할 것이라 믿습니다. 또한 우리뿐만이 아니라 궁극적으로는 대영 제국 인민 여러분들에게도 닥칠지 모르는 위협에 적극적으로 저항할 수 있는 정책을 여러분들의 정부로 하여금 취하도록 할 것임을 믿습니다.

파시즘과 제국주의 전쟁에 대항하는 민주주의 국가들의 평화

전선이여 영원하라!

진심을 담아, 마오쩌둥 / 주더

편지 하단의 서명에는 마오쩌둥과 주더(朱德, 1886~1976), 두 공산당 지도자들이 한자와 영어로 각각 친필 서명을 남겼다. 마오쩌둥은 공산 국가 중국의 국부(國父)다. 대장정(大長征)으로 중국 공산당을 승리로 이끌었지만 20세기판 분서갱유와 다름없는 문화 대혁명으로 수많은 사람을 희생시킨 지도자다. 다소 이름이 생소할 수 있는 주더는 중화인민공화국 육군 원수이자 공산당 부주석까지 역임했을 정도로 중국 공산당에서 중책을 맡고 있었던 핵심 리더였다.

마오쩌둥과 주더의 명의로 작성한 이 편지는 비록 한 쪽에 불과하지만 단호하면서도 절실한 태도로 대영 제국에 도움을 요청하고 있다. 특히 마지막 문장이 눈에 띈다. 이 편지는 영국을 "파시즘과 제국주의 전쟁에 대항하는 민주주의 국가"로 규정하고 있다. '민주주의 국가'에는 물론 중국도 포함된다. 1937년이면 제2차 세계대전이 일어나기 직전이다. 파시즘의 위협으로 유럽에도 전운이 감돌고 있었지만 '파시즘 전쟁'이라는 표현은 이해가 가지 않는다. 도대체 무슨 이유로 마오쩌둥과 주더는 '파시즘 전쟁'이라는 표현을 사용한 것일까? 그리고 중국 공산당의 리더들은 도대체 왜 영국의 노동당 당수에게 편지를 보낸 것일까?

당시 영국은 보수당이 연속해서 집권에 성공한 시기였다. 총리는 보수당 대표 체임벌린(Arthur Neville Chamberlain, 1869~1940)이었다. 만약 영국의 도움을 바랐다면 국왕이었던 조지 6세나 체임벌린 총리에게 편지를 보내는 게 타당하다. 게다가 당시 영국 공산당도 1920년 창당 이후 처음으로 하원에 진출하는 등 세력을 키워 가고 있었다. 그런데도 굳이 중국 공산당은 노동당 당수에게 편지를 보냈다. 마오쩌둥이 애틀리와 친분이 있었던 것일까? 그럴 가능성은 없다. 1937년까지 마오쩌둥이 영국에 가거나, 애틀리가 중국을 방문한 기록은 없다. 편지에도 마오쩌둥이나 주더가 애틀리와 친분이 있음을 암시하는 내용은 없다. 편지의 내용과 당시의 상황을 고려하면 의문이 꼬리를 물고 이어진다.

내전으로 쪼개진 중국,
떠오르는 영웅 마오쩌둥

이 수수께끼 같은 편지가 작성된 사정을 파헤치기 위해서는 당시 중국과 마오쩌둥이 처했던 상황을 알아야 한다. 1935년 10월, 마오쩌둥은 살아남은 홍군 병력을 이끌고 중국 중서부 산시성의 옌안으로 숨어 들어갔다. 옌안은 지형이 험준한 황토 고원 지대로 적으로부터 잠시 몸을 숨기기에는 좋은 지역이었다.

1935년, 소위 '대장정'으로 불리던 시기에 산시성 지역으로
말을 타고 들어가는 마오쩌둥.
ⓒ Gettyimages

이들은 장제스(蔣介石, 1887~1975) 휘하의 국민당 군대(국민혁명군)의 추격을 피해 약 370일에 걸쳐 1만 2,500킬로미터 이상의 거리를 도보 행군하여 이곳까지 왔다. 국민당 군대의 공격을 피하고, 필요할 때에는 게릴라전을 통해 대항하기도 하면서, 굶주린 배를 움켜쥔 채 너른 강들과 거친 절벽들을 지나 이곳까지 도착하는 데 성공한 인원은 겨우 8,000명 남짓. 처음 장제스의 포위망을 뚫고 장시성(江西省)을 탈출한 인원이 거의 10만에 달했던 것을 생각해 보면 초라한 성과에 불과했다. 훗날 중국 공산당은 이 도보 행군을 두고 '대장정(大長征)'이라 부르며 마오쩌둥의 신화적인 업적으로 추켜세우지만, 군사적인 관점에서 본다면 명백한 패배였다.

마오쩌둥의 공산당이 장제스의 국민혁명군의 추격으로부터 살아남고, 더 나아가 중국 대륙에서의 주도권을 거머쥐기 위해서는 반전을 노릴 수 있는 강력한 한 방이 필요했다. 그는 장제스의 가장 약한 고리 하나를 공략하기로 했다. 만주 사변(1931)을 일으키고 만주국(1932)이라는 괴뢰국을 세우고, 이제는 중국 본토 침략을 위해 야금야금 다가오는 일본 제국이었다. 수년 전부터 일본군의 위협은 현실이 되었지만 장제스는 같은 중국인인 공산당을 토벌하는 데에만 집중하고 있었다. 이러한 장제스의 방향성에 중국 국민들은 의문을 품고 있었다. 전국적으로 국민당을 비난하는 여론이 들끓었고, 대학이 위치한 도시에서는 연일 학생들이 항일을 외치는 데모를 펼치고 있었다.

소더비가 사랑한 책들

마오쩌둥은 제국주의 파시스트인 일본군의 침략에 맞서는 게 공산당의 목표라고 공언했다. 그러고는 중국 민족이 위태로운 상황이기 때문에, 중국의 부농이든 부르주아든 모두 힘을 합쳐 일본의 침략에 맞서 싸워야 한다고 주장했다. 이러한 입장에서 중국 공산당은 장제스의 국민혁명군을 비난하는 선전전에 돌입했다. 장제스는 같은 중국 동포인 공산당 세력을 소멸시키는 데에만 골몰할 뿐, 중국 민족을 위해 봉사하지 않는다는 것이었다. 그러면서도 공산당은 국민당과 화해할 수 있으며, 국민당이 일본에 대한 투쟁에 나선다면 장제스의 지휘를 받아들이고, 홍군을 해체하여 국민혁명군에 편입시키겠다는 안을 제시했다.

중국 공산당이 국민혁명군을 비난하면서도 손을 내민 배경에는 공산당을 지원했던 코민테른(Comintern)이 있었다. 코민테른은 1917년 러시아 혁명으로 소비에트 연방을 수립한 레닌(Vladimir Ilyich Lenin, 1870~1924)이 1919년에 설립한 조직이다. 코민테른의 목적은 전 세계에 러시아 혁명을 수출하여 공산주의 국가 동맹을 만드는 것이었다. 사실 중국 공산당이 중국에 뿌리를 내릴 수 있었던 이유는 국민당이 코민테른의 도움을 원했기 때문이다. 레닌은 국제적인 공산주의 동맹을 건설하기 위해 반제국주의 전선과 약소민족들의 투쟁을 지원하겠다는 계획을 공표했었다. 이를 알게 된 국민당의 쑨원은 당시 중국 대륙에 난립한 군벌들을 제압하고 통일하기 위해 코민테른의 지원을 받던 중국 공산당과 손을 잡게 된다. 이것이 제1차 국공 합작(國共合作)이다.

이후 군벌을 제압하던 와중에 쑨원이 사망하고, 국민당을 장악한 장제스는 국공 합작을 깨뜨린다. 국민당은 총구를 공산당으로 향했고, 공산당은 국민당을 피해 먼 길을 떠나야 했다. 이사건이 바로 앞서 말한 대장정이다. 하지만 일본의 중국 침략이 본격화되자 코민테른은 중국 공산당에게 제국주의와 파시즘 확산에 맞서기 위해 장제스와 협력하라는 지령을 내렸다. 다시 한 번 국공 합작을 노리라는 것이었다. 아마도 마오쩌둥의 전략에는 이러한 배경 역시 영향을 미쳤을 것이다.

한편 공산당 토벌에 열중하던 장제스는 국민혁명군이 일본군을 상대하기에는 시기상조라고 판단했다. 그 대신 중국을 분열시킬 수 있는 요소인 공산당과 군벌 제압을 최우선으로 삼았다. 하지만 일본이 만주 땅을 집어삼키는 것을 보고도 아무런 행동을 취하지 않자 장제스의 국민혁명군 휘하의 군벌들은 의심을 품게 되었다.[1] 공산당과 군벌들을 싸우게 해서 군벌들의 힘을 빼놓으려는 한다는 것이었다. 여기에 장제스가 일본군관

---

1   드넓은 중국 땅덩어리를 국민당 중앙군으로만 통제하기는 불가능했다. 장제스는 군벌들을 제압한 후, 이들이 장제스의 최종적 지휘권을 인정한 다는 다짐을 받아내고 군대를 국민혁명군 편제의 부대로 재편했다. 대신 군벌의 수장들은 장제스 휘하의 지휘관으로 인정함으로써 국민혁명군은 '중앙군+재편된 군벌이 중심이 된 지방군'으로 구성되었다.

1937년 중일 전쟁 시기에 만주 지역에서 퍼레이드를 하고 있는 일본군.
ⓒ Gettyimages

학교 출신이라는 점도 의심을 부추겼다. 장제스가 친일파라서 일본의 침략을 묵인한다는 소문까지 돌았다. 이런 상황에서 공산당이 일본에 대항하여 함께 싸우자고 하자 동요한 군벌들은 장제스를 감금하고 공산당의 요구를 받아들여 항일 투쟁에 나서라는 협박을 하기에 이른다. 이것이 동북군 총사령관 장쉐량이 장제스를 감금하고 공산당과의 내전 중단을 요구한, 이른바 시안 사변(西安事變)이다.

결국 장제스도 고집을 꺾을 수밖에 없었다. 국민혁명당과 공산당은 다시 한 번 손을 잡게 된다. 이것이 바로 1937년에 이루어진 제2차 국공 합작의 배경이다. 마오쩌둥의 전략이 성공적으로 먹혀 들어갔던 것이다. 마오쩌둥은 시대가 요구하는 도덕적 대의를 선점하는 데 성공했고, 이를 통해 말라죽기 일보 직전이었던 중국 공산당을 기사회생시킬 수 있었다.

바로 그때 마오쩌둥은 애틀리에게 편지를 보냈다. 시기를 보면 편지의 동기를 어느 정도 추측할 수 있다. 무엇보다도 편지의 내용 그대로, 진심으로 외국의 원조가 필요했다. 근대식 무기와 군대로 무장한 일본군은 당시 국민당 군대보다 훨씬 강력하다고 알려져 있었다. 항일 투쟁을 위해서는 외국의 원조가 절실했다. 여기에 하나 더 추측을 보태자면, 마오쩌둥은 때마침 만난 서방 세계의 기자가 국제 사회를 향한 훌륭한 대외 선전 도구가 될 수 있다고 생각했을 것이다. 항일 원조를 요청하는 메시지를 보내는 것은 공산당이야말로 항일 반제국주의 투쟁

소더비가 사랑한 책들

을 주도한 세력이라는 점을 국제 사회에 어필할 수 있는 좋은 기회라고 여겼을 테다. 혹시라도 훗날 일본군을 물리치고 다시금 국민당과 중국의 주도권을 두고 다툴 때 국제 사회는 누구를 중국의 진정한 주인으로 인정할까. 마오쩌둥의 편지에는 이런 고려도 있지 않았을까?

이제 '마오쩌둥이 왜 그런 편지를 썼을까?'라는 궁금증을 푸는 데까지는 성공했다. 그런데 여전히 의문 하나가 풀리지 않는다. 왜 편지의 수신인은 영국 정부도, 같은 공산당도 아닌 노동당의 애틀리였을까?

유라시아 대륙의 서쪽 끝,
스페인에서 내전이 일어난 이유

엉뚱하게도 이 물음에 대한 답은 바르셀로나에서 찾아냈다. 바르셀로나를 방문하는 길에 카탈루냐 독립 문제를 알아보려고 챙긴 《스페인 내전》이라는 책에서 실마리를 풀어 낼 수 있었던 것이다. 스페인은 1873년 왕정이 무너지고 공화국이 됐다. 하지만 1년도 못 가서 왕당파를 등에 업은 군부 세력이 쿠데타를 일으켜 다시 왕정으로 돌아갔다. 이후 1929년 세계 대공황의 여파로 쿠데타 정권이 무너지면서 스페인은 1931년 공화정으로 복귀한다. 스페인의 제2공화국은 개혁을 펼쳤다. 표현의 자유, 집회와 결사의 자유는 물론, 당시로서는 파격적이었던 여성 참정권도 주어졌다. 하지만 개혁은 언제나 더디고 힘든 법이다. 특히 모든 것이 절차와 타협으로 이루어지는 민주주의에서는 더욱 그렇다. 새로 태어난 공화국은 귀족들과 지주 계급, 가톨릭교회라는 전통적인 기득권의 저항에 부딪혔다. 개혁은 더디고 누더기가 되어 갔다. 급진주의자들은 불만을 가졌고, 기득권은 혼란을 비난했다. 결과는 다시 쿠데타, 그리고 스페인 내전(1936~1939)이었다.

다시 한 번 우파 세력의 지지를 등에 업은 군부는 이전의 군부가 제1공화국을 무너뜨린 것처럼 제2공화국을 무너뜨렸다. 군부의 중심에는 프란시스코 프랑코 장군(Francisco Franco, 1892~1975)이 있었다. 프랑코 세력의 목적은 '정국을 혼란스럽게 만드는 공화주의 세력을 쳐부수고, 가톨릭교회와 군국주의에 기반을 둔 파시즘 국가를 만드는 것'이었다. 프랑코 장군은 스페인 군대 내에서 가장 조직력이 강하고 실전 경험이 많은 아프리카 파견군 사령관이었다. 공화국에서는 그의 병사를 막을 힘이 없었다. 여기에 국제 정세도 프랑코에게 유리했다.

당시 유럽 대륙은 대공황 이후의 혼란을 틈타 곳곳에 파시스트 정당에 기반한 독재 정권들이 들어서고 있었다. 포르투갈의 살라자르(António de Oliveira Salazar, 1889~1970) 정권, 이탈리아의 무솔리니(Benito Mussolini, 1883~1945) 정권, 그리고 히틀러(Adolf Hitler, 1889~1945)의 나치 독일은 또 하나의 파시스트 친구를 반겼다.

전쟁을 계획하고 있던 무솔리니와 히틀러에게 스페인은 전략적으로 좋은 파트너였을 뿐 아니라, 개발 중인 신무기를 테스트할 좋은 장소이기도 했다. 이들은 수천 명의 파시스트 의용군을 스페인에 파견했고, 군함과 전투기, 전차 등 각종 신무기들을 지원함으로써 프랑코의 뒷배가 되었다.

파시스트 세력에 맞선 이들은 '인민전선(Frente Popular)'이라는 이름으로 민병대를 조직했다. 스페인 공화당과 공산당, 사회주의 노동당을 비롯해 공화주의 세력을 지지하는 사람들은 파시즘에 저항하고 스페인 공화국을 지키기 위해 민병대에 속속 참가했다. 파시즘에 맞서 싸우는 인민전선에 힘을 보태기 위해 전 세계의 좌파와 공화주의자, 자유주의자 그리고 민주주의자들도 속속 스페인에 모여들기 시작했다. 조지 오웰, 어니스트 헤밍웨이, 앙투안 드 생텍쥐페리, 앙드레 말로, 파블로 네루다 같은 지식인들도 스페인으로 달려와 인민전선의 반(反)파시즘 전쟁에 몸을 담았다.

파시즘 확산을 막기 위해 목숨을 걸고 인민전선에 힘을 보탠 의용군들을 '국제여단(Brigadas Internacionales)'이라고 부른다. 의용군으로 참전한 이들 중에는 단 한 번도 총을 들어 보지 않은 사람들도 많았다. 그들은 겨우 몇 주 혹은 며칠의 기초적인 군사훈련만 받은 채 전투에 참여했다. 사기와 의지는 충천했을 테지만, 실제로 얼마나 전력에 도움이 되었을지는 의문스러운 게 사실이다. 상대방은 전투 경험이 풍부한 군대인데다 독일과 이탈

스페인 내전 당시 인민전선의 병사들.
ⓒ Wikipedia

리아로부터 군사와 무기를 지원받았기 때문에 조직과 물량 측면에서 적수가 되기는 힘들었다.

스페인 내전을 외면한
민주주의 국가들

이런 상황을 잘 알고 있었던 공화파 정부는 일찌감치 프랑스와 영국, 소련과 미국 등 국제 사회의 여론에 호소했다. 강대국들은 반파시즘 전선에 힘을 보탰을까? 놀랍게도 아니었다.

프랑스는 자기 앞가림하기에도 바빴다. 그들 역시도 좌우 대립이 극심한 상황이었다. 오히려 스페인 내전 때문에 프랑스에서도 내전이 일어나지 않을까 노심초사했다. 스페인 내전에 대한 프랑스의 태도는 중립이었다.

미국은 어땠을까? 미국의 여론은 공화주의 세력에 우호적이었다. 하지만 당시의 미국은 지금과는 달랐다. 미국은 19세기 초부터 이어진 고립주의를 고수하고 있었다. 미국의 고립주의는 이런 말이다. "유럽은 아메리카 대륙에 간섭하지 말라. 그러면 우리도 유럽에 간섭하지 않겠다." 사실 미국이 이런 입장을 고수한 것은 그때까지만 해도 미국의 국력이 아직 부족했기 때문이었다. 아메리카 대륙에는 유럽의 여러 나라들이 여전히 영향력을 미치고 있었다. 미국이 스페인 내전에 관여하면 유럽 국가들이 아메리카 대륙에서 무슨 짓을 할지 몰랐다. 미국이 제1차 세계대전에 참전하긴 했지만, 그 이유는 독일의 무제한 잠수함 작전으로 직접적인 피해를 입었기 때문이었다.

제1차 세계대전 이후에도 미국에는 고립주의를 지켜야 한다는 여론이 강했다. 미국 공화당 출신의 우드로 윌슨(Thomas Woodrow Wilson, 1856~1924) 대통령이 국제 연맹 창설을 주도했지만, 공화당이 우세했던 상원의 반대로 미국의 국제 연맹 참여가 무산되었을 정도다. 게다가 당시 미국의 가톨릭계는 가톨릭 세력을 등에 업은 프랑코 세력을 지지했다. 대공황 시기 지지율에 부침을 겪고 있었던 루스벨트(Franklin Delano Roosevelt, 1882~1945) 행정부는 표 계산을 해야 했다. 미국도 중립이었다.

영국은 당시 스탠리 볼드윈(Stanley Baldwin, 1867~1947) 총리의 보수당이 집권하고 있었다. 그리고 보수당의 적(敵)은 파시즘이 아니라 공산주의였다. 사실 공산주의 세력 확대를 반길 영국의 정당은 없었다. 자본주의는 필멸하고 공산주의 시대가 온다면서 공공연히 '혁명'을 주장하는 공산주의자들을, 그렇지 않아도 보수적인 성격으로 유명한 영국의 정당들이 긍정할 수는 없었다. 자유당에게든 보수당에게든 공산주의는 나라의 안정을 해치는 유해한 존재였다. 오죽하면 영국이 러시아에서 혁명이 발생했을 때 반혁명 세력인 백군에게 군사 지원을 했을까. 훗날 처칠은 러시아 혁명을 막지 못한 것을 후회하며 "요람에서부터 볼셰비즘을 목 졸라 죽여야 했다(Strangling

소더비가 사랑한 책들

스페인 내전 당시 영국 총리였던 스탠리 볼드윈(중앙).
그가 속한 보수당은 파시즘이 아니라 공산주의를 적으로 보았고,
스페인 프랑코 정권에게 우호적이었다.
ⓒ Wikipedia

Bolshevism in its cradle!)"[2] 라고 한탄했을 정도다. 그러다 보니 영국의 눈에는 프랑코보다 인민전선이 더 적에 가까웠다. 인민전선에는 스페인의 공산당 세력도 참여하고 있었으니 말이다. 영국 보수당 정권은 프랑코에게 우호적이었다. 아니 오히려 쿠데타에 일조한 나라가 영국이다. 스페인 제2공화국은 쿠데타를 일으킬 위험이 있는 주요 군 장성들을 유배해 버렸다. 프랑코의 유배지는 카나리아 제도였는데 그가 스페인으로 귀국할 수 있도록 비행기를 지원한 게 영국 정부다. 세계 분쟁의 원흉으로 절대 빠지지 않는 나라답다.

스페인 공화국의 유일한 지원자
소비에트와 코민테른

스페인 공화주의자들이 고립무원의 상황에 처해 있을 때 구원자로 등장한 나라가 있다. 바로 소비에트 연방이다. 소련이 스페인 공화파를 지원하게 된 배경에는 코민테른이 있었다. 사실

---

[2] 이 말은 처칠이 1954년 6월 28일 워싱턴 국립 기자 회관(National Press Club Washington)에서 기자들과 만난 자리에서 한 말이다. 그는 같은 표현을 1949년 3월 31일 MIT에서의 강연에서도 사용했다. 아래 유튜브 링크에서 MIT 강연의 해당 육성 강연 부분을 들을 수 있다. www.youtube.com/watch?v=-2jyQ58TJt4

상 파시스트 독재 공산주의 국가인 소련이 민주주의 국가 3대 장이라 할 수 있는 영국, 미국, 프랑스도 외면한 스페인 내전을 반파시스트 편에 서서 도왔다는 것은 역사의 아이러니처럼 보인다. 하지만 1930년대의 코민테른은 의지할 데 없는 약소민족들이 국제적인 도움을 기대할 수 있는 거의 유일한 조직이었다.

단순하게 이야기하자면, 코민테른은 공산주의를 전 세계에 전파하고 모든 나라들의 노동자 계급들이 연합하여, 하루빨리 공산주의 세상을 만드는 것을 목적으로 삼았다. 공산주의 이론에 따르면 자본주의가 극도로 발달하여 내부의 문제가 곪을 대로 곪아야만 그다음 단계인 공산주의로 이행할 수 있다. 하지만 제국주의와 파시즘은 그 끝나 가는 자본주의의 생명을 연장시키는 행위이자 전 세계적인 노동자 연합의 방해물로 여겨졌다. 따라서 한시라도 빨리 공산주의 세상이 도래하려면 제국주의와 파시즘은 배격해야 할 적이었다.

이런 이유로 코민테른은 파시즘을 "반동적이고 쇼비니즘[3]적인데다가 제국주의적인 성격을 갖는 금융 자본의 노골적인 테러 독재"라고 규정하고, 전 세계의 반제국주의와 반파시즘 세력에게 지원을 아끼지 않았던 것이다. 1930년대에 독일에 나치

---

3   쇼비니즘(chauvinism)은 극단적인 외국배척주의 혹은 무비판적인 애국주의로 이해할 수 있다. 나폴레옹 전쟁에 참여해서 수없이 많은 부상을 당했음에도, 황제를 신처럼 숭배하고 절대적으로 충성하는 맹목적인 애국심을 가졌던 병사 니콜라스 쇼뱅(Nicolas Chauvin)의 이름에서 따온 말이다.

정권이 들어서자 모든 노동자와 공산주의자는 대중과 함께 연합하여 파시즘에 적극적으로 대항해야 한다는 강령을 발표하기도 했다. 따라서 소련이 스페인 내전에서 공화주의 세력과 힘을 합쳐 프랑코 세력에게 대항한 것은 결코 우연이 아니었다. 소련은 총기는 물론 비행기와 전차, 야포 같은 무기를 지원하고, 군사 자문단과 전투 병력을 보내기도 했다.[4]

이렇게 1936년 뜨거운 여름에 시작된 스페인 내전은 서유럽과 미국의 철저한 무관심 속에 점차 프랑코의 파시즘 세력에 유리하게 흘러갔다. 비록 소련의 지원이 있기는 했지만, 물리적으로 너무 멀리 떨어져 있는 스페인까지 물자 지원을 하는 데에는 한계가 있었다. 그리고 나중에 밝혀진 사실이지만 스탈린(Joseph Vissarionovich Stalin, 1878~1953)은 독일의 히틀러와 비밀리에 상호 불가침 조약을 맺고 있었기 때문에, 나치 독일과 같은 편인 프랑코와 싸우는 인민전선을 대놓고 계속 지원하기는 어려운 상황이었다.

이런 상황에서 스페인 공화 정부를 지원해야 한다고 주장한 영국의 정치인이 있었다. 영국 노동당 당수였던 클레멘트 애틀리였다. 그는 1936년 프랑코가 쿠데타를 일으키자마자 즉각적

---

4   물론 당시 소련의 지원을 순수하게만 받아들여서는 안 된다. 군사 지원에 대한 반대급부로 스페인에서는 약 510톤에 달하는 황금이 공화국 정부의 승인을 통해 소련으로 반출됐다. 소련의 스탈린 정부는 손해 보는 장사를 하지는 않았다.

으로 스페인 공화 정부가 영국으로부터 무기를 구매할 수 있도록 허용해야 한다며 정부를 압박했다. 물론 불간섭 원칙을 지켜야 한다는 정부와 다른 정당 의원들의 반대로 실패했지만 말이다. 이에 애틀리는 집권당인 보수당과 의회의 대다수 의원들이 프랑코의 파시즘 세력을 방관하거나 오히려 지원하고 있다며 적극적으로 비난하며, 파시즘이 유럽에 확산되는 것을 절대적으로 막아야 한다고 끊임없이 주장했다.

1937년 12월 애틀리는 노동당 의원 3명과 함께 직접 스페인으로 날아가 전선을 시찰하며, 국제여단에 참여한 영국인들을 격려하고 보급품을 전달하면서, 자신이 반파시즘 전쟁을 지지한다는 것을 보여 줬다. 전선에서 애틀리를 만난 영국 출신 국제여단 병사들은 감격했다. 그러고는 그 답례로 영국군 소령으로 예편한 애틀리의 이름을 따서 자신들의 중대 이름을 '애틀리 소령 중대(Major Attlee Company)'라고 지었다. 영국 공산당의 공식 신문 〈워커스 위클리(Workers' Weekly)〉는 같은 해 12월 14일 공산당원이 아님에도 불구하고, 노동당의 당수였던 애틀리의 행보를 1면에 대서특필했다. 그러고는 런던에 돌아온 애틀리가 "저는 스페인 인민들의 잊을 수 없는 정신에 대한 경의로 가득 차 있습니다."라고 발언했다며, 당시 외무장관이었던 이든 (Robert Anthony Eden, 1897~1977)이 교묘한 친파시즘 행보를 보이고 있다고 비난했다.

이제 수수께끼가 어느 정도 풀렸다. 마오쩌둥이 편지에서 애

>> 영국 노동당 당수였던 클레멘트 애틀리는 유럽 내에 파시즘 세력이
확산되는 것을 막기 위해 스페인의 공화 세력을 지원해야 한다고 주장했다.
ⓒ Gettyimages

>> '애틀리 소령 중대'라는 이름의 깃발을 자랑스럽게 걸고 있는 영국 국제여단 병사들.
ⓒ alamy

틀리를 왜 '소령'이라고 불렀는지, 중국 공산당이 왜 영국 노동당의 애틀리에게 편지를 보냈는지 말이다. 그 답은 중국도 영국도 아닌 스페인에 있었다. 국제 사회가 모두 외면한 가운데 소련과 코민테른의 지원을 받은 스페인의 인민전선과 국제여단처럼, 코민테른 말고는 도움 받을 곳이 없었던 중국 공산당에게 애틀리는 도움을 청하고 싶은 존재였을 것이다. 마오쩌둥이 자신과 친분도, 연관성도 없는 섬나라의 한 정당 대표에게 편지를 보낸 데에는 이런 사연이 숨어 있었다.

파시즘과 제국주의에 저항하는 싸움,
그리고 공산당

이 편지에는 아직 남은 이야기가 있다. 마오쩌둥은 노동당의 애틀리가 스페인 내전에서 인민전선과 국제여단 편을 들었던 것을 어떻게 알았을까? 그리고 그가 일본에 침략당하고 있는 중국의 상황에 귀를 기울이고 도울 수도 있다는 생각을 어떻게 하게 된 것일까? 클레멘트 애틀리의 존재를 마오쩌둥에게 알려준 사람이 있었음을 짐작해 볼 수 있다. 제임스 먼로 버트람 (James Munro Bertram, 1910~1993)이 가장 유력한 인물이다.

　뉴질랜드에서 태어나 영국으로 이주했고, 옥스퍼드에서 수학한 버트람은 한 장학 기금을 통해 중국에 방문할 기회를 갖

1937년부터 중국 공산당과 동행했던 제임스 먼로 버트람(오른쪽).
사진은 1938년의 모습으로서 버트람 옆에 있는 이는
제120사단 부사단장 샤오기로 추정된다.
ⓒ TEARA

게 된다. 1936년 이 장학 기금과 함께 특파원 자격으로 여러 신문사들의 자금 지원을 받은 그는 중국어를 배우고 중국 전역과 일본을 돌아봤다. 그러면서 동아시아의 정세를 파악했고 많은 중국인 친구들을 사귀었다. 그는 베이징에서 항일을 주장하는 학생 운동을 지켜보기도 했고, 장쉐량이 장제스를 억류한 시안 사건을 직접 취재하고 보도하기 위해 11일에 걸쳐 꽁꽁 얼어붙은 황허를 건너 시안에 침투하기도 했다. 그는 시안에 들어간 유일한 외국인 기자였으며, 통신과 편지가 모두 봉쇄된 가운데 라디오 전파를 통해 시안 사변을 서방 세계에 알렸다.

마오쩌둥은 그때 버트람의 존재를 알게 됐을 가능성이 높다. 그는 라디오 전파를 통해 버트람에게 옌안으로 와 줄 것을 부탁했고, 버트람은 이에 호응해 먼 길을 거쳐 산시성 옌안에 도착했다. 그리고는 거의 한 달 정도 공산당과 함께 옌안에 머물면서 마오쩌둥과 수차례 인터뷰를 진행했다. 마오쩌둥은 왜 일본과 전쟁을 벌여야만 하는지, 그리고 공산당이 진행하는 투쟁이 왜 정당한지를 설명했다. 마오쩌둥은 선전 전략의 일부로 버트람을 이용할 속셈이었을 것이다.[5]

---

5 마오쩌둥은 서구에서 온 기자들을 유달리 친절하게 대했고, 그들과의 인터뷰에 신경 썼다. 버트람과 비슷한 시기에 마오쩌둥을 방문해 인터뷰를 진행한 미국의 저널리스트 에드거 스노우가 대표적인 예다. 그는 인터뷰를 바탕으로 1937년 《중국의 붉은 별》을 출간했는데, 이 책을 통해 마오쩌둥은 서구 사회에서 단순한 군벌이 아닌 정치 개혁가라는 긍정적인 이

그때 버트람이 마오쩌둥에게 애틀리의 존재를 알렸을 것으로 추측할 수 있다. 버트람은 영국에 있을 때 한 병원 의사의 소개로 애틀리와 개인적인 친분을 튼 적이 있었다. 게다가 버트람은 대학 시절 영국 독립노동당 옥스퍼드 지부를 설립했고, 방학때면 이탈리아와 독일, 소련을 직접 방문해 파시즘과 공산주의 정당의 활동을 실제로 살펴봤을 정도로 국제 정치에 관심이 많았다. 스페인 내전에 대한 애틀리의 정치적인 입장과 인민전선에 우호적인 태도 역시 잘 알고 있었을 것이다.

이렇게 마오쩌둥은 어쩌면 자신들을 도울지도 모른다는 희망을 안고 애틀리에게 편지를 쓰게 됐다. 버트람은 영어를 못하는 마오쩌둥을 위해 중국어를 영어로 번역하여 타이핑을 해 주었다. 그러고는 마오쩌둥과 주더의 친필 서명을 받아 냈다. 버트람은 이 편지를 소중히 간직한 채 먼 길을 다시 돌아가 애틀리에게 전달하는 데 성공했다.

하지만 이 편지는 마오쩌둥과 주더가 원한 '실질적인 지원'을 이끌어 내는 데는 실패했다. 얼마 지나지 않아 유럽은 제2차 세계대전으로 빨려 들어 갔으니, 중국 공산당을 지원할 여력도 없었을 것이다. 전쟁 중 영국은 처칠이 이끄는 보수당이 이끌었다. 애틀리가 드디어 영국의 총리에 오른 것은 1945년 7월, 전

미지를 얻게 되었다. 마오쩌둥은 진지한 태도로 인터뷰에 임한 것으로 알려졌고, 책이 출간되기 이전에도 여러 번 수정을 요청했다고 한다.

소더비가 사랑한 책들

쟁이 거의 마무리되는 시점이었다. 이제 영국을 포함한 유럽 세계는 전쟁으로부터 회복이 최우선 과제였고, 국제적으로는 냉전으로 돌입하는 시기이기도 했다.

중국 공산당은 1945년 일본이 항복을 선언하자 곧이어 국민당과 중국 대륙을 두고 다시 한 번 내전에 돌입하게 된다. 그리고 공산당이 승리했다. 장제스와 국민당은 대만으로 물러나 중화민국을 세웠다. 중국은 공산당의 중화인민공화국과 대만의 중화민국 두 개로 나뉘었다. 공산 진영에서는 중화인민공화국만을 중국으로 인정했고, 자유 진영에서는 대만의 중화민국만이 진정한 중국이었다.

재미있는 것은 1950년 영국의 선택이다. 자유 진영이었던 영국은 중화민국만을 정당한 중국 대표로 인정하는 게 자연스러운 흐름이었다. 그런데 영국의 애틀리 정부는 놀랍게도 중화인민공화국을 국가로 승인하고 국교를 수립했다. 이유는 중국 내에 있는 영국의 자산들과 국민들, 홍콩의 지위 때문이었다. 국민의 재산과 영토를 지키기 위해 공산당과 수교를 맺을 수밖에 없다는 논리였다. 애틀리 정부는 자국의 이익을 위해 합리적인 판단을 내렸다. 그런데 이 뜻밖의 수교에 마오쩌둥과 애틀리 사이의 관계가 작용한 부분은 조금도 없었을까.

1954년 마오쩌둥은 영국 총리 애틀리를 중국으로 초청했고, 애틀리는 여론의 반대를 무릅쓰고 방문을 강행했다. 애틀리는 마오쩌둥이 처음으로 만난 서방 세계 지도자였다. 이쯤 되면,

1954년 9월 2일 중국 베이징으로 클레멘트 애틀리를 초청한 마오쩌둥.

둘 사이에 나름의 신뢰 관계가 있었다고 보는 게 타당할 것이다. 그때까지 서방 세계와는 접촉을 피했던 마오쩌둥이 처음으로 만나기로 한 지도자가 애틀리였고, 애틀리 역시 굳이 반대를 무릅쓰고 방문을 결정했으니 말이다. 둘은 무슨 이야기를 나누었을까? 서로의 존재를 각인시켜 준 편지가 화제에 오르지 않을 이유가 없다. 냉전이 시작되면서 서로 반대 진영에 속하게 되었지만, 한때 파시즘과 제국주의에 맞서 싸웠던 동지였다는 신뢰가 있지 않았을까?

마오쩌둥이 애틀리에게 보낸 편지에는, 마오쩌둥과 애틀리, 스페인과 중국의 반제국주의, 반파시즘 투쟁, 영국과 중국이 냉전 시기 처음으로 수교를 맺을 수 있었던 이유가 담겨 있다. 소더비 런던에 등장한 마오쩌둥의 편지는 예상 경매가 10만~15만 파운드를 네 배 이상 초과한 60만 5,000파운드에 낙찰되었다. 한 장의 편지에 스며든 풍성한 이야기가 만들어 낸 결과다. 때로 경매는 인류가 만들어 낸 역사를 가치로 전환하는 과정을 보여 주기도 한다. 그것이 우리가 경매장을 기웃거리는 이유일 것이다.

참고 문헌

◆ 경매 회사 소더비의 뿌리, 책과 고문서

1. Michel Strauss,《Picture, Passions and Eyes – A Life at Sotheby's》, Halban, 2013.
2. Simon de Pury,《The Auctioneer: Adventures in the Art Trade》, Atlantic Books, 2017.
3. Assoc Prof Catherine Dossin,《The Rise and Fall of American Art, 1940s – 1980s: A Geopolitics of Western Art Worlds》, Ashgate Publishing, Ltd., 2015.
4. 이규현,《미술경매 이야기》, 살림, 2008.
5. The Art Market in 2019.
   www.artprice.com/artmarketinsight/reports#archives

PART I. 희소성이라는 보물

◆ 황제 나폴레옹의 마지막 흔적이 담긴 책을 찾아서

1. Alan Forrest (Editor), Peter H. Wilson (Editor), 〈The Bee and the Eagle: Napoleonic France and the End of the Holy Roman Empire〉,《1806 (War,

소더비가 사랑한 책들

Culture and Society, 1750-1850)》, Palgrave Macmillan, 2008.

2. Victor Advielle, 《La Bibliothéque de Napoléon a Sainte Hélène, Librairie Lechevalier》, 1894.

3. Sotheby, 〈A Catalogue of the Library of the late Emperor Napoleon removed from the Island of St Helena〉, 1823.

4. Sotheby, Wilkinson&Hodge, 〈A Catalogue of the Hamilton Library〉, 1884.

5. Walter Scott Hastings, 〈Napoleon's Library at Princeton〉, 《The Princeton Alumni Weekly》, Sep 28, 1934.

6. Morna Daniels, 《A memento of Napoleon, Electronic British Library Journal》, 1991.

7. 티에리 랑츠, 이현숙 역, 《나폴레옹(시공디스커버리 총서 109)》, 시공사, 2001.

8. 엘리스테어 혼, 한은경 역, 《나폴레옹의 시대》, 을유문화사, 2006.

9. 옥타브 오브리, 원윤수 역, 《나폴레옹의 불멸의 페이지》, 살림, 2008.

10. 박홍규, 〈나폴레옹의 독서〉, 《인물과 사상 175호》, 2012.

11. 설혜심, 《소비의 역사》, 휴머니스트, 2017.

12. 로베르 솔레 지음, 이상빈 역, 《나폴레옹 이집트 원정기: 백과전서의 여행》, 아테네, 2013.

◆ '문화 전쟁'을 야기한, 단테가 쓰고 보티첼리가 그린 《신곡》

1. 박상진, 〈단테 탄생 750년―단테의 시대〉, 《지식의 지평 19》, 대우재단, 2015.

2. 박지향, 《제국주의: 신화와 현실》, 서울대학교 출판부, 2000.

3. Nick Havely, 《Dante's British Public: Readers and Texts, from the Fourteenth Century to the Present》, OUP Oxford, 2014.

4. William Roberts, 《The Book-hunter in London: Historical and Other Studies of Collectors and Collecting》, Cornell University Library, 2009.

5. 'Hamilton Palace Library', 〈The Times〉, 1882년 1월 5일자 신문기사.

6. 'The Germany', 〈The Times〉, 1882년 11월 2일자 신문기사.

7. 〈The Beckford and Hamilton Libraries〉, 《Bibliographer》, 1, Feb 1882.

8. 〈The Beckford Library〉, 《Bibliographer》, 2, Jul 1882.

9. Fulford, R (ed.), 《Beloved Mama: Private Correspondence of Queen Victoria and the German Crwon Princess, 1878~1885》, Evans Brothers, 1981.

10. 인터넷 아카이브: Beckford library의 첫 번째 품목 경매 카탈로그.
babel.hathitrust.org/cgi/pt?id=umn.31951p002964150&view=1up&seq=24&skin=2021

11. 인터넷 아카이브: Beckford library의 세 번째 품목 경매 카탈로그.
   archive.org/details/hamiltonpalaceli03beck/page/n7/mode/2up
12. 인터넷 아카이브: Beckford library 1차 경매에 참여하여 낙찰받은 사람들과 낙찰 금액을 볼 수 있는 카탈로그.
   babel.hathitrust.org/cgi/pt?id=umn.31951p002961889&view=1up&seq=5&skin=2021
13. 인터넷 아카이브: Beckford library 3차 경매에 참여하여 낙찰받은 사람들과 낙찰 금액을 볼 수 있는 카탈로그.
   babel.hathitrust.org/cgi/pt?id=uc2.ark:/13960/t5h99d986&view=1up&seq=5&skin=2021
14. 베를린에 보관된 보티첼리의 삽화가 궁금하다면, 인터넷 아카이브를 참고할 것. 이 책의 스캔본에는 리프만의 보티첼리의 삽화에 대한 코멘터리와 삽화를 팩시밀리로 옮긴 이미지가 포함되어 있다. 《Drawings by Sandro Botticelli for Dante's Divina commedia: reduced facsimiles after the originals in the Royal Museum, Berlin, and in the Vatican Library》, Lawrence and Bullen, 1896.
   archive.org/details/drawingsbysandro00bott/mode/2up

BOX—단테와 보티첼리의 평행 이론

1. 이주헌, 《그리다, 너를》, 아트북스, 2015.
2. 조르조 바사리, 이근배 역, 《르네상스 미술가 평전》, 2, 한길사, 2019.
3. Alyssa Palombo, 《The Most Beautiful Woman in Florence: A Story of Botticelli》, St. Martin's Griffin, 2017.
4. Ronald Lightbown, 《Sandro Botticelli: Life and Work》, Abbeville Press, 1989.
5. Ross Brooke Ettle, 〈THE VENUS DILEMMA: NOTES ON BOTTICELLI AND SIMONETTA CATTANEO VESPUCCI〉, 《Notes in the History of Art》 27, no. 4 (Summer 2008).
6. Edited by Jill Berk Jiminez, 《Dictionary of Artists' Models》. Routledge, 2013.

◆ 세상에 단 하나뿐인 《이상한 나라의 앨리스》

1. 영국 박물관은 루이스 캐럴이 쓰고 그린 《땅속 나라의 앨리스》를 무료로 공개하

고 있다.

https://www.bl.uk/collection-items/alices-adventures-under-ground-the-original-manuscript-version-of-alices-adventures-in-wonderland

2. 〈BBC〉 다큐멘터리, 'The Secret World of Lewis Carroll'.
3. Melanie Bayley, 'Algebra in Wonderland', 〈The New York Times〉, 6 March 2010.
4. Nina Auerbach, 〈Alice and Wonderland: A Curious Child〉, 《Victorian Studies 17 No. 1》, September 1973.
5. Seth Lerer, 《Children's Literature: A Reader's History, from Aesop to Harry Potter》, University of Chicago, 2008.

PART Ⅱ. 신에게 바치다

◆ 프랑스 왕국의 첫 여왕이 될 뻔한 여인의 책, 《잔 드 나바르의 기도서》

1. 크리스토퍼 하멜, 이종인 역, 《세상에서 가장 아름다운 책》, 21세기 북스, 2020.
2. 콜린 존스, 방문숙, 이호영 역, 《사진과 그림으로 보는 케임브리지 프랑스사》, 시공사, 2001.
3. 요한 하위징아, 이종인 역, 《중세의 가을》, 2012.
4. Alison Weir, 《Isabella: She-Wolf of France, Queen of England》, Pimlico, 2006.
5. William Monter, 《The Rise of Female Kings in Europe, 1300-1800》, Yale University Press, 2012.
6. Jim Bradbury, 《The Capetians: Kings of France, 987-1328》, Bloomsbury Academy, 2007.
7. 비영리 단체 Internet Archive에서 제공하는 온라인 아카이브, 〈1919년 예이츠 톰슨의 필사본 경매 소더비 카탈로그〉.
   archive.org/details/catalogueoftwent00thom/page/n7/mode/2up
8. 프랑스 국립도서관 온라인 아카이브, 〈잔 드 나바르의 기도서〉.
   archivesetmanuscrits.bnf.fr/ark:/12148/cc71029k

◆ 신의 소명으로 완성한 미국 최초의 인쇄물, 《베이 시편집》

1. Samuel Eliot Morison, 《The Founding of Harvard College》, Harvard University

Press, 1935.

2. Isaiah Thomas, 《The History of Printing in America》, Munsell, 1874.

3. 하워드 진, 유강은 역, 《미국 민중사》, 이후, 2008.

4. 앙드레 모루아, 《미국사》, 김영사, 2015.

5. 찰스 디킨스, 민청기, 김희주 역, 《찰스 디킨스의 영국사 산책》, 옥당, 2014.

◆ '마지막 연금술사' 아이작 뉴턴의 노트

1. Michael White, 《Coffee with Isaac Newton》, Duncan Baird Pub, 2008.

2. Lawrence Principe, 《The Secrets of Alchemy》, University of Chicago Press, 2013.

3. A. N. L. Munby, 〈The Keynes Collection of the Works of Sir Isaac Newton at King's College, Cambridge〉, 《Notes and Records of the Royal Society of London》, Vol. 10, No. 1 (Oct., 1952), Royal Society.

4. John Maynard Keynes, Edited by Elizabeth Johnson and Donald Moggridge 〈NEWTON, THE MAN〉, 《The Collected Writings of John Maynard Keynes》, Vol. 5.

5. David Brewster, 《The Life of Sir Isaac Newton》, J&J Harper, 1833.

6. 《St. Nicholas》, Vol. 5, No. 4, February, 1878.
   www.gutenberg.org/files/15331/15331-h/15331-h.htm: '구텐베르크'라는 이름의 프로젝트로 근현대의 주요 저작들을 전자책 형태로 본 사이트에서 누구나 무료로 볼 수 있다. 〈St. Nicholas〉는 1873년부터 연재를 시작한 어린이용 월간 잡지인데, 어린이들이 즐겨 볼 수 있는 다양한 동화와 위인들의 이야기들을 담고 있다.

7. 박민아, 《뉴턴&데카르트: 거인의 어깨에 올라선 거인》, 김영사, 2006.

◆ 구텐베르크의 사업가적 집념이 담긴 《성경》과 〈면죄부〉

1. Michael Pollak, 〈The Performance of the Wooden Printing Press〉, 《The Library Quarterly: Information, Community》, Policy Vol. 42, No. 2 (Apr., 1972), The University of Chicago Press.

2. Eltjo Buringh and Jan Luiten Van Zanden, 〈Charting the "Rise of the West": Manuscripts and Printed Books in Europe, A Long-Term Perspective from the Sixth through Eighteenth Centuries〉, 《The Journal of Economic

History》, (Jun., 2009), Cambridge University Press.

3. 1475년부터 1775년까지 인쇄된 책의 수와 가격 변화를 한눈에 볼 수 있도록 도표화한 사이트, 위의 Eltjo와 Jan Luiten의 연구 자료에 기반하고 있다.
   owidm.wmcloud.org/books

4. 〈포워드〉, 2015년 5월 16일자 경매에 성경을 내놓게 된 배경에 대해 유대교 신학대학의 입장에 대한 기사:
   forward.com/news/308312/jts-puts-rare-gutenberg-bible-pages-on-block-as-financial-crisis-bites/

5. 구텐베르크 인쇄기로 인쇄한 면죄부가 공개되어 있는 프린스턴 대학교 사이트.
   catalog.princeton.edu/catalog/9946062213506421#view

6. Janet Ing, 〈The Mainz Indulgences of 1454/5: A Review of Recent Scholarship〉, 《The British Library Journal》, Vol. 9, No. 1 (Spring 1983), pp. 14~31 (18 pages), British Library

PART Ⅲ. 세상을 바꾸다

◆ 영국 왕실의 흑역사가 미국의 보물이 된 사연, 〈마그나카르타〉

1. 존 길링엄, 황정하 옮김, 《1215 마그나카르타의 해》, 생각의 나무, 2005.
2. 가이 스탠딩, 안효상 옮김, 《공유지의 약탈》, 창비, 2021.
3. Stephen Church, 《King John: And the Road to Magna Carta》, Basic Books, 2015.
4. David Starkey, 《Magna Carta: The Medieval Roots of Modern Politics》, Quercus, 2015.
5. Graham E. Seel, 《King John: An Underrated King》, Anthem Press, 2012.

◆ 미국 〈헌법〉이 묻습니다, "헌법은 누구의 것인가요?"

1. 조지형, 《미국헌법의 탄생》, 서해문집, 2012.
2. 로버트 달, 최장집 해설, 박상훈 박수형 역, 《미국 헌법과 민주주의》, 후마니타스, 2016.
3. 찰스 A. 비어드, 양재열 외 역, 《미국 헌법의 경제적 해석》, 신서원, 1997.
4. 제임스 M. 바더맨, 이규성 역, 《두 개의 미국사》, 심산, 2004.
5. 콜린 우다드, 정유진 역, 《분열하는 제국》, 글항아리, 2017.

6. 콘스티튜션DAO와 경매에 대해 다룬 기사들.
   1) 〈CNBC〉, 2021년 11월 16일, "How these 'internet friends' raised over $20 million in crypto to bid on a rare copy of the US Constitution"
   2) 〈CNBC〉 TV 뉴스 인터뷰, 2021년 11월 15일, "In Crypto we trust: Bidding for the U.S. Constitution with etherium:" www.cnbc.com/video/2021/11/15/in-crypto-we-trust-bidding-for-the-us-constitution-with-ethereum.html
   3) 〈포춘(Fortune)〉, 2021년 11월 25일 기사, "A crypto group has raised nearly $3 million in Ether to bid on a rare copy of the U.S. Constitution"
   4) 〈포브스(Forbes)〉, 2021년 12월 1일 기사, "Crypto Investors Wanted To Buy The Constitution. Instead, They Birthed Another Hyped-Up Meme Coin"
   5) 〈더 버지(The Verge)〉, 2021년 12월 7일 기사, "From a meme to $47 million: ConstitutionDAO, crypto, and the future of crowdfunding"
   6) 〈블룸버그(Bloomberg UK)〉, 2021년 12월 9일 기사, "Billionaire Ken Griffin's Son Told Him 'You Have to Buy the Constitution'"

✦ 〈노예 해방 선언문〉에 가려진 링컨의 비밀 프로젝트

1. 제임스 M. 바더맨, 이규성 역, 《두 개의 미국사》, 심산, 2004.
2. Willis D. Boyd, 〈The Île a Vache Colonization Venture, 1862-1864〉, 《The Americas》, Vol. 16, No. 1 (Jul., 1959), Cambridge University Press.
3. 〈뉴욕 타임스〉 2013년 4월 12일자 기사, 'The Île à Vache: From Hope to Disaster'. archive.nytimes.com/opinionator.blogs.nytimes.com/2013/04/12/the-le-vache-from-hope-to-disaster/
4. 〈퍼시픽 스탠다드〉 2017년 5월 3일자 기사, 'REMEMBER THAT TIME ABRAHAM LINCOLN TRIED TO GET THE SLAVES TO LEAVE AMERICA?'. psmag.com/news/remember-that-time-abraham-lincoln-tried-to-get-the-slaves-to-leave-america-55802
5. 넷플릭스, 〈로버트, 우리가 사랑한 케네디〉, 2018.

✦ 마오쩌둥이 애틀리에게 보낸 편지의 수수께끼

1. 앤터니 비버, 김원중 역, 《스페인 내전》, 교양인, 2009.

2. 알렌산더 판초프, 스티븐 레빈, 심규호 역, 《마오쩌둥 평전》, 민음사, 2017.

3. 'What if Churchill Had Been Prime Minister in 1919?', 〈the New York Times〉, 2019년 3월 28일 기사.

4. Richard M. Langworth, 'Churchill: A Million Allied Soldiers to Fight for the White Russians?', 〈The Churchil Project〉, 2019년 11월 21일 기사.

5. 〈Workers' Weekly〉, 1937년 12월 14일 기사.
    trove.nla.gov.au/newspaper/article/211824006?browse=ndp%3Abrowse%
    2Ftitle%2FW%2Ftitle%2F1003%2F1937%2F12%2F14%2Fpage%2F2266115
    9%2Farticle%2F211824006

6. C. Fleay and M. L. Sanders, 〈The Labour Spain Committee: Labour Party Policy and the Spanish Civil War〉, 《The Historical Journal》, Mar., 1985, Vol. 28, No. 1, Cambridge University Press.

7. David C. Wolf, 〈'To Secure a Convenience': Britain Recognizes China – 1950〉, 《Journal of Contemporary History》 ,Apr., 1983, Vol. 18, No. 2, Sage Publications Ltd.

8. R. Ovendale, 〈Britain, the United States, and the Recognition of Communist China〉, 《The Historical Journal》, Mar., 1983, Vol. 26, No. 1, Cambridge University Press.